Walter Hinderer

Der Mensch in der Geschichte

Athenäum Taschenbücher
Literaturwissenschaft

Walter Hinderer

Der Mensch in der Geschichte

Ein Versuch über Schillers Wallenstein

Mit einer Bibliographie
von Helmut G. Hermann

Athenäum
1980

CIP-Kurztitelaufnahme der Deutschen Bibliothek

Hinderer, Walter:
Der Mensch in der Geschichte : e. Versuch über Schillers Wallenstein / Walter Hinderer. mit e. Bibliogr. von Helmut G. Hermann. – Königstein/Ts. : Athenäum-Verlag, 1980.
(Athenäum-Taschenbücher ; 2155 : Literaturwiss.)
ISBN 3-7610-2155-0

Gesamtherstellung: Friedrich Pustet, Regensburg
Printed in Germany
ISBN 3-7610-2155-0

Inhalt

Präambel

Nachdem Schiller mit psychologischem Geschick am 23. August 1794 die Summe der Existenz seines späteren Mitklassikers gezogen und dessen launiges Wohlwollen erhalten hatte, bekannte er acht Tage später mit listiger Selbstkritik: „*Mein* Verstand wirkt eigentlich mehr symbolisierend, und so schwebe ich als eine Zwitter-Art zwischen dem Begriff und der Anschauung, zwischen der Regel und der Empfindung, zwischen dem technischen Kopf und dem Genie . . .; denn gewöhnlich übereilte mich der Poet, wo ich philosophieren sollte, und der philosophische Geist, wo ich dichten wollte."[1] Nicht zuletzt dieser Amphibienhaftigkeit verdankt das deutsche Drama ein dergestalt intelligentes Theater-Idiom, daß es schwer ist seither, wie Thomas Mann[2] notiert hat, „von der Bühne zu reden, ohne zu schillerisieren". War dem zeitgenössischen Publikum schon der *Fiesco* als „zu gelehrt" erschienen, was sollte es da erst über das Glanzstück seines „poetisierten Intellektualismus",[3] seinen *Wallenstein* sagen? Selbst Goethe, der neben Christian Gottfried Körner und Wilhelm von Humboldt vom Autor in einen intensiven Gedankenaustausch über das entstehende dramatische Gedicht hineingezogen wurde, bestand da eigensinnig auf seinen Vorbehalten.[4] Er fand es betrübend, so äußerte er etwa gegenüber Eckermann am 14. November 1823, daß „ein so außerordentlich begabter Mensch sich mit philosophischen Denkweisen herumquälte, die ihm nichts helfen konnten". Noch das bekannte Lob, daß Schillers *Wallenstein* so groß sei, „daß in seiner Art zum zweiten Mal nicht etwas Ähnliches vorhanden ist", enthält den seltener zitierten Nachsatz: „aber Sie werden finden, daß eben diese beiden gewaltigen Hülfen, die Geschichte und die Philosophie, dem Werke an verschiedenen Teilen im Wege sind und seinen reinen poetischen Sukzeß hindern". Dabei hatte der schwäbische Dramatiker immer wieder in den Briefen an den Freund die notwendige Inthronisierung des Poetischen[5] gerade im Hinblick auf den spröden historischen Stoff betont und nicht ohne Genugtuung schließlich am 2. Oktober 1797 berichtet, daß „das Ganze . . . poetisch organisiert" und „der Stoff in eine reine tragische Fabel verwandelt" sei. Aber Goethe schien davon nicht überzeugt: ihn störten die „gewaltigen Hülfen, die Geschichte und die Philosophie", die er grundsätzlich an Schillers dramatischen Produkten ablehnte, ohne offenbar zu merken, daß es gerade das Modern-Sentimentalische ist, das seinen Werken ihren spezifischen Charakter gibt. Das alles freilich hat den Verfasser des *Faust* nicht davon abgehalten, eben auch die Vorteile dieser im Ganzen doch intellektuelleren Produktion genau zu beobachten und herauszustreichen. Von ihm stammt die wohl präziseste Beschreibung (1799) des

Riesenwerks *Wallenstein,* die er selbst auf folgenden Nenner bringt: „Der Dichter hatte also zwei Gegenstände darzustellen, die miteinander im Streit erscheinen: den *phantastischen Geist,* der von der einen Seite an das Große und Idealische, von der andern an den Wahnsinn und das Verbrechen grenzt, und das *gemeine wirkliche Leben,* welches von der einen Seite sich an das Sittliche und Verständige anschließt, von der andern dem Kleinen, dem Niedrigen und Verächtlichen sich nähert."[6] Diese Einstellung siedelt *Wallenstein* eindeutig in der Mitte des in der Schrift *Ueber naive und sentimentalische Dichtung* näher beschriebenen „psychologischen Antagonism unter den Menschen in einem sich kultivierenden Jahrhundert" (Na 20, 491) an. Da man sicher sein kann, daß Schiller dieser Formulierung zugestimmt, wenn er sie nicht sogar mit formuliert hat, scheint sich die immer wieder aufs neue auflebende Diskussion über einen Realisten[7] oder Idealisten[8] Wallenstein auf eine sinnvollere Grundlage stellen zu lassen.[9]

Während der Arbeit am *Wallenstein* (besonders zwischen 1796 und 1798) haben sich Schillers ästhetische und ideologische Positionen mehrmals verändert. Die anhaltende Beschäftigung mit den griechischen Tragikern, mit Shakespeares *Richard III., Macbeth* und *Julius Caesar,*[10] mit Aristoteles[11] und beispielsweise Goethes *Hermann und Dorothea* führten den eigenen Überlegungen ständig neue Anregungen hinzu. „Das epische Gedicht von Goethe", so schreibt Schiller am 7. April 1797 an Körner, welches „alle Ideen über epische und dramatische Kunst in Bewegung brachte, hat, verbunden mit der Lectüre des Shakespeare und Sophokles, die mich seit mehreren Wochen beschäftigt, auch für meinen Wallenstein große Folgen; und da ich bei dieser Gelegenheit tiefere Blicke in die Kunst gethan, so muß ich manches in meiner ersten Ansicht des Stücks reformiren". Er hört nicht auf mit dem Reformieren, ob es um einzelne Motivänderungen wie die neue Verwertung der Astrologie,[12] um die Einfügung der Kapuziner-Predigt,[13] die relativ späte Ausarbeitung des Max-Thekla-Komplexes[14] geht oder um grundstürzende formale Änderungen wie die Entscheidung, „den *Wallenstein* in Jamben zu machen"[15] und das „Monstrum" in „drei bedeutende Stücke"[16] zu gliedern. „Seitdem ich meine prosaische Sprache in eine poetisch-rhythmische verwandle", so berichtet er am 24. 11. 1797 Goethe, „befinde ich mich unter einer ganz andern Gerichtsbarkeit als vorher, selbst viele Motive, die in der prosaischen Ausführung recht gut am Platz zu stehen schienen, kann ich jetzt nicht mehr brauchen . . ." Schon aus diesem Grund dürfte es sich wenig empfehlen, frühere Äußerungen des schwäbischen Dramatikers unkritisch auf sein „kleines Universum"[17] zu beziehen und es gar von ihnen her erklären zu wollen.

I Fragen der Textrezeption

Befragt man im Hinblick auf die Art und Weise der Textrezeption Schillers Zeitgenossen, so scheint für dieses „gelehrteste" unter seinen Stücken nicht mehr der Vorbehalt der Mannheimer gegenüber dem *Fiesco* zu gelten.[1] Im Gegenteil, der allzu geschäftige Böttiger preist im *Journal des Luxus und der Moden* im Februar 1799 die erlesene Diktion und prophezeit nicht ganz zu Unrecht: „Einige hundert Verse daraus müssen bald Denksprüche im Munde der Gebildeten unsrer Nation werden."[2] Eine andere Rezension im März dieses Jahres wollte sich eines endgültigen Urteils enthalten, „bis das Ganze im Druck erschienen, und wir uns durch anhaltendes gründliches Studium in den Sinn des Dichters hineingearbeitet haben".[3] Das nimmt geradezu die Mitteilung Heinrich von Kleists an seine Schwester Ulrike vom 21. 8. 1800 vorweg, der Inhalt des *Wallenstein* müsse „nicht gelesen, sondern gelernt werden". Nichtsdestoweniger rügt ein Rezensent in den *Jahrbüchern der preußischen Monarchie*,[4] „daß mitunter Redensarten und Bilder vorkommen, die etwas zu fremdartiges und künstliches an sich tragen, als daß sie für den Zuschauer eine belebende Kraft haben könnten". In München (am 31. Juli 1800) lobt man die „Wahrheit", die „ruhige Schönheit, attische Feinheit und Lebensphilosophie",[5] die angenehme Mischung aus Goethes und Schillers „Manier", in Göttingen (am 11. August 1800) sieht man die „hervorstechendste Seite des Gedichts" im „poetischen Verdienst der Diction" und in den „einzelnen meisterhaften Sentenzen, die vorkommen".[6] Man stellt das „poetische, historische, politische Interesse" heraus, „und die Idee, von der der Dichter ausgegangen",[7] und beschäftigt sich immer wieder mit den personae dramatis, vor allem mit der rätselhaften Existenz des Wallenstein.

Der Philologe und preußische Staatsbeamte Johann Wilhelm Süvern[8] stößt sich am „Schicksal im ‚Wallenstein'" und kritisiert verhalten vom Vorbild der griechischen Tragödie und Goethes her: „Im ‚Wallenstein' sehn wir nur Verheerung, der Geist entschwindet nicht leicht in seine heimischen Regionen, keine von ihm verklärte Gestalt, wie im ‚Egmont', steigt schwebend auf mit der Palme der Unsterblichkeit . . .". Selbst in Goethes Kommentar vom 18. März 1799 steckt noch etwas von dieser Enttäuschung einer zeitgenössischen literarischen Erwartung: „Der Fall ist auch wohl einzig", meint der nach Schiller für die Tragödie aus poetischen Gründen[9] nicht so recht geeignete Dichter-Kollege, „daß man, nachdem alles, was Furcht und Mitleiden zu erregen fähig ist, erschöpft war, mit Schrecken schließen konnte". Goethe spielt auf den ebenso niederschmetternden wie vielsagenden Schluß der Trilogie an: „Dem *Fürsten* Piccolomini". Hegel drückt sich ein Jahr später gerade über dieses Ende weitaus massiver aus: „aber es steht nur Tod gegen Leben auf, und unglaublich! abscheulich! der Tod siegt über das Leben! Dies ist nicht tragisch, sondern entsetzlich! Dies zerreißt das Gemüt, daraus kann man nicht mit erleichterter Brust springen!“[10]

In dem ausführlichen Brief Anfang September 1800 über den *Wallenstein* scheint Humboldt zunächst diesen Eindruck zu bestätigen: „Sie haben Wallensteins Familie zu einem Haus der Atriden gemacht, wo das Schicksal haust, wo die Bewohner vertrieben sind, aber wo der Betrachter gern und lang an der verödeten Stätte verweilt.“ Zugegeben, das klingt ein wenig metaphorisch über das Stück hinaus gesprochen, doch der Humanist, der mit Schiller zusammen Sophokles gelesen und diskutiert hat, spricht von „starrem Entsetzen“ als Empfindung der Katastrophe und vermerkt etwas später: „Nichts kann eigentlich so zerreißend sein als der Ausgang Ihres Stücks.“ Aber sogleich schränkt er ein: „Dennoch fühlt sich das Gemüt in völliger Harmonie und ausgesöhnt mit dem Schicksal und der Menschheit.“ Was sich an Begründung anschließt, scheint mehr über die Position des Kritikers auszusagen als über den Text selbst. Wallenstein wird hier aus der Perspektive des Kaisers und Octavios als Ruhestörer gesehen, und der Korrespondent stellt mit Befriedigung am Schluß fest: „Ein gewaltig übergetretener Strom kehrt in sein Bett zurück, Saaten können wieder grünen, Völker wieder glücklich sein“, während ein Rezensent in der *Oberdeutschen allgemeinen Litteraturzeitung* (am 31. Juli 1800) meint: „Von den Räubern an, bis zu diesem Wallenstein, sind es immer wildgroße, revolutionäre Gegenstände gewesen, worüber *Schillers* Genie gebrütet, und die er wie blitzgespaltene Felsen aufgereiht hat.“

Ein ansonsten recht verehrungsvoller Rezensent[11] meinte einwenden zu müssen, daß es ihm „bey aller angewandten Mühe nicht“ gelang, „Stellen aus“ dem *Lager* „nur erträglich zu declamiren“, und daß ihm überdies „gewisse Wendungen und Versetzungen, die der Dichter häufig vorgenommen hat“, wenig behagten. Trotzdem wollte der Kritiker dies nicht als „Fehler dieses Meisterwerkes“ verstanden wissen, sondern bloß als einen Hinweis auf dessen „Eigenheiten“, und machte betont auf das besondere Interesse „für die gesammte Lesewelt“ aufmerksam, „da unsere Tage der folgenreichen Zeit, welche in diesem Werk geschildert sind, so ähnlich sind“.

Merkel dagegen tadelt im 21. und 24. *Brief an ein Frauenzimmer über die wichtigsten Produkte der schönen Literatur* (1801)[12] an der *Wallenstein*-Trilogie den Mangel an Handlung. „In Rücksicht auf das Hauptstück selbst“, so heißt es hier etwa vom *Lager*, „ist es ein noch viel müßigeres *Hors d'oeuvre*, als das Schiffsverzeichnis in der Iliade“, und die personae dramatis Max und Thekla werden rundweg für entbehrlich erklärt. Nicht ohne Ironie schreibt Merkel an sein Frauenzimmer: „Diese ganze rührende Liebesgeschichte aber ist – ein wunderschönes – drittes Bein." Er hält die Trilogie für ein schlechtes Drama und läßt sie nur als „ein poetisch-historisch Gemälde", „als bloßes dialogisiertes Gedicht" gelten. Obwohl er hier noch die Sprache rühmt, stimmt er später dem zeitgenössischen Vorwurf zu, daß Schillers „handelnde Personen fast alle nicht miteinander sprächen, sondern sich Reden hielten; daß er die Leidenschaft nicht – aufschreien ließe, sondern sie beschriebe; daß er unaufhörlich Sentenzen säete, seine Helden auch in dem dringendsten Momente oft poetische Gemälde machen ließe". Merkel würde deshalb am liebsten Schillers dramatischen Ausdruck in Richtung auf eine natürlichere Sprache hin ändern; denn Wallenstein kommt ihm mit seinen vielen Sentenzen vor wie ein „Spruchkrämer", ein „heroischer Sancho Pansa". Er analysiert an einem Beispiel eine solche „Spruchkrämerei" und beweist mit seinem Gegenvorschlag eigentlich nur, wie wenig Sinn er für das spezifische Theateridiom Schillers besaß, womit Merkel jedoch keineswegs allein steht.

Ein Rezensent in der *Allgemeinen Literaturzeitung* (30. und 31. Januar 1801)[13] rügt ebenso die allzu unbekümmerte Behandlung des Verses, die „Disharmonie in der Sprache" und den Mangel an „Wohllaut", wie die „Fehler in der Ökonomie des Stückes". Außerdem findet er den *Prolog* „das in sich widersprechendste Ding . . ., das man sich denken kann". Auf ähnliche Weise stellen die ausführlichen *Kritischen Bemerkungen über Schillers Wallenstein* (Januar, Berlin 1801)[14] fest, daß es sich bei diesem *Vorspiel* zwar um ein nötiges, „aber nicht glückliches Supplement des ganzen Charakters Wallensteins" handle. Zwar wird hier die Diskrepanz zwischen dem Wallenstein, wie ihn das Heer und die Offiziere sehen, und dem Wallenstein, den dann Schiller auf der Bühne zeigt, notiert, aber als ein Kunstfehler ausgelegt. „Der handelnde und schwärmerische Charakter Wallenstein hätten innig vereinigt werden sollen", so urteilt der Kritiker. Ebensowenig gefallen ihm „die überflüssigen Ranken einer üppigen Rhetorik und einer selbstliebigen Philosophie", weil dadurch das „Interesse kalt und abgerissen" werde, ein Einwand, den ja ähnlich später Goethe gegenüber Eckermann erheben wird. Den Teil *Piccolomini* kommentieren die *Kritischen Bemerkungen* folgendermaßen: „Der Dichter führt uns durch eine Menge schöner Zimmer und läßt uns dann unten vor dem Ausgange des Palastes stehen, mit der Hoffnung, daß er uns nächstens mit einigen Schritten hinausführen werde." Der Rezensent bemängelt die Willkür im Aufbau, den „rhetorischen Schmuck", die unnötige „Ausdehnung", kurzum: die von Schiller bewußt eingesetzten epischen Elemente. „Der Gang der Handlung steht alle Augenblick unter einem neuen rhetorischen oder philosophischen Kunststücke still", so lautet die bezeichnende Klage, „welches der Dichter dazwischen einschiebt. Wie kann auf diesem Wege das Interesse für das Stück selbst, für die Sache, eintreten, oder wie kann es fortschreiten?"

Ob man die Einschätzung der Form, der ästhetischen Struktur oder die Ausdeutung der Inhalte und Ideen stärker betont, es kann keine Frage sein, daß die Meinungen der Zeitgenossen wohl über kein Stück Schillers mehr auseinandergegangen sind als eben über die *Wallenstein*-Trilogie. Die Diskrepanz und Vielfalt der Textrealisate weist in diesem Falle auf ein neues Argumentationsmuster[15] von Tragödie zurück, das Schiller in einem langwierigen Prozeß und in Reflexionsgemeinschaft mit seinen intellektuellen Beiräten Goethe, Körner und Humboldt erarbeitet hat und dessen kommunikative Funktionen nichtsdestoweniger selbst diese überrascht, wenn nicht gar irritiert hat. Noch Ludwig Tieck rügte 1826 in seiner bekannten Kritik am *Wallenstein,* daß das Schicksal einer ganzen Epoche an „einen einzigen Mann geknüpft" sei; „er fällt, und alles ist vorüber, ohne daß dasjenige gelöst würde, was doch oft genug im Werke selbst unsere Aufmerksamkeit fordert".[16] Tieck würde gern auf die „gewissermaßen gesungenen Gesinnungen"[17] verzichten und lieber mehr eindeutige Meinungen über das Geschehen und die Hauptperson hören. Seiner Ansicht nach wird Wallenstein von „*zu vielen* Motiven seinem Untergange entgegengetrieben, Selbständigkeit, Kampf ist nicht mehr möglich, und er erliegt den Umständen, der herbeigeführten Notwendigkeit".

Nun war das zwar gerade die betonte Absicht des Autors, aber Tieck möchte eine andere Tragödie oder genauer: einen anderen tragischen Gegenstand und eine andere Form, die „jenen grauenhaften Bürgerkrieg der Wahrheit gemäß" vorstellte und nicht bloß eine „unbefriedigende Episode".[18] In der Darstellung dieses schwankenden und rätselhaften historischen Individuums Wallenstein, der als „tragische Person" wohl kaum das Interesse des Publikums unterhalten könne, wittert er außerdem (wie vor ihm ja schon verhaltener Goethe) mehr eine philosophische denn eine poetische Aufgabe.[19] Statt die „Not des Vaterlandes" zu zeigen, „das Brechen der Kräfte in Fürst und Untertan",[20] ein „mächtiges Interesse für das Vaterland" zu regen, ein nationales Drama im Stile Shakespeares zu schaffen, hatte Schiller nur den Untergang eines mehr oder weniger fragwürdigen Individuums herausgehoben. Nicht umsonst war da das *Lager* am meisten nach seinem Geschmack: „Alles lebt, stellt sich dar, nirgends Übertreibung, nirgends Lückenbüßer, so der echte militärisch gute und böse Geist jener Tage, daß man alles selbst zu erleben glaubt."[21] Tiecks ästhetische Erwartung war am Argumentationsmuster Shakespeare *(Richard III., Heinrich*

VIII.) orientiert und seine inhaltlich-ideologische an patriotischer Parteinahme, was dazu führte, daß er wie manche Interpreten nach ihm dort Eindeutigkeit verlangte, wo Schiller bewußt das Vieldeutige und Widerspruchsvolle der Geschichte in verschiedenen Brechungen spiegelte, ohne es eigens zu kommentieren oder zu einer Formel einzuebnen. Gerade weil Schiller im Gegensatz zu seinen früheren Stücken die Darstellung gewissermaßen deutungsoffen hält, sie nicht mit einem eindeutigen Kommentar oder einer gesicherten Perspektive vorbelastet, entsteht nicht selten beim Rezipienten eine gewisse Ratlosigkeit, die er a) entweder ärgerlich als Kritik an dem Text, bzw. seinem Autor umsetzt oder b) sie auflöst, indem er unter dem Angebot an Sichtweisen *eine* dogmatisiert oder aber dem Text eigene ideologische Erwartungen unterschiebt.

Eine besonders interessante Spielart für den Fall a) liefert im 19. Jahrhundert noch Otto Ludwig, der um 1857/58 gesteht: „Ich kenne keine poetische, namentlich keine dramatische Gestalt, die in ihrem Entwurfe so zufällig, so krankhaft individuell, in ihrer Ausführung so unwahr wäre als Schillers Wallenstein!“[22] Gewiß, die historische Distanz von der „Kunstperiode“ hatte sich vergrößert, die ästhetische Auffassung ebenso grundlegend verändert wie die zeitgeschichtliche Situation nach der verunglückten deutschen Revolution, trotzdem hat niemand vor und nach Ludwig dergestalt scharf mit der Ästhetisierung des Verbrecherischen im Wallenstein abgerechnet.[23] „Wallensteins Harnisch“, so mokiert er sich, „verwandelt sich oft in den Schlafrock eines deutschen Professors, er scheint oft wie ein Ifflandscher Hofrat, der die fixe Idee hat, der Feldherr dieses Namens im Dreißigjährigen Krieg gewesen zu sein“. Wie vor ihm Tieck nimmt er Shakespeares Gestalten als Muster und rechnet Schillers Wallenstein vor, daß er das Gegenteil von dem ist, „für was er selbst sich hält, er hält sich für kühn umgreifend, und ist bloß zu kleinen Ränken fähig, nicht zu einer entschiedenen Tat; er hält sich allen überlegen, und ist der Spielball aller. Wo er uns überzeugen sollte durch wirkliche Tat, da verweist er uns auf die Geschichte.“ An Wallenstein vermißt er Intentionen, eine Leidenschaft, und er bemerkt nicht ohne Sarkasmus: „Bei einem Helden ist der Verstand im Dienst einer Intention, er will etwas; bei Wallenstein ist es umgekehrt, andere reden ihm zu, er selbst will nicht.“ Er nennt ihn einen „Zungenheld, wie das deutsche Publikum sie gerne hat“, einen Schwächling, den Schiller zum „absoluten Ideal des Menschen“ und zum Helden idealisiert, und meint apodiktisch: „Das ästhetische Urteil darf nicht vom sittlichen getrennt werden, wonach wir bestochen werden, in der Poesie ein Tun zu bewundern, das uns im wirklichen Leben mit Widerwillen erfüllt.“

Aus dem unmittelbaren Kontext der Nachkriegszeit knüpfte auch der Schriftsteller Reinhold Schneider 1947 an solche Fragestellungen an und warnte den Rezipienten unter anderem: „Die Verherrlichung des Politikers Wallenstein wird sich wohl nie von dem Vorwurf reinigen können, daß der Sinn für Gesetz und Ordnung ihr abgehe; daß ein anarchischer Geist Anteil an ihr habe."[24] Damit wird die Interpretation des *Wallenstein*-Textes auch an das Problem herangeführt, inwieweit sie von der konkreten kommunikativen Situation bestimmt wird, inwieweit die Decodierung des Textes von dem zeitgeschichtlichen Kontext abhängt, in dem der Interpret oder Kommunikant steht. Daß Schiller dieses Problem nicht übersehen, sondern sogar versucht hat, eine Art Gebrauchsanweisung für die Rezeption der Trilogie bereitzustellen, wird eine Analyse des *Prologs* zeigen. Ludwig kann nicht im Sinne Kleists den Inhalt „gelernt" (vgl. S. 3), d. h. auch die im *Prolog* enthaltenen Leseanweisungen berücksichtigt haben, als er abschätzig schrieb: „Nach Schillers Vorgange ist es fast unmöglich geworden, das Schlimme anders in der Tragödie zu bringen, als unter dem glänzenden Firnis des Schönen und Liebenswerten. Und unter Schillers Stücken wiederum ist das Gift am feinsten und sublimiertesten eben im Wallenstein." Für Ludwig bleibt der *Wallenstein* außerdem rundum „unverständlich" und er kritisiert, was dem Stück gerade zum Vorteil gereicht: „So haben wir denn in seinem Wallenstein ein Bild, wie es ein Landschafter machen würde, der verschiedene Gesichtspunkte in einem vereinigen wollte." Wie aus diesen „verschiedenen Gesichtspunkten" auch die Schillerforschung bis in die unmittelbare Gegenwart ihre zum Teil widerspruchsvollen Einsichten zieht, soll der folgende Querschnitt skizzieren, dem es ausschließlich um symptomatische Fragestellungen und nicht um Vollständigkeit geht.

II Positionen der Schillerforschung

Fassen wir die bisherigen Beobachtungen kurz zusammen: die von Goethe und anderen kritisierte Amphibienexistenz Schillers zwischen Philosophie, Geschichte und Poesie manifestiert sich in der *Wallenstein*-Trilogie ebenso wie ein neuartiges Argumentationsmuster, das die Widersprüche der Realität nicht durch Interpretation oder Kommentar einebnet, sondern die Antwort des Rezipienten herausfordert, indem er diese Widersprüche gewissermaßen als Fragezeichen stehen läßt. Mit anderen Worten: Schiller zeigt die Ambivalenz des historischen Wallensteinbildes in der Person des fiktionalisierten Wallenstein und veranschaulicht damit die Rätselhaftigkeit dieser Existenz. Alfons Glück,[1] der dieses Phänomen streift, ohne weitere Folgerungen daraus zu ziehen, formuliert es folgendermaßen: „Die Lösung des Dichters war die dramatische Gestaltung, die mit dem Unergründlichen abschloß, indem sie es darstellte."

Gerade im gegenteiligen Sinn von Tiecks[2] und Ludwigs Urteil löst die Tatsache, daß Wallenstein „selbst ein Rätsel" wird, eine nicht nachlassende Provokation an den Leser, den Interpreten und den Zuschauer aus. Nicht von ungefähr verraten die *Wallenstein*-Interpretationen oft mehr über den Standpunkt und die ideologischen Einstellungen der Interpreten als über den Text selbst. Zuweilen werden einzelne in der Trilogie integrierte Perspektiven verabsolutiert und zu einer Gesamtinterpretation ausgebaut oder aber die vom Dichter absichtlich eingelassenen Leerstellen mit eigenen Erkenntnisinteressen besetzt. Versucht man die verschiedenen Richtungen zu schematisieren, so lassen sich folgende vier Grundpositionen unterscheiden: 1) die *historische Position*, welche die Trilogie von dem geschichtlichen Vorwurf, von Schillers Geschichtsauffassung und von den eigenen zeitgeschichtlichen Interessen her erklärt; 2) die *philosophische* (oder *anthropologische) Position*, welche die Trilogie von Schillers philosophischen (ästhetischen) Schriften her zu verstehen sucht; 3) die *formal-ästhetische Position*, welche die Trilogie vorwiegend von den Form-Diskussionen Schillers mit Goethe, Körner und Humboldt und nach formal-ästhetischen Gesichtspunkten interpretiert (zum Teil unter bewußtem Ausschluß des „Ideengehalts"); 4) *vermittelnde Positionen*, die zwei oder mehrere Gesichtspunkte (werkimmanente und werktranszendente) zu einem Argumentationsmodell verbinden.

Von einer *historischen Position* ausgehend, definiert Wilhelm Dilthey 1895 in seinem Buch *Von deutscher Dichtung und Musik. Aus den Studien zur Geschichte des deutschen Geistes* Schillers *Wallenstein* als eine „neue innere Form des historischen Dramas",[3] zu dessen Aufgabe es gehört, eine „historische Totalität hinzustellen, vor welcher alle Einzelschönheiten zurücktreten". Nach Dilthey hat Schiller im Unterschied zu Shakespeare „ein geschichtliches Bewußtsein über den Zusammenhang des Lebens", das sich in dem „strengen Nachweis der Notwendigkeit" manifestiert, „welche die Glieder der Handlung von den Bedingungen aufwärts verbindet." Das Drama zeigt aus dieser Perspektive „eine ganze geschichtliche Welt nach ihren kausalen Beziehungen", demonstriert an einem großen Fall. In Wallenstein personifizieren sich gewissermaßen die historischen Konflikte der Epoche des Dreißigjährigen Krieges. Schiller veranschaulicht in seiner Trilogie nicht nur die „geschichtliche Welt", sondern auch das Menschlich-Typische, was Dilthey Schillers „philosophischem Bewußtsein", seiner „Philosophie der

Selbstbestimmung" zuschlägt. Pointiert schließt Dilthey deshalb seine Betrachtungen über den *Wallenstein* mit dieser Formel: „Dieses Drama ist nicht nur philosophischer als die Philosophie, sondern auch historischer als die Geschichte." Wie ein Echo darauf liest sich noch dieser Kommentar (1959) Golo Manns: „Der Dramatiker, der Philosoph, der Historiker ist am größten da, wo er alles auf einmal ist, alle Neigungen seines Geistes sich in einem einzigen Gebilde konzentrieren, wie im ‚Wallenstein'".[4] In der *Wallenstein*-Interpretation seines Schiller-Buches (1934) argumentiert Herbert Cysarz zwar nicht selten psychologisch-einfühlend, aber er sieht in dem Drama andererseits vornehmlich „die größten und tiefsten Bilder des handelnden Lebens"[5] und spricht dem dramatisierten Wallenstein mehr historische Wirklichkeit zu als dem Wallenstein aus Schillers *Geschichte des Dreißigjährigen Kriegs*. Die Dichtung gibt nach Cysarz „fast die reine Geschichte als reine Tragödie",[6] hier „wird die Weltgeschichte, wie sie ist, zum Weltgericht".

Hans August Vowinckel knüpft mit seiner Untersuchung *Schiller, der Dichter der Geschichte. Eine Auslegung des Wallenstein* (1938) an Diltheys These an, daß Schiller in der Trilogie die „Innerlichkeit der Geschichte" erfaßt habe; er betont aber auch im Hinblick auf das Historische die produktive Leistung der Dichtung, die die Wirklichkeit erst erschafft. Für ihn „ist die Wallensteindichtung nicht deshalb ein geschichtliches Drama, weil die Menschen in ihr historisch sind, sondern weil in ihr *die Geschichte selbst die höchste Instanz ist*".[7] Wallenstein steht für Vowinckel insofern unter der Verantwortung der Geschichte, als er bestehende Welten, die Menschen und Völkern eine Wirklichkeit gaben, zerstört, ohne neue zu schaffen. Ihm zufolge fällt der Held nicht, *„weil er böse ist, sondern weil er seine Möglichkeiten überspannt und Kräfte gegen sich aufruft, die stärker sind als er selbst"*. Das klingt fast ein wenig nach einer Trivialisierung von Hegels oder Friedrich Hebbels Auffassung des Tragischen. Diltheys differenzierteren Ansatz ebnet Vowinckel, dem die Forschung durchaus interessante Einzelbeobachtungen verdankt, zu dieser Feststellung ein: „Die Innerlichkeit der Geschichte *ist der geschichtlich existierende Mensch selber und als solcher.*"

Vor Vowinckel hatte bereits Jakob Minor in seiner ausgewogenen Einleitung zur Säkularausgabe (Bd. 5, S. XXVI) behauptet, daß Schillers dramatisierter Wallenstein „der Wahrheit, soweit wie wir sie heute erkennen, weit näher [kommt] als der Wallenstein seines Geschichtswerkes". Im Gegensatz dazu hat der Historiker Hellmut Diwald in seiner Darstellung *Wallenstein – Geschichte und Legende* (1972)[8] die Relevanz der historischen für die dramatische Darstellung Wallensteins betont und behauptet: „Nur von der abschließenden Schilderung und Bewertung Wallensteins im vierten Buch des ‚Dreißigjährigen Kriegs' läßt sich ein Zugang finden zu der Dramenfigur, eine Brücke schlagen von der geschichtlichen Einsicht zum Sujet der Tragödie."[9] Wie vor ihm bereits Kurt May[10] und vor allem die marxistische Literaturkritik weist auch Diwald auf Schillers zeitgeschichtliche Situation hin, auf die ja prononciert der *Prolog* anspielt. „In den fünf Jahren", so erklärt Diwald, in denen sich Schiller am stärksten mit dem Drama befaßte, „zwischen 1794 und 1799, schloß . . . Napoleon das Kapitel Revolution ab und begann sein eigenes zu schreiben".[11] Für Diwald enthält deshalb die Thematik Schillers deutlich Fixpunkte der Gegenwart: den „Kampf überkommener Rechtsordnungen mit neuen Rechtsansprüchen, das Ringen um die Macht, den Sturz des Legitimen, das Pochen eines Neuen auf Legitimität, die Rückzugsgefechte der Ordnung gegenüber der Gewalt".[12] Wie bereits Dilthey sieht auch Diwald in Schillers Wallenstein „Individuelles und Objektives, Mächte und Gegenmächte, Erfolg und Niederlage, Zufall und Weltgeschichte"[13] in einer einzigen Person konzentriert. Der „geschichtlich akzentuierte politische Kampf" wird gleichzeitig zum Exemplum für die menschliche Situation schlechthin, der „Fundamentalbedingungen des menschlichen Handelns und Strebens". Diwald wägt die Unterschiede zwischen dem historischen und dramatisierten Wallenstein ab und bescheinigt dem Helden des Trauerspiels „mehr historische Substanz" als „jenem Feldherrn, den Schiller . . . in seinem ‚Dreißigjährigen Krieg' vorgestellt hat".[14] Aber fraglos möchte Diwald das nicht allein dem Dichter Schiller als Verdienst zuschreiben, sondern ebenso einer differenzierteren Geschichtsauffassung, was sich durchaus mit der berühmten „Drehung" der Wallensteinfigur zu Ende des vierten Buches seines *Dreißigjährigen Kriegs* belegen läßt.

Im Gegensatz zu Tieck, der den nationalen Aspekt an Schillers *Wallenstein*-Trilogie vermißt und für ein Nationaldrama plädiert hatte, interpretiert die marxistische Literaturkritik die Trilogie gerade als nationales Trauerspiel.[15] Edith Braemer und Ursula Wertheim stellen beispielsweise in ihrer Studie *Einige Hauptprobleme in Schillers ‚Wallenstein'*[16] fest, daß Schiller als Historiker und als Dramatiker „über die Geschichtsschreibung seiner Zeit" hinausgegangen sei, wenn „er seinen Wallenstein die Ziele eines Friedensschlusses und nationaler Einigung verfolgen" lasse. Sie würdigen nicht nur den Konflikt zwischen dem nationalen Ziel und den ehrgeizigen Absichten Wallensteins, sondern notieren auch die Tatsache, daß das Volk als „entscheidender Handlungsträger" auf der Bühne agiert. Nicht nur erfaßt Schiller ihrer Auffassung nach die Massen „als entscheidende Triebkräfte der Geschichte", sondern er legt Max „Forderungen eines bürgerlich-fortschrittlichen Patriotismus in den Mund". Auch nach Hans-Günther Thalheim[17] verlangt Max „für Deutschland Frieden, nationale Einheit und Unabhängigkeit". Hans-Jürgen Geerdts[18] zufolge geht Wallenstein nur deswegen „tragisch zugrunde, weil er schwankt und zaudert, die Emanzipationshoffnungen der das Volk repräsentierenden Vertreter der Armee enttäuscht und im Bestreben, objektiv die nationale Sache zu fördern, mit den Feinden des Vaterlandes paktiert, weil er keine revolutionäre Basis findet". Die Tragik des Feldherrn, so weiß es auch Horst Hartmann in seiner Analyse der *Wallenstein*-Trilogie,[19] „ist nicht die eines individuellen Sonderfalls, sondern die Tragik der deutschen Nation".

Indem man als Ziel „der Trilogie die Frage nach dem Weg zur einheitlichen deutschen Nation" bestimmt, liest man in den Text Inhalte hinein, die frühestens seit der Kritik Tiecks zeitgeschichtliche Erwartungen der Rezipienten beschreiben. Mit historischem Sachverstand hat Karl-Heinz Hahn[20] gegenüber solcher Auffassung eingewandt, daß Schiller im Prinzip die „Libertät der deutschen Reichsstände gegenüber den Bestrebungen Habsburgs" favorisiert hat, und weder der Wallenstein seiner *Geschichte des Dreißigjährigen Kriegs* noch der seiner Trilogie scheint von der dort geschilderten politischen Praxis her geeignet gewesen zu sein, „einen wirklichen historischen Fortschritt herbeizuführen". Bereits Franz Mehring hatte 1905 in *Schiller. Ein Lebensbild für deutsche Arbeiter* festgestellt, daß dem schwäbischen Dramatiker nichts ferner gelegen habe, „als die Wirkung seiner dramatischen Kunst durch die Gestaltung von ‚Nationalgegenständen' zu steigern".[21] Für diese These wäre Ludwig Tiecks Klage über Schillers Versäumnis eines nationalen oder vaterländischen Dramas[22] nicht der schlechteste Beweis *ex negativo*.

Doch auch nichtmarxistische Interpreten von Karl Werders *Vorlesungen über Schillers ‚Wallenstein'* (1889) über Andeutungen in Benno von Wieses *Die deutsche Tragödie von Lessing bis Hebbel* (1948) bis hin zu Walter Müller-Seidels Aufsatz *Die Idee des neuen Lebens: eine Betrachtung über Schillers ‚Wallenstein'* (1971) und Gert Sautermeisters Buch *Idyllik und Dramatik im Werk Friedrich Schillers. Zum geschichtlichen Ort seiner klassischen Dramen* (1971) brechen immer wieder Lanzen für die progressiven Intentionen Wallensteins, die ansonsten entweder als bloße Wunschvorstellungen, strategische Mittel für Eigenpropaganda oder als mehr oder weniger listige Manöver des Selbstbetrugs entwertet oder vollständig übergangen werden. Müller-Seidel geht vom Monolog Wallensteins aus, in dem der Konflikt zwischen Tradition und Fortschritt thematisiert ist. Für ihn beschränkt sich die Politik Wallensteins nicht nur auf Ränke und Intrigen, sondern er schreibt ihm die Vision eines „zukünftigen Lebens“ zu, eines „idyllischen Lebens“. Trotz aller egoistischen Ziele, die Wallenstein verfolgt, sollte man ihn nach Müller-Seidel nicht der Heuchelei verdächtigen.[23] Er bezeichnet ihn deswegen als einen „revolutionären Idealisten“, als den ihn ja auch Max Piccolomini feiert, und stellt ihn zwischen „Realität und Idealität, das Irdische und das Überirdische, das Rationale und die Irrationalität“.[24] Wallenstein will beides: „die menschliche Größe und die Größe des Menschlichen, den Realismus der Macht und die Idealität eines künftigen Reiches“ – und darin, daß er beides will, liegt nach Müller-Seidel auch seine Tragik. Aber diese Tragik ist für ihn nicht die Tragik einer Person, sondern die Tragik einer Idee, und er erklärt: „In dem Maße, in dem sich der Held des Dramas als Anwalt des Neuen gegen die Macht der Gewohnheit und gegen das Recht der Besitzenden wendet, nur weil es ein Gewohnheitsrecht ist, spürt man die Ideenwelt der Französischen Revolution.“[25] Dieser Ansatz wird in Gert Sautermeisters Buch systematisiert und aus der „Idyllensymbolik der Sterne ... der Zielpunkt von Wallensteins Handeln“[26] herausgearbeitet. Sautermeister versucht auch die dialektische Spannung von revolutionärer Idee und alter Ordnung[27] als antithetisches Bauprinzip des Dramas[28] und als Antithetik im Sprachverhalten[29] der personae dramatis nachzuweisen. Für ihn sind Wallenstein, Max und Thekla auf eine neue idyllische Zeit bezogen, aber „im Raum der Tragödie kann diese Sehnsucht nicht erfüllt werden: Wallensteins idealidyllische Idee ist zum Scheitern verurteilt, und die Liebenden müssen in der geschichtlichen Welt untergehen“.[30]

Philosophische Positionen enthalten eine Reihe von Gesamtuntersuchungen von Jakob Minor über Friedrich Wilhelm Kaufmann, Kurt May bis hin zu Ernest Ludwig Stahl. Nach den Anweisungen in Schillers *Ueber naive und sentimentalische Dichtung* und einem Fingerzeig in dem bekannten Brief an Humboldt vom 21. März 1796 wird Wallenstein als Realist interpretiert. Die einseitigste Haltung nimmt hier wohl Hermann-August Korff ein, der in seiner Studie das Drama nicht nur als „die Tragödie eines Realisten, sondern die Tragödie des *Realismus überhaupt*“[31] versteht. Von Max und Thekla her gesehen, ereignet sich auch eine „*Tragödie des Idealismus in dieser Welt des Realismus*“. Schon Jakob Minor stattet indes Wallenstein „mit dem hohen Sinn für die Ideen der Freiheit, der Glaubenstoleranz und des Friedens aus“ (Sä 5, XXV), und Kaufmann notiert einen „antagonism of *Realpolitik* and *Idealpolitik*“.[32] Kurt May wiederum sieht in der Trilogie aus ähnlichen Motiven zwei Tragödien, „die ineinander gelagert aufgetreten sind und gegeneinander gespannt in starker Polarität: in der Mitte der einen Tragödie steht der Repräsentant des dämonischen Realismus und in der Mitte der anderen der Repräsentant des ethischen Idealismus der Freiheit".[33] Ähnlich signalisiert es Stahl schon mit der Kapitelüberschrift „The Realist as Hero".[34] Aber es kann keine Frage sein, daß man „mit den Kategorien einer ‚philosophischen' Prinzipientragödie von Realismus und Idealismus" den verschiedenen „Seelen in der Brust dieses Wallenstein"[35] nicht gerecht werden kann.[36]

Einen vielversprechenderen Weg hat hier Oskar Seidlin[37] mit seinem existentiellen Ansatz eingeschlagen, der – jenseits von Analysen des Charakters und Spekulationen über die Moral – Wallenstein als „das exemplum vom Menschen in der Geschichte oder . . . von Sein und Zeit" zu begreifen sucht. Die Astrologie wird als der Versuch verstanden, „die Zeit und das in ihr Verhängte, das Verhängnis, zu entmachten", und Wallensteins Leitstern, Jupiter, nicht nur als „Symbol erhabenster Macht" gedeutet, sondern auch als „der Gott, der Chronos, den Zeitgott, überwältigt". Die Hybris Wallensteins liegt für Seidlin darin, daß er aus der geschichtlichen in die ästhetische Existenz übertreten will, obgleich er in der Geschichte steht, daß er die Zeit außer Kraft zu setzen und zu manipulieren versucht. Seine Ausführungen über das richtige und das falsche Spiel und der Ansatz seiner Interpretation stützen sich indirekt auf die Schrift *Ueber die ästhetische Erziehung*, obgleich diese nicht eigens zitiert wird. Ilse Graham versteht Seidlins Ausführungen in *Schiller, ein Meister der tragischen Form*[38] als Bestätigung ihrer eigenen These, daß die Struktur der gesamten Tragödie durch die kontemplative Haltung der Hauptfigur bestimmt ist. Sie setzt sich in ihrem Buch mit der Frage auseinander, ob es legitim sei, „von der Theorie her Schlüsse auf die dichterische Praxis zu ziehen",[39] wie das oft gerade die Interpreten stillschweigend tun, die es nach außen hin ablehnen (z. B. Kurt May und Emil Staiger), und schließt sich Wolfgang Binders[40] Erklärung an: „Die Strukturen des Denkens, in denen Schiller seine Probleme entfaltet, und die Strukturen des Dichtens, in denen er seine Stoffe poetisch formt, wurzeln in derselben Geistesart."

In eine solche Richtung weist auch die Studie *Vergötterung und Tod. Die thematische Einheit von Schillers Werk* (1967) von Gerhard Kaiser. Wie für Seidlin, Graham und Binder ist auch für Kaiser „Wallensteins Tragödie nicht die der Aktivität, sondern der Potentialität, nicht die des handelnden Menschen, sondern des Möglichkeitsmenschen, dem die Geschichte als unabwendbare Notwendigkeit begegnet, da er jenseits ihrer absolute Freiheit gesucht hat".[41] Wolfgang Binder formulierte diesen Sachverhalt so: „Wallensteins Zögern auf der Höhe seiner Macht zeigt also die volle Struktur des ästhetischen Zustands, aber nicht nach innen, sondern nach außen. Er versucht dem politischen Zustand, der Entscheidung und damit Begrenzung verlangt, die Form des ästhetischen und seiner Freiheit zu geben, nicht über sich selbst, sondern über eine Welt total zu verfügen, die er gleichsam nur für die Außensphäre seines Ichs hält."[42] In seiner Abhandlung *Das ‚Problem der Aktion' und ‚Wallenstein'* (1972) interpretiert Jeffrey Barnouw die Trilogie von der Theorie der ästhetischen Erziehung her: er untersucht erstens „die literarische Setzung einer Freiheit" durch und in der Rezeption von Kunst und geht zweitens der Überlegung im *Wallenstein* nach, „wie politische Ideale verwirklicht werden können".[43] Nach Barnouw zielt in der Trilogie die nicht erfolgte Aktion, die den Gegensatz zwischen revolutionärem Willen und der widerspenstigen sozialen Realität hätte überbrücken können, „gegen das ‚ewig Gestrige' eines deutschen Publikums". Die philosophische Position wird hier zur historischen erweitert, was durchaus im Sinne von Schillers Theorie ist, deren andere „gewaltige Hülfe" eben die Geschichte darstellt.

Nimmt man die Spezialuntersuchungen zur Form, Poetik und Sprache des *Wallenstein*, wie etwa die Arbeiten von Kurt May,[44] Klaus L. Berghahn[45] und Barbara Lange[46] einmal aus, so demonstrieren wohl die *formal-ästhetische Position* am entschiedensten die beiden Publikationen von Gerhard Storz (*Der Dichter Friedrich Schiller*, Stuttgart 1959) und von Emil Staiger (*Friedrich Schiller*, Zürich 1967). Storz wertet Schillers „philosophische Entwürfe" nur als Mittel für die wichtigeren poetischen Zwecke und gesteht dem Ideengefüge in dem ausgedehnten Briefwechsel keine besondere Bedeutung zu. Er stellt den Verfasser des *Wallensteins* unter die alleinige Gerichtsbarkeit autonomer Kunst und bestreitet, „daß die philosophischen Schriften Schillers . . . ohne weiteres . . . den Zugang zu seinem dichterischen Werk eröffnen".[47] Das scheint ihm besonders für den *Wallenstein* zu gelten, den er mit dem „Blick auf das Gefügte und seine Verfugung zum Ganzen", nach Form und Struktur unter Verwertung der relevanten Briefe an Goethe, Humboldt und Körner beschreibt.[48] Storz möchte in das „Wunderwerk von Komposition" eindringen und die „klare, in sich ruhende Gestalt" herauspräparieren. Programmatisch merkt er im Hinblick auf Schillers Briefwechsel an: „In der ganzen langen Zeit von März 1796 bis Oktober 1797 ging es allein um dramaturgische, nicht um metaphysische Probleme, um Aufgaben des Machens . . ., nicht um Fragen des Sinnes."[49] Es versteht sich von selbst, daß auch Storz, obwohl er vorzugsweise von Gefüge und Zeitverlauf, Struktur und Komposition, Ausdruck und Stil spricht, nicht ohne Beantworten von Sinnfragen auskommt; aber immer wieder warnt er: „Der Dichter legt kein eigenes Bekenntnis ab, wir dürfen auf kein Wort, nicht einmal auf eine Sentenz in diesem Drama den Finger legen und in ihr Schillers ‚Weltanschauung' oder deren Wandlung entdecken wollen." Als einsichtiger Interpret bemerkt er aber nichtsdestoweniger, daß aus der Trilogie „die wertsetzende Parteinahme verschwunden" ist[50] und der Dramatiker „weder auf die Klage noch auf die Anklage der Liebenden Antwort" gibt; er erkennt überdies, daß die auf die „Trilogie gerichtete Perspektive" nur dann richtig sein kann, „wenn die Waage zwischen Wallenstein und Octavio in der Schwebe bleibt und für den Betrachter eine beklemmende Unentschiedenheit am Ende steht".[51] Das Ergebnis seiner Analyse des *Wallenstein* faßt er mit diesem Satz pointiert zusammen: „Die Trilogie bedeutet nicht mehr und nichts anderes, als was sie darstellt." Mit anderen Worten: die Frage nach dem Sinnzusammenhang der Tragödie kann also nur durch die Interpretation ihrer Struktur beantwortet werden.

Emil Staiger betont ähnlich wie Storz das Primat des Dichterischen und stellt Schiller als einen Meister der dramatischen Wirkungsästhetik dar, der alles auf die Gewalt und die Regie der Affekte hin berechnet.[52] Im Hinblick auf die *Wallenstein*-Trilogie urteilt er etwa: „Schiller kommt es ... nicht auf das Verhältnis zwischen dem Staat und dem großen Individuum an, überhaupt nicht auf ein Problem dieser Art, sondern auf die Gewalt der Affekte, die von der Bühne herab entfesselt werden." Wie schon in Ernst Howalds Untersuchung über *Die griechische Tragödie* (1930) tritt bei Staiger an die Stelle der Idee „der Effekt als Zweck der Form".[53] Alles wird im Drama Schillers, so lautet die Auskunft, nur eingesetzt, um Furcht und Mitleid zu erregen. Dessenungeachtet argumentiert Staiger aus quasi philosophischer Perspektive, wenn er Wallenstein wie vor ihm Minor und Korff im Sinne von *Ueber naive und sentimentalische Dichtung* als Realisten beschreibt[54], ihn gar im Hinblick auf die Astrologie einen „phantastischen Realisten"[55] nennt, aber er lenkt seine oft scharfsichtigen Beobachtungen immer wieder zu dem engen Wirkungsaspekt zurück und reduziert damit den Verfasser des *Wallenstein* auf die Stufe der Jugenddramen.[56] Nach Staiger kommt es Schiller „allein darauf an, uns für den entsetzlichen Augenblick richtig zu stimmen".[57] Auch die personae dramatis werden unter diesem Aspekt examiniert und ihnen gegenüber die Empfindungswerte notiert.[58] Das formalistische Interesse paart sich hier nicht selten mit dem psychologischen, wie Staiger es ähnlich auch von Schiller behauptet.[59] Eine richtige Interpretation von Schillers Dramen beruht nach Staiger auf der Einsicht, daß sich der Verfasser mehrerer philosophischer Schriften „alsbald über die Eigenart einer Idee hinwegsetzt und sie nur als Formkraft würdigt".[60]

Paul Böckmann geht in seiner Studie *Gedanke, Wort und Tat in Schillers Dramen* (1960) von der These aus, daß sich Schillers Dramen „jenseits vom Realismus der Geschichtsbilder und Charaktersituationen ..., vom moralischen Pathos bestimmter Überzeugungen ...

durch ihr szenisches Gefüge, durch die Art ihrer Integration, als echte Dichtung"[61] behaupten, und er untersucht deshalb die „dialogische Sprachgestalt", die Sprache als eine „Dimension des menschlichen Handelns". Böckmann entwickelt, wie im *Wallenstein* der „Befehl, die Verpflichtungsformel, der Eid, aber auch der Pakt mit den Schweden, der Verrat am Kaiser und die Ächtung Wallensteins . . . an Sprache gebundene Handlungen [sind], die ihre eigene Dramatik in sich tragen". Er interpretiert die Dramen Schillers also als Worttheater, als Wortdrama, wobei hier die Sprache verabsolutiert wird wie der formale Aspekt bei Storz und Staiger. Hans Schwerte schließt sich in seinem Aufsatz *Simultaneität und Differenz des Wortes in Schillers ‚Wallenstein'* (1965)[62] an die Ausführungen Böckmanns an. Auch er versteht das Drama Schillers primär als „Sprachhandlung" und versucht dann mit Hinweisen auf Storz über das „Formgefüge" das „Sinngefüge" aufzuhellen. Das Resultat heißt dann auf eine Formel gebracht: „Das sprachliche Handeln Wallensteins bestimmt schließlich dessen Tod."[63] Überhaupt gründen nach Schwerte Schillers Tragödien auf der „Brüchigkeit des Wortes" und geht die dramatische Aktion aus der „Differenz des Wortes" hervor.

Eine Reihe von Einzeluntersuchungen über *Wallenstein* und Monographien von Jakob Minor bis zu William Witte, Benno und Wiese, Ronald D. Miller und Alfons Glück versuchen zwischen verschiedenen Positionen zu vermitteln oder sie enthalten sich einer spezifischen Sichtweise.[64] Das Ensemble der einander widersprechenden Positionen und Perspektiven ist vorzüglich geeignet, in den komplexen Gegenstand einzuführen und den Blick für die Vielzahl der Lesearten zu öffnen.

III Grundzüge von Schillers ästhetischer Anthropologie und Geschichtsauffassung

Daß die ästhetischen Schriften Schillers durchaus zum Verständnis seiner dichterischen Werke beitragen, liegt in ihrer Beschaffenheit. Sie sind weniger ästhetische Anweisungen zur dramatischen Produktion als vielmehr Positionen intellektueller Selbstverständigung. Sie liefern den anthropologischen Rahmen, in den er auch seine dramatischen Personen stellt. Seine Spekulationen von den Schriften der Karlsschulzeit bis hin zu *Ueber naive und sentimentalische Dichtung* (1796) zeigen Veränderungen in der Einstellung, die sich auch in der dramatischen Darstellung niederschlagen. Außerdem sind diese anthropologischen Spekulationen Schillers wie seine Dramen Antworten und Reaktionen auf die zeitgeschichtlichen Probleme. Seine ästhetischen Schriften sind deshalb philosophisch im weitesten Sinn gerade auch von der Thematik her: sie reicht von Fragen der Kulturgeschichte zu solchen der Politik, der Gesellschaft und der Geschichte. Ganz im Sinne der Totalitätstendenzen des 18. Jahrhunderts lassen sich die einzelnen Gebiete nicht immer gefahrlos aus ihrem Argumentationszusammenhang herauslösen.[1]

Schon der Karlsschüler definiert in seiner Dissertation die „Bestimmung des Menschen" als „Gottgleichheit" (Na 20, 10) in dem Bewußtsein, daß dies ewig ein „unendliches", das heißt unerreichbares Ideal bleiben wird. Hinter diesem Ideal wird bereits die Intention der Anthropologie Schillers sichtbar: den Menschen zu einer optimalen Erweiterung seiner Vermögen anzuregen. Alles, was diese Erweiterung bedroht: dogmatische philosophische Systeme wie Materialismus und Idealismus (Na 20, 13f.; 502), repressive politische und gesellschaftliche Ordnungen, eine einseitige Kulturentwicklung, in der entweder die Gefühle über Grundsätze oder die Grundsätze über die Gefühle herrschen, lehnt Schiller deshalb ab. Die negativen Elemente der politischen und gesellschaftlichen Entwicklung haben jeweils ihre entsprechenden Korrelate in der psychologischen Individualgeschichte: Gefühlswerte wie Liebe oder Haß bedeuten nicht nur entweder psychisch Icherweiterung (Annäherung an das Totalitätsideal) oder Ichverkleinerung (Entfernung vom Totalitätsideal), sondern auch gesellschaftlich-politisch entweder einen „blühenden Freistaat" oder „Despotismus" (= „verwüstete Schöpfung"). Bereits der junge Schiller will in einer Karlsschulrede (vom 10. 1. 1779) in die verborgenen Motive der Geschichte eindringen und die verborgenen Absichten von Augustus (Na 20, 5) ebenso wie die „verlarvten Laster" der Herrschsucht bei Absalom, Ravaillac und Catilina enthüllen. Herrschsucht und Despotismus in Ideologien und politisch-gesellschaftlichen Systemen gefährden schon in der Perspektive des jungen Schiller die menschliche Bestimmung zu „Gottgleichheit" und unterbinden eine freie Entwicklung der Person. Deshalb wird bei Schiller die Bedingung der Möglichkeit von jeder Selbstbestimmung die Freiheit. Diese Freiheit hat wiederum anthropologische, psychologische und politische Aspekte, die Schiller in der individuellen und gesellschaftlichen Entwicklung veranschaulicht.

Das Charakteristikum menschlicher Existenz sieht Schiller in der Dichotomie von Geist und Materie, Ideal und Leben, Form und Stoff, Person und Zustand. Früh schon versucht er diesen „Riß" durch die „Mittelkraft" (Na 20, 13) oder einen „mittleren Zustand" (Na 20, 90) zu schließen, der dann endgültig im 20. Brief *Ueber die ästhetische Erziehung* als „ästhetischer Zustand" ausführlicher beschrieben wird. Der Bedeutungshorizont von „ästhetisch" und „poetisch" faßt gerade diesen anthropologischen Aspekt bei Schiller: daß der Mensch durch die ästhetische Erfahrung seiner Selbstbestimmung, der Freiheit und allen seinen Möglichkeiten zurückgegeben wird. In *Ueber das Pathetische* formuliert er es so: „Selbst an wirklichen Begebenheiten historischer Personen ist nicht die Existenz, sondern das durch die Existenz kund gewordene Vermögen das poetische“ (Na 20, 218). Aus dieser Sicht erscheint es dann gar nicht mehr so erstaunlich zu sein, daß Schiller sehr früh versucht hat, politische Probleme mit einer ästhetischen Diätetik, das heißt in diesem Fall *dramatisch* zu lösen. „Nur der Schaubühne ist es möglich“, so führt er in *Was kann eine gute stehende Schaubühne eigentlich wirken? (Na 20, 99)* aus, „diese Übereinstimmung in einem hohen Grad zu bewirken, weil sie das ganze Gebieth des menschlichen Wissens durchwandert, alle Situationen des Lebens erschöpft, und in alle Winkel des Herzens hinunter leuchtet; weil sie alle Stände und Klassen in sich vereinigt, und den gebahntesten Weg zum Verstand und zum Herzen hat“.

In seinen anthropologischen Spekulationen formuliert Schiller drei Fundamentalgesetze. Das erste nennt er das „Fundamentalgesetz der gemischten Natur“ und erklärt es folgendermaßen: „*Die Thätigkeiten des Körpers entsprechen den Thätigkeiten des Geistes; d. h. Jede Ueberspannung von Geistesthätigkeit hat jederzeit eine Ueberspannung gewisser körperlichen Aktionen zur Folge, so wie das Gleichgewicht der erstern, oder die harmonische Thätigkeit der Geisteskräfte mit der vollkommensten Uebereinstimmung der letztern vergesellschaftet ist“ (Na 20, 57)*. Aus diesem Gesetz des psychosomatischen Zusammenhangs, wie man es heute nennen würde, leitet er auch seine poetologische Bestimmung der pathetischen Darstellung ab, die vor allem für seine Jugenddramen gilt, nämlich „die beiden Fundamentalgesetze aller tragischen Kunst“ (Na 20, 195), die er dergestalt definiert: sie „sind *erstlich:* Darstellung der leidenden Natur; *zweytens:* Darstellung der moralischen Selbständigkeit im Leiden“. Diese Selbstständigkeit weist dann auf die Autonomie der Person hin, den „Gott in uns“, das Übersinnliche im Menschen (Na 20, 196). Unter dem Aspekt der existentiellen Bestimmung der „gemischten Natur“ des Menschen im 11. Brief *Ueber ästhetische Erziehung* (Na 20, 344), aus der Dialektik von Person und Zustand oder moderner: Sein und Zeit, erläutert er dann die „zwey Fundamentalgesetze der sinnlich-vernünftigen Natur“ auf folgende Weise: „Das erste dringt auf absolute *Realität:* er soll alles zu Welt machen, was bloß Form ist, und alle seine Anlagen zur Erscheinung bringen: das zweyte dringt auf absolute *Formalität:* er soll alles in sich vertilgen, was bloß Welt ist, und Uebereinstimmung in alle seine Veränderungen bringen; mit andern Worten: er soll alles innre veräußern und alles äussere formen.“ Beide Aufgaben, „in ihrer höchsten Erfüllung gedacht", so merkt hier Schiller bezeichnenderweise an, „führen zu dem Begriff der Gottheit zurück, von dem ich ausgegangen bin". Diesen „Begriff der Gottheit", das „Ideal menschlicher Natur" macht er in der Schrift *Ueber naive und sentimentalische Dichtung* durch die dualistische Typologie der „innern Gemütsform", durch den „merkwürdigen psychologischen Antagonism unter den Menschen" (Na 20, 491), durch die Trennung in Realisten und Idealisten insofern sichtbar, als die Aufhebung dieses Dualismus oder Antagonism eben die Erscheinung dieses Ideals bedeuten würde.

Setzen die Jugenddramen mit der Ausnahme von *Fiesco* die anthropologischen Intentionen der beiden ersten Fundamentalgesetze um, so orientieren sich die Dramen ab *Wallenstein* vor allem an dem dritten Fundamentalgesetz und an der dualistischen Typologie, womit keineswegs behauptet werden soll, daß damit mehr als ein Fingerzeig für eine Interpretation gewonnen ist. Das gemeinsame Ziel der dramatischen Produktion läßt sich wie das der ästhetischen Schriften als Versuche auf verschiedenen Gebieten beschreiben, dem Menschen allen widrigen Umständen zutrotz zur Selbstverwirklichung, d. h. zur „Behauptung seiner Persönlichkeit" zu verhelfen. So wie die Individualgeschichte über verschiedene Stufen von der Natur zur geistigen Kultur und Würde führt (Na 20, 50ff.), durchläuft auch das Menschengeschlecht in seiner Geschichte (Na 20, 53ff.) Phasen vom Hordendasein des Naturmenschen über die Herrschaft der Despoten bis zum bürgerlichen Staat. Aus einer Gesellschaft der Notdurft wird schließlich eine Gesellschaft des freien Überflusses, die allerdings noch Aufgabe und nicht Wirklichkeit ist. Nicht zuletzt das Programm der ästhetischen Erziehung möchte die psychischen und bewußtseinsmäßigen Voraussetzungen zu einer solchen Gesellschaft schaffen; denn, so argumentiert Schiller, „*Totalität* des Charakter muß . . . bey dem Volke gefunden werden, welches fähig und würdig seyn soll, den Staat der Noth mit dem Staat der Freyheit zu vertauschen" (Na 20, 318). Schiller unterscheidet den „Notstaat", in dem der Mensch unter dem Zwang der Bedürfnisse steht und ausschließlich Naturgesetze herrschen, von dem moralischen Staat, der auf Vernunftgesetzen basiert und einen zwar fortgeschritteneren Zustand bedeutet, aber auch schwerwiegende Nachteile impliziert, mit denen sich Schiller ebenso kritisch auseinandersetzt wie mit den problematischen Seiten der idealistischen und materialistischen Ideologie. Die Kritik an dem moralischen Staat wird zur Kritik an der Gegenwart: „Wir verleugnen die Natur auf ihrem rechtmäßigen Felde, um auf dem moralischen ihre Tyrannei zu erfahren, und indem wir ihren Eindrücken widerstreben, nehmen wir unsere Grundsätze von ihr an . . . Mitten im Schooße der raffinirtesten Geselligkeit hat der Egoism sein System gegründet, und ohne ein geselliges Herz mit heraus zu bringen, erfahren wir alle Drangsale der Gesellschaft" (Na 20, 320).

Gerade weil der Mensch sich auf doppelte Weise entgegengesetzt ist, entweder „als Wilder, wenn seine Gefühle über seine Grundsätze herrschen", oder „als Barbar, wenn seine Grundsätze seine Gefühle zerstören", wird für die Rettung des „Begriffs der Menschheit" der Spieltrieb und der *ästhetische Zustand* entwickelt. Er erzeugt die erforderliche „Totalität des Charakters" für den projektierten ästhetischen Staat und verhilft dem modernen Menschen, der sich selbst „nur als Bruchstück" ausbildet, bloß ein „Abdruck seines Geschäfts, seiner Wissenschaft" ist (Na 20, 323), dazu, die „Harmonie seines Wesens" zurückzugewinnen. Bis der „Charakter der Zeit . . . sich von seiner tiefen Entwürdigung" wieder aufrichtet, hält Schiller nicht gerade übertrieben optimistisch für „eine Aufgabe für mehr als ein Jahrhundert" (Na 20, 329), und in der *Gesetzgebung des Lykurgus und Solon* meint er, die Gesetzgeber würden „sich noch lange in rohen Versuchen üben, bis sich ihnen endlich das glückliche Gleichgewicht der gesellschaftlichen Kräfte von selbst darbietet" (Ha 4, 818). Im Gegensatz zum mechanischen und schönen Künstler bearbeitet nämlich der Gesetzgeber wie alle pädagogischen und politischen Künstler (Na 20, 317 f.) „einen selbsttätigen widerstrebenden Stoff – die menschliche Freiheit" (Ha 4, 818); bei ihm kehrt der Zweck in den Stoff zurück, er macht also „den Menschen zugleich zu seinem Material und zu seiner Aufgabe" (Na 20, 317). Daraus leitet Schiller für den Staatskünstler als *conditio sine qua non* ab, daß er nicht bloß subjektiv, sondern „objektiv und für das innre Wesen" die „Eigenthümlichkeit und Persönlichkeit" seines Gegenstandes „schont". Der Usurpator, Despot, Tyrann, der gegen dieses Gebot verstößt, versündigt sich nicht nur gegenüber der menschlichen Freiheit, sondern auch gegenüber dem transzendenten Prinzip schlechthin.

Zwar ist der Mensch nach Schiller „frei geschaffen" (*Die Worte des Glaubens),* aber er muß sich zu seiner eigenen Freiheit durch eine besondere Anstrengung selbst entwickeln, er muß also gewissermaßen sein zweiter Schöpfer werden. Hat er jedoch dieses Ziel erreicht, so genügt es nicht, die eigene Freiheit zu demonstrieren, sondern er muß sowohl fremde Freiheit vermehren als auch schonen (vgl. Brief an Körner vom 23. Februar 1793). Freiheit bildet gleichermaßen den Maßstab für die Handlungen der Staatsbürger wie für die Beschaffenheit von Gesellschaft und jeder Art von politischer Herrschaft; dabei wird die Qualität der Verfassung, der historischen und gesellschaftlich-politischen Stufe durch die Qualität des Individiums mitbestimmt. In seiner akadamischen Antrittsrede (Ha 4, 755) erklärt das Schiller folgendermaßen: „aber der Mensch mußte sich erst durch eine außerordentliche Anstrengung zur politischen Gesellschaft erheben"; zur politischen Gesellschaft der Freiheit ist es allerdings noch ein weiter Weg.

Mit diesem Maßstab überprüft Schiller nicht nur die politischen Verfassungen, was sie nämlich zur Beförderung der Totalität menschlicher Vermögen und Kräfte (Ha 4, 815) leisten, sondern auch die Universalgeschichte.[2] Grundsätzlich heißt es dazu in *Was heißt und zu welchem Ende studiert man Universalgeschichte?* (26. Mai 1789): „Fruchtbar und weit umfassend ist das Gebiet der Geschichte; in ihrem Kreise liegt die ganze moralische Welt." Die „moralische Welt" meint hier das Gebiet der höheren menschlichen Vermögen, in denen sich die Autonomie der Person manifestiert, und eben von den Niederlagen und den Erfolgen bei der Ausbildung dieser Vermögen erzählt die Geschichte. In der für diesen Zusammenhang wichtigen Schrift *Ueber das Erhabene,* die erstmals 1801 veröffentlicht, aber sicher zwischen 1794 und 1796 verfaßt wurde, formulierte Schiller den Sachverhalt so: „Die Welt, als historischer Gegenstand, ist im Grunde nichts anders als der Konflikt der Naturkräfte untereinander selbst und mit der Freyheit des Menschen und den Erfolg dieses Kampfes berichtet uns die Geschichte" (Na 21, 49).

Für Schiller wird Weltgeschichte eben deswegen zu einem „erhabenen" Objekt, weil sie ähnlich wie das Drama in der pathetischen Darstellung die „Independenz von Naturgesetzen", die „moralische Welt" demonstriert. Wohl scheint sich dieser Befund in Sachen Weltgeschichte noch wenig von den optimistischen Erwartungen der akademischen Antrittsrede vom Jahre 1789 zu unterscheiden, aber die sich daran anschließenden Ausführungen zeigen deutlich eine Neuorientierung in Schillers Geschichtsauffassung.[3]. Die noch in der Einleitung zur *Geschichte des Abfalls der vereinigten Niederlande von der spanischen Regierung* formulierte These, daß die „Geschichte der Welt . . . sich selbst gleich" sei wie „die Gesetze der Natur und einfach wie die Seele des Menschen", daß dieselben Bedingungen auch dieselben Erscheinungen „zurückbringen" und daß sie Exempla für das Ringen der „bedrängten Menschheit um ihre edelsten Rechte" (Ha 4, 45, 33) liefert, konfrontiert Schiller mit der folgenden nüchternen illusionslosen Bestandsaufnahme: „Nähert man sich . . . der Geschichte mit großen Erwartungen von Licht und Erkenntniß – wie sehr findet man sich da getäuscht!" (Na 21, 49). Er betont die Diskrepanz von philosophischer Forderung und realem Tatbestand und macht nun die „Unbegreiflichkeit selbst zum Standpunkt der Beurtheilung" (Na 21, 50) von Geschichte, die „das Wichtige wie das Geringe, das Edle wie das Gemeine in Einem Untergang mit sich fortreißt".

Die Einsicht, daß es keine Gesetze zur Erklärung der in Natur und Geschichte offenbar „sinnlos" wirkenden Kräfte gibt, sollte man jedoch nicht gleich als Geschichtspessimismus auslegen,[4] zumal der Mensch nach Schiller gerade durch die Erfahrung, daß in der Welt der „tolle Zufall“ und nicht ein „weiser Plan“ zu regieren scheint (Na 21, 48 f.), auf die eigene Sonderstellung zurückgeworfen wird. Diese Sonderstellung liegt eben in der prinzipiellen „Unabhängigkeit“ von der „wilden Ungebundenheit der Natur“, in der „Anlage zu der Gottheit“, wie es im 11. Brief *Ueber die ästhetische Erziehung* heißt. Indem der Mensch kraft seiner Person aus der Gerichtsbarkeit der Natur und Geschichte tritt, hört er auf, ihr Objekt zu sein, oder wie es im 25. Brief (Na 20, 395) im Hinblick auf die Natur heißt: „So wie er anfängt, seine Selbständigkeit gegen die Natur als Erscheinung zu behaupten, so behauptet er auch gegen die Natur als Macht seine Würde, und mit edler Freyheit richtet er sich auf gegen seine Götter.“ Es kann keine Frage sein, daß in die Veränderung von Schillers Geschichtsauffassung auch die Enttäuschung über die Französische Revolution eingegangen ist, die Einsicht, daß ein großer geschichtlicher Augenblick nicht die adäquaten Akteure für die „Ideale der Menschheit“ gefunden hat. Aber er formuliert nicht, wie es Christiaan L. Hart-Nibbrig[5] sieht, die „Devise von Freiheit, Gleichheit und Brüderlichkeit“ einfach ästhetisch um, sondern der neuen Erfahrung des dialektischen Widerspruchs von Wirklichkeit und Idee, Geschichte und Verwirklichung menschlicher Freiheit antwortet er mit dem ausgebauten Programm seiner anthropologisch-psychologischen Diätetik.

„Historischer Fortschritt“, so faßt Karl-Heinz Hahn[6] Schillers kritische Revision vom Gang der Geschichte zusammen, erscheint ihm „jetzt als ein widerspruchsvoller Prozeß, in dem auf Epochen gesellschaftlicher Höherentwicklungen solche der Stagnation oder auch der Rückbildung folgen, ohne daß deshalb der gesellschaftliche Fortschritt insgesamt in Frage gestellt würde“. Im Gegenteil: Schiller differenziert die Ansätze seines ersten Dissertationsversuchs, in denen die Menschheitsgeschichte in Beziehung zur Individualgeschichte gesehen wird (Na 20, 50–56). Für den „Fortschritt der menschlichen Kultur“ gilt, wie Schiller einmal anmerkt (Na 21, 63), eben das, was bei jeder Individualerfahrung zu beobachten ist. Er unterscheidet für beide Bereiche drei Momente:

„1) Der Gegenstand steht ganz vor uns, aber verworren und ineinander fließend.
2) Wir trennen einzelne Merkmale und unterscheiden. Unsere Erkenntniß ist *deutlich* aber vereinzelt und borniert.
3) Wir verbinden das Getrennte, und das Ganze steht abermals vor uns, aber jetzt nicht mehr verworren sondern von allen Seiten beleuchtet.

In der ersten Periode waren die Griechen.
In der zweyten stehen wir.
Die dritte ist also noch zu hoffen, und dann wird man die Griechen auch nicht mehr zurück wünschen."

Diese Sätze protokollieren *in nuce* die kulturphilosophischen Teile der beiden großen ästhetischen Schriften *Ueber die ästhetische Erziehung* und *Ueber naive und sentimentalische Dichtung*. Den historischen Entwicklungsstufen, Epochen, Staatsformen und Erlebnisformen entsprechen wiederum drei ästhetische oder anthropologische Ausgangspunkte (Na 20, 388). Es handelt sich um: 1) den *physischen Zustand*, in dem der Mensch bloß die Macht der Natur erleidet; 2) den *moralischen Zustand*, in dem der Mensch die Macht der Natur beherrscht; 3) den *ästhetischen Zustand*, in dem der Mensch weder unter der Herrschaft der Natur noch des Verstandes steht.[7] Noch in seiner akademischen Antrittsrede versteht Schiller auch die Weltgeschichte wie das Drama als eine Bühne, auf der sich das Welttheater vor Zuschauern abspielt, dergestalt Handlungsraum und Betrachtungsraum, Subjekt und Objekt miteinander verbindend.[8] Ja, er spricht hier der Geschichte Funktionen zu, mit denen er ansonsten nur die menschliche Person[9] charakterisiert. „Der Mensch verwandelt sich und flieht vor der Bühne", heißt es hier, „seine Meinungen fliehen und verwandeln sich mit ihm: die Geschichte allein bleibt unausgesetzt auf dem Schauplatz, eine unsterbliche Bürgerin aller Nationen und Zeiten" (Ha 4, 765). Hier ist nicht die Person das Bleibende wie im 11. Brief *Ueber die ästhetische Erziehung*, sondern die Geschichte, während der Mensch der Zeit, der Kategorie der Veränderung verfällt. Die Geschichte erklärt Schiller hier mit denselben Argumenten wie später das Spezifische der menschlichen Existenz. „Bey aller Beharrung der Person wechselt der Zustand, bey allem Wechsel des Zustandes beharret die Person" (Na 20, 341), erläutert Schiller im 11. Brief. Dem Wechsel muß ein Beharrliches „zum Grund liegen", oder wie er mit folgendem Beispiel erläutert: „Indem wir sagen, die Blume blühet und verwelkt, machen wir die Blume zum Bleibenden in dieser Verwandlung, und leihen ihr gleichsam eine Person, an der sich jene beyden Zustände offenbaren" (Na 20, 342). Wenn Schiller die Geschichte zur „unsterblichen Bürgerin aller Nationen und Zeiten" erklärt, so macht er sie zum Bleibenden in der historischen „Verwandlung". Er überträgt also einfach den Autonomiebetriff der menschlichen Person auf die Geschichte, verleiht ihr dergestalt einen transzendenten Charakter, daß auf sie durchaus Begriffe wie „Schicksal" und „Nemesis", wie sie gerade für die *Wallenstein*-Trilogie reklamiert werden, anwendbar wären. „Die Weltgeschichte" wäre hier dann in der Tat, freilich in einem anderen Sinne als in dem Gedicht *Resignation*, das „Weltgericht".

Je mehr Schiller jedoch in die Materialbasis der Geschichte eindringt, desto deutlicher wird ihm die Diskrepanz zwischen „geschichtsphilosophischer Axiomatik und historischer Empirie".[10] Ebensowenig wie die Natur läßt sich Geschichte nach einem Gesetz erklären: dem irdischen Verstand erscheint die Wahrheit nicht, wir „können nur raten und meinen".[11] Schiller hört von diesem Augenblick auf, den Sinn draußen in der Geschichte zu suchen; er wendet sich wieder an die menschliche Existenz, nach Innen, und versucht von dorther „das unendliche Spiel der Erscheinungen" (Na 21, 49) zu unterwerfen. Nicht von ungefähr bestimmt in den ästhetischen Schriften der neunziger Jahre auch die existentialistische Thematik, die richtige oder falsche Verhaltensweise, die Dialektik von Sein und Zeit, von Idee und irdischem Mittel wieder die kulturhistorischen Teile. Das soll aber keineswegs heißen, daß Schiller Geschichte idealistisch oder existentialistisch interpretiert, er formuliert nur den ausbleibenden historischen Fortschritt in die ästhetische Forderung um, für die er schon 1780 das Motto geprägt hatte: „Aber *geschaffen* wird nichts mehr, und was nun neues wird, wird es nur durch Entwicklung. Die Entwicklung des Menschen mußte durch Menschen geschehen, ... wenn der Mensch zum Menschen gebildet werden sollte" (Na 20, 42f.). Und was seine Interpretation der Geschichte betrifft, so erwartet er nicht mehr, „daß in dem großen Weltlaufe alles wie in einer guten Wirthschaft geordnet sey" (Na 21, 48). Er macht vielmehr eben ihre „Unbegreiflichkeit" zum Standpunkt seiner Beurteilung[12] und spiegelt sie als provozierende Frage aus der Darstellung des Materials an den Leser zurück. Damit ist die historische Position umrissen, die Schiller sowohl in seiner *Geschichte des Dreißigjährigen Kriegs* wie im *Wallenstein* praktiziert. Der *Prolog* markiert nicht nur den Schnittpunkt von Geschichte und Fiktion, sondern bereitet den Rezipienten darauf vor, daß die Trilogie eine Fortsetzung der Geschichte mit poetischen Mitteln ist.

IV Der ‚Prolog' als historische und dramatische Exposition

Schiller widmete sich in seiner Geschichtsdarstellung vornehmlich dem 16. und 17. Jahrhundert, weil sich hier eine höhere Form bürgerlicher Freiheit auszubilden begann, „als sie in den ständisch regierten Monarchien des späten Mittelalters vorherrschte".[1] Die erste Phase der bürgerlichen Emanzipation, in der „die bedrängte Menschheit um ihre edelsten Rechte ringt" (Ha 4,33), beschreibt er nicht ohne Enthusiasmus in der *Geschichte des Abfalls der vereinigten Niederlande* und die letzte

Phase in der *Geschichte des Dreißigjährigen Kriegs.* Als Ergebnis dieser letzten Phase hält er bereits im ersten Buch fest: „Aber Europa ging ununterdrückt und frei aus diesem fürchterlichen Krieg, in welchem es sich zum erstenmal als eine zusammenhängende Staatengesellschaft erkannt hatte" (Ha 4, 366). Das könnte nach Schiller den Weltbürger mit dem Schrecken des Krieges versöhnen; denn nun garantiere eine „allgemeine Staatensympathie" den Frieden, „der diesem Krieg ein Ende machte".[2] Den Westfälischen Frieden bezeichnete Schiller im fünften Buch deswegen auch als ein „Riesenwerk", als „mühsames, teures und dauerndes Werk der Staatskunst" (Ha 4, 745), das als „Fackel der Kultur" die so lange vom Krieg verwüsteten Staaten „erleuchten" wird. Gerade diese durch den Westfälischen Frieden begründete Ordnung gerät im letzten Drittel des 18. Jahrhunderts ins Wanken.[3] Im *Prolog* spielt Schiller deutlich genug auf diesen Sachverhalt an: „Zerfallen sehen wir in diesen Tagen / Die alte feste Form, die einst vor hundert / und fünfzig Jahren ein willkommener Friede / Europens Reichen gab, die teure Frucht / Von dreißig jammervollen Kriegesjahren" (V 70 ff.). Das illustriert überdies, wie der schwäbische Dramatiker diese „düstre Zeit" gleichzeitig als ein Demonstrationsobjekt für aktuelle Probleme der Gegenwart benutzten wollte.

So wie Schiller in seiner Geschichtsauffassung die „Unbegreiflichkeit" zum Standpunkt macht, läßt er auch in der Geschichtsschreibung mehr die Phänomene für sich sprechen. Nicht die Geschichte als Person regiert die Ereignisse und „bleibt unausgesetzt auf dem Schauplatz", sondern sie stellt sich in der *Geschichte des Dreißigjährigen Kriegs* gewissermaßen in den historischen Personen König Gustav Adolfs von Schweden und dem General Albrecht von Wallenstein auf nahezu idealtypische Weise dar. Die *Geschichte des Dreißigjährigen Kriegs* wird für Schiller, wie Theodor Schieder zu Recht beobachtet, geradezu zur Geschichte Gustav Adolfs und Wallensteins, zu einem fast klischeehaften Widerstreit zwischen Gut und Böse.[4] Während er den König mit allen positiven Eigenschaften ausstattet (er besitzt einen „alles beleuchtenden Adlerblick", „Heldengröße", ist „Held und König", „Eroberer, Gesetzgeber und Richter"), malt er den Feldherrn Wallenstein mit düsteren Farben (als „brausender Kopf", voller „schimärischer Entwürfe", als Ehrgeizling und Verbrecher). Die Ereignisse werden dergestalt dramatisiert, und Schiller scheint auf der Seite der Wallenstein-Gegner zu stehen, als er plötzlich eine überraschende Wendung vornimmt[5] und die vermittelte Wirklichkeitsperspektive entscheidend korrigiert. König Adolf, so hören wir plötzlich, hat nur sein vorzeitiger Tod davor bewahrt, ein *ungerechter* Eroberer[6] zu werden, und Schiller kommentiert ebenso lakonisch wie abwertend: „Unverkennbar strebte der Ehrgeiz des schwedischen Monarchen nach einer Gewalt in Deutschland, die mit der Freiheit der Stände unvereinbar war, und nach einer bleibenden Besitzung im Mittelpunkt dieses Reiches. Sein Ziel war der Kaiserthron." Nicht genug damit, der erklärte Kritiker Wiens sähe die „Kaiserwürde" in der „Hand" des Schweden „einem weit größern Mißbrauch ausgesetzt, als man von dem österreichischen Geschlechte zu befürchten hatte" (Ha 4, 637f.). Es war nach der Ansicht Schillers zu diesem Zeitpunkt „der größte Dienst, den [Gustav Adolf] der Freiheit des Deutschen Reiches noch erzeigen" konnte, nämlich „zu sterben" (Ha 4, 637).

Wallenstein selbst wird im zweiten Buch (Ha 4, 490) noch folgendermaßen porträtiert: „Die meisten Offiziere waren seine Geschöpfe, seine Winke Aussprüche des Schicksals für den gemeinen Soldaten. Grenzenlos war sein Ehrgeiz, unbeugsam sein Stolz, sein gebieterischer Geist nicht fähig, eine Kränkung ungerochen zu erdulden" (Ha 4, 490). Schiller berichtet, wie die Absetzung in Regensburg Wallensteins Einstellung dem Kaiser gegenüber verändert, und bemerkt: „der Raub, der an ihm selbst verübt wurde, machte ihn zum Räuber" (Ha 4, 590). Wie später der Dramatiker schildert auch der Geschichtsschreiber Schiller die Macht und die Eigenschaften Wallensteins, seine Großzügigkeit, Prunksucht, den Glauben an die Astrologie, seine Lärmempfindlichkeit, seinen Ernst, fügt Mosaikstein an Mosaikstein. Doch das historische Portrait ist überwiegend düster, es trägt saturnische Züge:[7] „Finster, verschlossen, unergründlich, sparte er seine Worte mehr als seine Geschenke, und das wenige, was er sprach, wurde mit einem widrigen Ton ausgestoßen. Er lachte niemals, und den Verführungen der Sinne widerstand die Kälte seines Bluts . . . Er war von großer Statur und hager, gelblicher Gesichtsfarbe, rötlichen kurzen Haaren, kleinen, aber funkelnden Augen. Ein furchtbarer, zurückschreckender Ernst saß auf seiner Stirn, und nur das Übermaß seiner Belohnungen konnte die zitternde Schar seiner Diener festhalten" (Ha 4, 492). Kein Wunder, daß der Dramatiker Schiller den Freunden Humboldt, Goethe und Körner von seinem Gegenstand nicht gerade enthusiastisch berichtet. Er hat für ihn „nichts Edles, er erscheint in keinem einzelnen Lebensakt groß, er hat wenig Würde" (Brief an Humboldt, 21. 3. 1796), das „Sujet interessiert ihn gar nicht" (an Goethe, 28. 11. 1796), „sein Charakter . . . ist niemals edel und darf es nie seyn, und durchaus kann er nur furchtbar, nie eigentlich groß erscheinen" (an Körner, 28. 11. 1796). Man sieht hier schon, wie sich das historische Bild des Wallenstein auch in Schillers poetologischen Überlegungen fortsetzt. Doch wie im Drama eine überraschende Diskrepanz von Wallensteinmythos, den die Meinungen im Lager bei den Soldaten und in der Stadt bei den Offizieren erschaffen, und dem Wallenstein, den man schließlich im direkten Handlungsspiel auf der Bühne erlebt, entsteht, erhält auch die historische Gestalt in der *Geschichte des Dreißigjährigen Kriegs* eine zusätzliche Dimension. In dem Augenblick, in dem Wallensteins sämtliche Entwürfe zusammenstürzen, steigert sich sein Charakter zu erhabener Größe: „Einsam steht er da", so hält Schiller die Situation fest, „verlassen von allen, denen er Gutes tat, verraten von allen, auf die er baute. Aber solche Lagen sind es, die den großen Charakter erproben. In allen seinen Erwartungen hintergangen, entsagt er keinem einzigen seiner Entwürfe; nichts gibt er verloren, weil er sich selbst noch übrig bleibt" (Ha 4, 680). Dieser Rückzug auf die eigene Person macht Wallenstein zu einem erhabenen Objekt der Weltgeschichte im Sinne der Definition *Ueber das Erhabene* (Na 21, 49): er liefert die Probe für das Exempel eines historischen Falles, „wo das Schicksal alle Außenwerke ersteigt, auf die er seine Sicherheit gründete, und ihm nichts weiter übrig bleibt", als der „Macht der Natur" zuvorzukommen und „durch eine freie Aufhebung alles sinnlichen Interesse . . . sich moralisch zu entleiben" (Na 21, 51). Wie auf der Bühne des Theaters wird auf der Bühne der Weltgeschichte an Wallenstein die Unabhängigkeit der menschlichen Person von Naturbedingungen (Na 21, 48; Na 20, 195, 196) demonstriert, womit gleichzeitig veranschaulicht ist, daß der Historiker Schiller die nämlichen Konzepte seiner anthropologischen Ästhetik verwendet, die auch der Dramatiker vorführt.

Am Schluß des vierten Buches errichtet Schiller sogar für Wallenstein eine Art Epitaph: „So endigte Wallenstein in einem Alter von fünfzig Jahren sein tatenreiches und außerordentliches Leben; durch Ehrgeiz emporgehoben, durch Ehrgeiz gestürzt, bei allen seinen Mängeln noch groß und bewundernswert, unübertrefflich, wenn er Maß gehalten hätte" (Ha 4, 686). Es ist immer wieder von den Historikern[8] notiert worden, wie viele einzelne Züge des historischen Wallensteinbildes in die Trilogie eingegangen sind. Noch die Bemerkung am Ende des vierten Buches, wo Schiller scharfsichtig darauf hinweist, daß sich die „Verräterei des Herzogs" und sein „Entwurf auf die böhmische Krone" bloß auf Vermutungen, nicht aber auf Tatsachen stützen (Ha 4, 688), setzt er dramatisch um. Wenn er erwähnt, daß die „geheimen Triebfedern" von Wallensteins Handeln noch nicht aufgedeckt sind, daß viele „seiner getadelsten Schritte . . . bloß seine ernstliche Neigung zum Frieden" bewiesen, so werden das auch Motive des Dramas. Da Schiller aus Mangel an relevanten Quellen „die *historische* Wahrheit über Wallenstein nicht rein und unverfälscht finden konnte", hat er ihn, so ließe sich mit Theodor Schieder[9] pointiert sagen, „schließlich im Lichte der *poetischen* Wahrheit verständlich gemacht". Die Historiker von Josef Pekař bis

Golo Mann, die sich dem Rätsel Wallensteins verschrieben haben, finden sogar das in der Trilogie entworfene Charakterbild „wahrhaftiger und wirklichkeitsnäher" als eine Reihe späterer Darstellungen.[10]

Im *Prolog* zitiert Schiller gewissermaßen die von der Geschichte tradierten Charakterbilder[11] Wallensteins, wie sie „von der Parteien Gunst und Haß verwirrt" sind (V. 103f.), und knüpft dort an, wo seine Geschichtsdarstellung endete: „Ein Unglück für den Lebenden, daß er eine siegende Partei sich zum Feinde gemacht hatte – ein Unglück für den Toten, daß ihn dieser Feind überlebte und seine Geschichte schrieb" (Ha 4, 688). Wer also war Wallenstein? Die latente Frage des *Prologs* knüpft zunächst an Resultate aus Schillers Geschichtsdarstellung an: er war der „Schöpfer kühner Heere", des „Lagers Abgott und der Länder Geißel", die „Stütze und der Schrecken seines Kaisers", des „Glückes abenteuerlicher Sohn", ein verwegener Emporkömmling, ein Opfer seiner „ungezähmten Ehrsucht" (V. 91–101). Indem Schiller diese Resultate als bekannte Fakten ausgibt, stellt er sie auch gleichzeitig in Frage. Der plötzlichen dialektischen Wende in seiner Geschichtsdarstellung entspricht hier der Hinweis auf die Veränderung der Perspektive durch die Kunst; sie soll die historische Person „menschlich" näherbringen, indem sie „jedes Äußerste" auf die Natur zurückführt, den „Menschen in des Lebens Drang" zeigt und die „größte Hälfte seiner Schuld / Den unglückseligen Gestirnen" zuwälzt (V. 104–110). Das bedeutet aber nicht, wie es Kurt May[12] versteht, eine Idealisierung der historischen Wallenstein-Figur, sondern nur eine stichwortartige Erklärung der anthropologisch-ästhetischen Erkenntnisinteressen. Die politischen Handlungen, die extremen psychischen und politischen Situationen Wallensteins will Schiller mit Hilfe der Kunst auf die Bedingungen seines Charakters (seine menschliche Natur) zurückführen, also die „kalte, unfruchtbare Staatsaktion", um hier die Formulierung aus der *Vorrede* zu *Fiesco* aufzugreifen, wieder ans „menschliche Herz" anknüpfen. Daneben will er die Umstände zeigen, die zeitgeschichtliche Konstellation, um beim Rezipienten menschliches Verständnis für die Handlungen seiner Hauptfigur zu wecken. Diesen Umstand, Wallensteins spezifische zeitgeschichtliche Konstellation („unglückselige Gestirne"), erhärtet Schiller mit folgender späteren Begründung: „Denn seine Macht ists, die sein Herz verführt, / Sein Lager nur erkläret sein Verbrechen" (V. 117f.). Gordon, den Schiller selbst als personifizierte „Moral des Stücks" bezeichnet hat (Brief an Iffland vom 24. 12. 1798), wiederholt in *Wallensteins Tod* (IV, 2) diese Motivierung des Untergangs: „Zum Fallstrick ward ihm seine Größ und Macht", „Doch unnatürlich war und neuer Art / Die Kriegsgewalt in dieses Mannes Händen", „O schad um solchen Mann! denn keiner möchte / Da feststehen . . ., wo er fiel". Gegenüber der Position der Jugenddramen ist bei Schiller insofern eine Veränderung in der Auffassung eingetreten, als er das Handeln, die Tat nicht mehr ausschließlich auf die Person, den Charakter zurückführt,[13] sondern eben auch einen großen Teil auf die Umstände, die „unglückseligen Gestirne".

Aber der *Prolog* verspricht seinem Publikum, d. h. dem bürgerlichen und adeligen Publikum Weimars im Oktober 1798, das mit den Geschicken der einheimischen Schaubühne, wie die Anspielungen am Anfang illustrieren (z. B. die Erinnerung an die Schauspieler Schröder und Iffland, V. 10–23), genauestens vertraut war, nicht nur Wallenstein in „lebender Gestalt" (V. 116), sondern er signalisiert auch in Stichworten schon den historischen Kontext, den „finstern Zeitgrund" (V. 91), die „sechzehn Jahre der Verwüstung, des Raubs, des Elends" (V. 80f.). Diese vom Krieg zerstörte Welt, in welcher der Bürger nichts, der Krieger alles gilt, in der „straflose Frechheit . . . den Sitten Hohn" spricht und „rohe Horden sich. . . auf den verheerten Boden" lagern (V. 79–90), womit Schiller schon deutlich Bewertungszeichen für das *Lager* und die *Piccolomini* gibt, konfrontiert nun der *Prolog* nachdrücklich mit der Gegenwart und der „Zukunft hoffnungsreiche Ferne" (V. 78).

Ist nun die „düstre Zeit" des Dreißigjährigen Krieges als negatives Gegenbild zur Zeitgeschichte um 1798 oder als Trostbild zu verstehen? Soll die Gegenwart durch den Vergleich mit der Vergangenheit aufgewertet werden, oder besteht zwischen dem momentanen „Kampf der Naturen" und den vergangenen Ereignissen ein enger problemgeschichtlicher Zusammenhang? Die Situation, wie sie der *Prolog* angibt, ist folgende: die „alte feste Form" (V. 71), die das „Riesenwerk" des Westfälischen Friedens Europa gab (vgl. Ha 4, 366, 745), zerfällt „in diesen Tagen"; jetzt, an des „Jahrhunderts ernstem Ende", spielt sich vor den Augen des zeitgenössischen Publikums der „Kampf gewaltiger Naturen" ab und tritt ein „bedeutend Ziel" in Erscheinung: das Ringen „um der Menschheit große Gegenstände", um Herrschaft und Freiheit (V. 61–66). Wenn man die Definition der Weltgeschichte als „Konflikt der Naturkräfte untereinander selbst und mit der Freyheit der Menschen" (Na 21, 49) in Erinnerung ruft, welche der *Prolog* hier dem Sinne nach zu zitieren scheint, könnte man in der Tat mit Kurt May[14] annehmen, der Dichter des Jahres 1798 fühle „sich in einem erhabenen Moment der Zeit". Auch von den Zeitgenossen wurden die Stellen im *Prolog* über „Kunst und Zeitverhältnisse" durchaus als Mittel verstanden, „gleichsam der Zeit selbst einen Mund zu geben".[15] Nun läßt sich „Kampf gewaltiger Naturen" und damit das Drama von Wallenstein kaum eindeutig auf den französischen General Dumouriez[16] oder auf

Napoleon[17] beziehen, da Schiller nicht auf eine bestimmte historische Person anspielt, sondern nur den jetzigen „Kampf gewaltiger Naturen" mit dem vor 150 Jahren parallelisiert. Es geht ihm um die verwandte historische Situation einer politischen Neuordnung von Herrschaft und Freiheit im Sinne des Lykurg, daß „die politische Gesetzgebung der Vernunft übertragen, der Mensch als Selbstzweck respektiert und behandelt, das Gesetz auf den Thron gehoben, und wahre Freiheit zur Grundlage des Staatsgebäudes gemacht" wird (Brief an den Herzog von Augustenburg vom 13. 7. 1793). Würde dieses „politische Schöpfungswerk", in dem er die Hauptaufgabe „in diesem letzten Decenium des achtzehnten Jahrhunderts" sieht,[18] gelingen, so könnte er, wie Schiller betont, „auf ewig von den Musen Abschied" nehmen.[19] Da aber die „Regeneration im Politischen"[20], dieses „Schöpfungswerk" so total mißlingt, daß er von einer Regression Europas auf die Stufe der „Barbarey und Knechtschaft"[21] spricht, fühlt er sich zum Entwurf seines ästhetisch-anthropologischen Programms in den Briefen an den Herzog von Augustenburg genötigt. „Alle Reform", so stellt er hier fest, „die Bestand haben soll, muß von der Denkungsart ausgehen, und wo eine Verderbniß in den Principien herrscht, da kann nichts gesundes, nichts gutartiges aufkeimen. Nur der Karakter der Bürger erschafft und erhält den Staat, und macht politische und bürgerliche Freiheit möglich".[22]

Schillers Gedicht *Der Antritt des neuen Jahrhunderts* auf den Frieden von Luneville am 9. Februar 1801 spricht wie der *Prolog* von der Auflösung der alten Ordnung Europas, von dem Einsturz der „alten Formen", aber es entwertet illusionslos diesen Frieden als Farce;[23] denn zwei Nationen (Frankreich und England) ringen weiter um den „alleinigen Besitz" der Welt und streben danach, „aller Länder Freiheit zu verschlingen". Umsonst späht man „auf allen Länderkarten" nach der „Freiheit ewig grünem Garten" und der Dichter empfiehlt im Sinne seiner Auffassung der ästhetischen Kultur:

> In des Herzens heilig stille Räume
> Mußt du fliehen aus des Lebens Drang:
> Freiheit ist nur in dem Reich der Träume,
> Und das Schöne blüht nur im Gesang.

Diesen Weg nach Innen,[24] den Schiller im Gegensatz zur Romantik als eine Voraussetzung für die „politische Regeneration",[25] also als einen Weg nach Außen versteht, zeigt Schiller auch in seinen Dramen, indem er die Handlungen auf die Personen zurückführt,[26] die Taten auf den Charakter und sie dann am Quellpunkt der Kritik aussetzt. Nur von diesem Quellpunkt her lassen sich auch Sachverhalte korrigieren, die sich in des „Lebens Drang" abspielen; denn nicht nur malt sich der Mensch in seinen Taten, wie Schiller einmal schreibt,[27] sondern malt der

Mensch auch seine Taten. Die von Wallenstein behauptete Trennung zwischen Handeln und Denken, zwischen Tat und Charakter ist im Grunde ein Versuch, moralische Verantwortung zu relativieren und die Gesinnung von der Handlung zu isolieren. Auch mit seiner Gesinnung reicht der Mensch noch „in des Lebens Drang", steckt er im Kontext der Umstände, wie es im *Prolog* heißt, womit Schiller durchaus die moralische Person in eine dialektische Beziehung zur Geschichte setzt.

Im *Prolog* spricht Schiller der Kunst, deren „Schattenbühne" gewissermassen im Wettbewerb mit des „Lebens Bühne", der Bühne der Zeitgeschichte, steht (V. 61–69), eine ebenso neue wie höhere Funktion (V. 50, 54, 68) zu. Die „ neue Ära" der Kunst soll den Zuschauer aus dem Themenkreis der gewohnten bürgerlichen Thematik, wie sie etwa die Stücke Ifflands und Kotzebues bis zum Überdruß anboten[28], auf einen „höhern Schauplatz" führen, der dem „erhabenen Moment der Zeit" in nichts nachsteht. Wie in seiner Mannheimer Vorlesung (Na 20, 87 ff.) fordert Schiller im *Prolog* die Befreiung des Menschen aus seiner Beschränkung und geistigen Verengung durch den bürgerlichen Alltag. Das Mittel dazu ist eben der „große Gegenstand", denn es „wächst der Mensch mit seinen größern Zwecken" (V. 60) – oder mit den Worten der Mannheimer Vorlesung: „Je erhabner das Ziel ist, nach welchem wir streben, je weiter je mehr umfassend der Krais, worinn wir uns üben, desto höher steigt unser Muth, desto reiner wird unser Selbstvertrauen, desto unabhängiger von der Meinung der Welt."

Der *Prolog* bereitet das Publikum also nicht nur auf die Geschichte des Dreißigjährigen Krieges vor und auf Wallenstein, der ihm im *Lager* nur als „Schattenbild" (V. 111–118) begegnen wird, sondern auch auf die zeitgeschichtliche Aktualität des Themas. Es geht in der Trilogie um das, was den „tiefen Grund der Menschheit" aufregt, um die Probleme von Herrschaft und Freiheit, von „Usurpation" und „Insurrektion", um die Möglichkeit und Unmöglichkeit einer politischen Gesellschaft, die den „Menschen als Selbstzweck respektiert" (Jonas 3, 332). Der *Prolog* konfrontiert eine Zeit des Übergangs mit der Gegenwart, in der die Zeitgenossen ein ähnliches Wechselspiel von Auflösung alter Ordnung und der Hoffnung auf eine neue erleben.[29]. Gerade die indirekte und direkte Kritik in der Trilogie sowohl an den Rebellen (Wallensteinpartei) als auch an der Reaktion (Kaiserpartei) verweist das Publikum auf ein wünschenswertes Drittes: die Notwendigkeit von „Verjüngung, Erneuerung, Veränderung".[30] Unter diesem Aspekt läßt sich mit Walter Müller-Seidel behaupten, daß im *Wallenstein* „geschichtlicher Wandel zum schlechterdings zentralen Motiv" wird.[31] Der letzte Satz der Trilogie: „dem *Fürsten* Piccolomini" stanzt geradezu epigrammatisch das Scheitern der „Idee des Fortschritts"[32] in die Schlußszene und setzt diese historische Lösung pointiert der kritischen Negation aus. In schlichter Prosa lautet die negative Bestandsaufnahme so: „Die Usurpation wird sich auf die Schwachheit der menschlichen Natur, die Insurrection auf die Würde derselben berufen, bis endlich die große Beherrscherinn aller menschlichen Dinge, die blinde Stärke, dazwischen tritt, und den vorgeblichen Streit der Prinzipien wie einen gemeinen Faustkampf entscheidet" (Na 20, 330).

Indem der *Prolog* die Trilogie als eine Verlängerung oder Intensivierung der weltgeschichtlichen Bühne in Vergangenheit und Gegenwart ankündigt, versucht er das Publikum in einem Zwischenbereich zwischen Historie, Zeitgeschichte und Fiktion anzusprechen und von dorther die Erwartungen des Illusionstheaters in Frage zu stellen. Er unterscheidet dabei prononciert die „Täuschung" des Theaters, den ästhetischen Schein gegenüber der Wirklichkeit: das „düstre Bild der Wahrheit" und das „heitre Reich der Kunst" (V. 133f.). Weder wird die Bühne der Geschichte mit der des Theaters identifiziert noch der ästhetische Schein der Wahrheit „betrüglich" unterschoben, sondern vielmehr bei der Gemeinsamkeit der Ziele die grundsätzliche Verschiedenartigkeit beider Erscheinungsformen betont. Der *Prolog* beginnt mit spezifischen Hinweisen auf die Weimarer Schaubühne, reflektiert über die Vergänglichkeit von „des Mimen Kunst", die in der Erfüllung des Augenblicks besteht (V. 32–49), und kündigt mit *Wallenstein* eine „neue Ära" des Theaters an. Schiller tut auf der einen Seite alles, um die Aktualität und Bedeutung seines dramatischen Vorwurfs vor Augen zu stellen, auf der anderen betont er den Modellcharakter seines Werkes. Der Modellcharakter befreit von dem nämlichen „Lebensdrang", von dem neben dem oben zitierten Gedicht auch der *Prolog* spricht. Unter solchem „Drang" steht zwar auch die fiktionalisierte Wallenstein, aber nicht der Rezipient. Dieser soll nicht nur die „Freiheit des Gemüts in dem lebendigen Spiel aller seiner Kräfte" (*Über den Gebrauch des Chors in der Tragödie)* erleben, Icherweiterung erfahren, sondern unabhängig von der „stofflichen" oder „moralischen" (geistigen) Wirkung über die dargebotenen aktuellen Inhalte reflektieren. Schiller will eben nicht Identifikation, vielmehr Distanz, nicht Einfühlung, vielmehr Reaktion des Bewußtseins. Mit der Trennung von Bühnenfigur und Publikum antizipiert Schiller schon „Formen der epischen Distanz",[33] die im *Lager* voll entfaltet werden und gewiß dem epischen Theater Brechts näherstehen als der klassizistischen Tragödie. Der Prolog dient in verschiedener Weise der Vorbereitung[34] des Publikums: er stellt die zeitgeschichtlichen Bezüge her, bewertet das historische Geschehen, das dargestellt wird, und liefert insofern Rezeptionsanweisungen, als er durch ästhetische Distanz gerade die außerästhetische Geltung dieses zentralen Themas der Menschheitsgeschichte präsent halten will. Der *Prolog* ist eine Exposition zum *Lager*, wie dieses zu den *Piccolomini* und die *Piccolomini* zu *Wallensteins Tod*;[35] aber er leitet eigentlich die ganze Trilogie ein, indem er die Verbindung von Geschichte und Fiktion in die richtige Perspektive rückt und durch Distanz auch eben jene Formen der komischen (*Lager*) und der tragischen Ironie (*Wallensteins Tod*) vorbereitet, d. h. das richtige Lesen ihrer Signale einübt.[36]

V Das ‚Lager' als prägnanter Zustand

Der „heitere Einakter",[1] dieses „Lust-und Lärmspiel" (Goethe) schildert die Basis von Wallensteins Macht, präsentiert ein Stück Zeitgeschichte und führt in die Problematik der Trilogie ein. „Am Gesinde erkennt man die Herren: an dem stumpf-gierigen Kroaten den hirn- und hemmungslosen ‚Pauckettierer' Isolani, an den forschen und eitlen Jägern den Haudegen Illo, an dem Friedland-behexten Trompeter und den sturmerprobten Dragonern die Terzky und Buttler, in den kaisertreuen Arkebusieren vom Regiment Tiefenbach die Rolle Octavios und in den pflichtfreudigen Pappenheimern die schöne Seele Max. Der Oberste der Unteren, der Wachtmeister, vereinigt die Blicke zum ersten Mal auf den höchsten Führer". Herbert Cysarz,[2] der dergestalt seine Eindrücke zusammenfaßt, versteht den Kapuziner als „Hohlspiegel der dunklen Pfaffenränke, die Wallenstein am Wiener Hof verleumden". Nach der Art der Gattungs- oder Typenkomödie werden hier die Mitglieder der Gesellschaft, in diesem Fall einer Soldatengesellschaft, auf der untersten Stufe im niederen Stil in offenen, aneinandergereihten Bildfolgen oder Episoden vorgeführt.[3] Dieser „Staat im Staat" liegt außerhalb der Stadt, in der die *Piccolomini* gleichzeitig spielen, und stellt eben das Lager jener rohen, verwilderten Horden dar, von denen der *Prolog* redet (V. 84–90). Die Soldaten sind gewiß weniger Repräsentanten des Volkes[4] als vielmehr jenes negativen Naturzustandes, den Schiller im 5. Brief *Ueber die ästhetische Erziehung* im Hinblick auf seine Gegenwart folgendermaßen kritisiert: „In den niedern und zahlreichen Klassen stellen sich uns rohe gesetzlose Triebe dar, die sich nach aufgelöstem Band der bürgerlichen Ordnung entfesseln und mit unlenksamer Wut zu ihrer tierischen Befriedigung eilen." So wie die Soldaten ein Produkt des zeitgeschichtlichen Kontexts (Krieg) und ihrer Anführer (der Offiziere, vor allem des „Soldatenvaters" Wallenstein) sind, so stehen andererseits die Befehlsgewaltigen bis hin zu Wallenstein in Abhängigkeit von ihren Truppen.[5] Während allerdings die Anführer, vor allem Wallenstein, nicht immer das sind, was sie scheinen, und in mehrere

Rollen schlüpfen, sind die Soldaten, was sie scheinen; es herrscht eine Identität von Rolle und Existenz, was damit zusammenhängt, daß sie im Sinne von Schillers Definition keine „Zöglinge der Kunst“ (Na 20, 320) sind. Da sie meinen, was sie sagen,[6] enthüllen sie um so deutlicher ihre Ziele, Anschauuungen, Wünsche und Absichten, die der Kapuziner aufs Schuldkonto des Herzogs schreibt: „Wie die Glieder, so auch das Haupt! / Weiß doch niemand, an wen *der* glaubt!“ (V. 593f.). Gerade die Verneinung wird hier zur Anspielung, denn von den direkten Aussagen der Soldaten kann er mühelos auf die antiklerikale Einstellung Wallensteins schließen. Er geht deshalb auch bald dazu über, den Friedländer als „ein Jehu und Holofern“, als „listiger Fuchs Herodes“ und „hochmütiger Nebukadnezer“ zu denunzieren.

Das *Lager* entwirft als prägnanten Zustand und prägnantes Zeitmoment,[7] in dem wohl viel geredet, aber nicht gehandelt wird,[8] schon Spiel und Gegenspiel der oberen Ränge, die ohnedies den Augenblick der Aktion bestimmen, während die Soldaten nur die passiven Objekte ihrer Befehle sind.[9] An der Spitze des Spiel- und Gegenspiels stehen als die obersten Repräsentanten Kaiser Ferdinand und Herzog Wallenstein; auf der mittleren (Offiziere) und unteren Ebene (Soldaten) kehrt diese Gliederung wieder. Im „Kampf zwischen Kaiser und Friedland geht es“ in der Tat, wie Kurt Partl[10] ausführt, „um die Gesinnung der Armee“, weil sie die Basis ihrer Macht darstellt, und das *Lager* spiegelt gewissermaßen von unten, wie sehr im Moment der „Parteien Gunst“ zu drei Viertel dem Friedländer und nur zu einem Viertel dem Kaiser gehört (P I, 3).[11] Das *Lager* präludiert die Stimmung, die auf der mittleren Ebene *(Die Piccolomini)* so deutlich wird, daß Questenberg schon resignierend meint: „Hier ist kein Kaiser mehr. Der Fürst ist Kaiser!“ (I, 3). Die einhellige Meinung der „Sozietät“ (L, V. 1006) wird, sieht man einmal vom Kapuziner ab, eigentlich nur vom 1. Arkebusier (L, I, 11) massiv gestört, dessen Gesinnung nicht von ungefähr auf den späteren Überläufer Tiefenbach verweist, wie die Ansichten der Kürassiere viel vom Verhalten ihres Anführers Max Piccolomini vorwegnehmen. Dieses *Lager*, das heißt die Art und Weise, wie die Armee das Geschöpf eines offenbar genialen Feldherrn mit höheren Ambitionen ist, wie diese ihn vergöttert und ihn mit dem Kaiser auf eine Stufe oder gar über ihn stellt, erklärt nicht nur Wallensteins Verbrechen *(Prolog)*, sondern auch die Panikstimmung am Hofe zu Wien. In der Auseinandersetzung zwischen Kaiser und Feldherr geht es um Machtfragen, aber auch um Unterschiede in den politischen Zielen und Interessen, um die Alternative von ancien régime oder novus ordo saeclorum. Mit dem Informationsvorsprung der *Piccolomini* und *Wallensteins Tod* erkennt man allerdings die Parodoxie, die darin liegt, daß die Soldaten für den

Soldatenvater sind, weil er ihnen ein ebenso sorgenfreies wie abwechselungsreiches Leben ermöglicht, für ihre Kriegerexistenz bürgt und die Fortuna auf seiner Seite hat, während Wallenstein in Wirklichkeit mit Friedensvorstellungen liebäugelt und der Kaiser den Krieg konsequenter, als der Herzog das seiner Ansicht nach zu tun scheint, führen möchte. Die Arme will im Grunde, was der Kaiser will: den Fortbestand und die Verstärkung der alten Ordnung, allerdings aus anderen Motiven, die aber nicht weniger von „empörendem Egoismus" (Jonas 3, 335) zeugen. Auch wenn Wallenstein mit den Friedens- und Reichsideen nicht bloß in Gedanken gespielt hätte, wäre eine Realisierung durch eine solche Armee (Offiziere und Soldaten), die jede bürgerliche Existenzform negierte und ihre Eigeninteressen verfolgte, nicht einfach gewesen. Trotzdem läßt sich die Basis der Armee und ihre Berufsideologie nicht eigentlich als reaktionär bezeichnen, wie das Nandakishore Banerjee[12] im Gegensatz zur marxistischen Literaturkritik[13] tut. Die Soldaten sind „verwildert", anarchisch, Glücksgewinnler und Produkte des langen Krieges und illustrieren, wie es die *Geschichte des Dreißigjährigen Kriegs* beschreibt, die „alte barbarische Wildheit", welche „den aufglimmenden Funken der Kultur in Deutschland auf ein halbes Jahrhundert verlöschte" (Ha 4, 366).

Aber diese „düsteren Züge" sind im Lager durch die Heiterkeit des Komischen aufgehellt. In einem bunten Bilderbogen, der trotz der Tendenz zur Typisierung und trotz „des Reimes Spiel" *(Prolog)* wirklichkeitsnah wirkt, zeigt Schiller die Vielfalt der Soldateska und stellt gleichzeitig durch die komische Struktur in Frage, was der Zuschauer hört und sieht. Die Distanz wird erreicht durch Mittel der *versteckten Ironie,*[14] die wohl das Publikum versteht, aber nicht die Gesprächspartner, und mit denen der Autor die Meinungen, Ansichten, Ideologien der Soldaten systematisch als Täuschungen entlarvt. Obwohl gerade bei der Armee nicht die Doppelbedeutung der Worte,[15] der Doppelsinn des Lebens, der Zwiespalt zwischen Gedanke und Tat[16] wie in den *Piccolomini* (Max und Thekla bilden hier die Ausnahme) und *Wallensteins Tod* herrscht, verleihen die satirische Struktur des Lust- und Lärmspiels und die Ironiesignale den Aussagen einen zweiten Sinn – natürlich wiederum nur aus der Perspektive der Zuschauer. Der zweite Sinn, der dem Rezipienten zugespielt wird, unterstellt die Aussage der Kritik oder genauer: falsifiziert sie.[17] Die *versteckte Ironie* setzt somit die Distanzierungsanweisungen von dem, was sich auf der Bühne abspielt, fort. Sie werden mit anderen, zum Teil subtileren Mitteln in den beiden folgenden Stükken weitergeführt, so daß Alfons Glück[18] mit einigem Recht auch *Wallensteins Tod* unter dem Aspekt der Satire als Desillusionierung einer großen Illusion interpretiert.

Im *Lager* gibt es zwar Exzesse, falsches Spiel, Betrug, aber man meint, was man sagt, und intrigiert nicht. Die Intrige ist ohnedies ein Prärogativ der oberen Ränge und gehört zumindest seit Gracian zur Praxis der politischen Welt. Aber in diesem Sinne spielen die Soldaten keine politische Rolle, sie sind auf der historischen Bühne nur personae dramatis, denen der Regisseur Wallenstein die Rollen vorschreibt. Er denkt die Tat, die sie vollbringen müssen. Der Unterschied zwischen Gedanke und Tat wird bei ihnen irrelevant; denn wie der Mörder Macdonald seinem Vorgesetzten Buttler sagt: „Wir denken *nicht* nach. Das ist deine Sache! / Du bist der General und kommandierst, / Wir folgen dir, und wenns zur Hölle ginge" (WT, V, 2). Damit wird auch die Verantwortung für die Tat abgelehnt, was der Wachtmeister im *Lager* (V. 339 f.) in der Wiederholung von Wallensteins Parole für seine Armee zum Ausdruck bringt: „Das Wort ist frei, /Die Tat ist stumm, der Gehorsam blind". Doch diese Parole ist schon wieder ihrerseits ein Echo auf die Ausführungen des 1. Jägers, des langen Peter aus Itzehö, der, die „Kriegessitt", den Korpsgeist lobend, auf die schönen, alten Regeln des Faustrechts verweist: „Wo die Klinge noch alles tät bedeuten, / Da gibts nur *ein* Vergehn und Verbrechen: / Der Ordre fürwitzig widersprechen!" (V. 316 ff.). Ein zentrales Thema im *Lager* ist die Erörterung des Gegensatzes von militärischer und bürgerlicher Existenzform, des Konfliktes von Wehr- und Nährstand, von Kriegs- und Friedensordnung. Im Verlauf der Erörterungen suchen die Teilnehmer der Diskussion nach dem Selbstverständnis des Soldatentums. Dabei zeigt sich eine Diskrepanz der Meinungen, die schließlich am Ende der 11. Szene durch das gemeinsame *Promemoria* und vor allem durch das Lied überspielt wird, das der 2. Kürassier anstimmt und in das der Chor einfällt, den Gemeinschaftsgeist im Gesang herstellend, der der Prosa der Reden spürbar fehlte. Solche Unterschiede im Selbstverständnis sind zum Teil durch die Truppenzugehörigkeit bestimmt. Die Sprecher sind ja immer auch Repräsentanten (nur vom langen Peter aus Itzehö, von der Gustel aus Blasewitz, der Marketenderin, und vom Rekruten, dem Erben einer „kleinen Mützenfabrik", erfährt man etwas über die private Existenz) ihrer Truppengattung, ihrer landsmannschaftlichen Zugehörigkeit und zum Teil ihrer Anführer.

Die Auseinandersetzung zwischen Wachtmeister und dem 1. Jäger entzündet sich kurz an der Überheblichkeit des ersteren und der letztere entwertet ihn dann auch als Kopisten, der nur äußere Dinge, die er bei Wallenstein abgeschaut hat, nachahmen kann, aber eben nicht sein „Schenie", seinen Geist (I, 6). Während der Wachtmeister den Soldaten vom „Saus und Braus", vom „Tempo", „Sinn und Schick", „Begriff", „Bedeutung" und dem „feinen Blick" her bestimmt, hauptsächlich von äußeren Maßstäben her, wirft der 1. Jäger ein: „Die Freiheit macht ihn!" Er muß es wissen, denn er ist der „Schreibstub und ihren engen Wänden" entlaufen. Aber diese Freiheit stößt sich nicht an den Regeln des alten Faustrechts, die den totalen Gehorsam fordern, den Soldatenstand zum Sklavenstand machen, wo „der selbstherrschende Wille sich zum dienstbaren Glied eines Uhrwerks herabsetzt" (Na 21, 49). Der militärische Freiheitsbegriff läuft im Grunde auf diese simple Forderung hinaus: „Flott will ich leben und müßig gehen, / Alle Tage was Neues sehn, / Mich dem Augenblick frisch vertrauen, / Nicht zurück, auch nicht vorwärts schauen". Mit anderen Worten: Der Soldat denkt nicht, er lebt nur dem Augenblick. Der 2. Holkische Jäger gar brüstet sich, daß man sie „des Friedländers wilde Jagd" nennt, daß sie wie die „Sündflut" das Land verheeren („Keine Ordnung gilt mehr und keine Zucht", V. 223), vergewaltigen („der Krieg kennt kein Erbarmen"), und er identifiziert ganz offen den Berufsstand mit Grausamkeit, Anarchie und Gewalt. Die Vorteile des Berufsstandes sind: „Soff und Spiel und Mädels die Menge" (V. 272), das „Saus und Braus", aber auch, wie der 1. Jäger in der Nachfolge des 2. rühmt: „Da tret ich auf mit beherztem Schritt, / Darf über den Bürger kühn wegschreiten, / Wie der Feldherr über der Fürsten Haupt" (V. 312 ff.). Mit „Helm und Wehrgehäng" steigert sich nach des Wachtmeisters stolzer Meinung der Bürger überhaupt erst zum Menschen; er zieht mit der Uniform gewissermaßen einen „neuen Menschen" an. Nur der 1. Arkebusier, der „Gevatter Schneider und Handschuhmacher", wie ihn deswegen der 1. Jäger abschätzig nennt, behauptet, wenn auch mit verhaltener (und dadurch komischer) Einschränkung: „Der Bauer ist auch ein Mensch – so zu sagen" (V. 658). Bloß die Pappenheimer, die Ausnahmesoldaten, als die sie dann später auch Wallenstein (WT, III, 15) behandelt, legen Wert auf Selbstgefühl („Der Soldat muß sich können fühlen", V. 911), auf edles und nobles Verhalten. Der 1. Kürassier spricht stellvertretend ihr Selbstverständnis aus: „Soll ich frisch um mein Leben spielen, / Muß mir noch etwas gelten mehr." Wenn er sich wie die Kroaten schlachten ließe, müßte er sich verachten, und selbst die beiden Jäger stimmen hier zu: „Ja, übers Leben noch geht die Ehr!" Es ist trotzdem gewissermaßen gegen den 2. Jäger gesprochen, wenn der 1. Kürassier auf der Selbstehre und eigenen Würde insistiert, denn ohne diese *Eigen*schaften (der Soldat muß ein „Gut und Wert" haben, etwas „sein eigen nennen können") wird „der Mensch . . . morden und brennen" (V. 932).

Im Berufsethos gibt es also bei der Soldateska ebenso handgreifliche Unterschiede wie bei den Offizieren. So wie Max Piccolomini seit seiner gemeinsamen Reise mit Thekla die Heimkehr des Soldaten in die Menschlichkeit herbeiwünscht (P, I, 4), so glaubt sein Kürassier, was dieser am Schluß mit seinem Oberst auch zu demonstrieren scheint (WT, IV, 10), daß man sich im Krieg „doch menschlich fassen" könne (V. 965).[19] Er versteht dies allerdings in ganz anderem Sinn als sein idealistischer Anführer: im Krieg kann er sich menschlich verhalten, ohne auf sich „trommeln zu lassen". Damit rückt er in die Nähe von Wallensteins behaupteter Alternative, er müsse „Gewalt ausüben oder leiden" (WT, V. 766). Der Krieg, d. h. der Soldatenstand, läßt dem Kürassier Freiheit, er selbst zu sein,[20] was ansonsten nicht möglich wäre: „Im Felde, da ist der Mann noch was wert, / Da wird das Herz noch gewogen. / Da tritt kein anderer für ihn ein, / Auf sich selber steht er da ganz allein" (I, 11). Daß damit kritische Lichter auf die gesellschaftliche Situation der Zeit des 17. und 18. Jahrhunderts fallen, versteht sich bei dem Autor von *Kabale und Liebe* von selbst. Immer wieder taucht in der Diskussion der Begriff Freiheit[21] auf, der in verschiedene Kontexte gestellt wird, bis das für die Trilogie entscheidende Stichwort fällt: „Freiheit ist bei der Macht allein" (V. 1023), das mit der oben zitierten Alternative Wallensteins sinngemäß übereinstimmt. Alfons Glück[22] versteht deshalb den *Wallenstein* unter anderem als eine Satire auf dieses Stichwort des *Lagers.*

Während die Soldaten im Lager ihren Beruf als repräsentativ für den Menschen hinstellen,[23] werten sie die bürgerliche Existenzform ab, den Nährstand, den sie, wie der 1. Arkebusier zu Recht einwendet, verleumdet haben (V. 967 ff.). Aus ihrer Perspektive bedeutet das bürgerliche Leben nur ewigen Kreislauf (V. 425 ff.), existentielle Enge, äußere und innere Beschränkung; aus ihnen dagegen „kann alles werden", wie man an dem Beispiel des Generalmajors Buttler und am Friedländer selbst sehen kann (V. 441 ff.; 447 ff.). „Und wers zum Korporal erst hat gebracht", so lautet die Auffassung des Wachtmeisters, „der steht auf der Leiter zur höchsten Macht". Jeder Soldat trägt also den „Marschallstab im Tornister"[24] und vor ihm liegt die „Weltkugel" offen, da er „auf der Fortuna ihrem Schiff" (V. 421) segelt. Der ganze Stand folgt dem „Glückes Stern" (V. 1027), setzt sein Leben auf das „Glücksrad" (V. 95) und hält nichts von der Plackerei, den Sorgen des „ehrlichen Gewerbs" und dem materiellen Joch, unter dem der Bürgersmann (V. 946 ff.; vgl. auch V. 1078 ff.) geht. In dem Glücksspiel, das wie schon im *Fiesco*[25] auch in der Trilogie Spiel- und Theatermetaphern thematisieren, setzen sie ihr Leben als Pfand ein: „Und setzet ihr nicht das Leben ein, / Nie wird euch das Leben gewonnen sein." Daß das ebenfalls ein falsches Spiel ist, wie es das Falschspiel des Bauern illustriert, das dieser aus „Desperation", so lautet die Erklärung des 1. Arkebusiers (V. 653), versucht, beweisen nicht nur passim die Ironiesignale, sondern auch die von Schiller nachträglich angefügte Strophe des Reiterlieds.[26] Was der

Bauer aus Verzweiflung tut, macht der Soldat aus Übermut oder genauer: aus Bindungslosigkeit, die er ebenfalls mit Freiheit verwechselt. Immer wieder kommt die Rede auf die prinzipielle Heimatlosigkeit des Soldaten, für die der 1. Kürassier insofern repräsentativ ist, als er nicht einmal seine Herkunft kennt (V. 789 f.). Schwert und Waage (V. 962), Schwert und Pflug (V. 919) stehen einander gegenüber wie Krieg und Frieden, Verwüstung und Kultur, Heimatlosigkeit und Heimat (Herd). Der Soldat muß „ohne Heimat" auf dem „Erdboden flüchtig schwärmen", was der 1. Arkebusier unter dem Protest der anderen als „ein elend Leben" (V. 933) bezeichnet. Daß die militärische Existenz Aussetzung in die „Fremde des Lebens"[27] bedeutet, erkennt auch Max, der von dem „schönen Tag" schwärmt, an dem der „Soldat ins Leben heimkehrt" (P, I, 4). In diesem Gegensatz deutet sich schon das Syndrom der zeitgeschichtlichen Situation an und der Problemzusammenhang, in dem die Wallensteinfigur steht.

Stellvertretend für seine Kameraden begreift der Kürassier den Frieden als die Bedrohung der eigenen freien Existenz, die eben nur im Zustand[28] des Krieges gedeihen kann, wo der Soldateska die Macht gehört und nicht den Bauern und Bürgern (dem Nährstand). Er will „auf das Gehudel unter [ihm] / Leicht wegschauen von [seinem] Tier" (V. 957), und wenn das auf Kosten der Bürger und Bauern geht, so kann er daran nichts ändern, denn bei der militärischen Aktion müsse er selbst über den Leib seines Bruders und leiblichen Sohnes hinwegreiten, lägen sie im Wege (V. 980 ff.). Diese Stelle signalisiert nochmals, wie das soldatische Selbstverständnis humanitäre und private Rücksichten oder altruistische Wertvorstellungen ausschließt. Man wähnt sich jenseits von Herrschaft und Knechtschaft,[29] weil man sich als Teil des Ganzen fühlt, wo die „Macht" sitzt (V. 748), die ja allein die Freiheit garantiert, wie wir vom 2. Jäger hören. Im Grunde identifizieren die Teilnehmer an diesem Gespräch Freiheit mit Herrschaft und Macht wie ihr vergötterter Oberbefehlshaber; deshalb halten sie auch so lange zu ihm, so lange er über die Macht gebietet, d. h. Fortuna, das Glück, „zwingt und regiert" (Na 8, 423). Das Reiterlied ist nicht nur eine Apotheose des Selbstverständnisses des Lagers mit allen weltanschaulichen Über- und Unteraspekten, es drückt auch den Enthusiasmus für Wallenstein aus, die Begeisterung oder die Kraft des „Geistes", „der im ganzen Korps tut leben" (V. 309). Nicht von ungefähr gipfeln in der 11. Szene alle mitgeteilten Informationen (die Ankunft der Herzogin, der Fall Regensburgs,[30] die geplante Schwächung des Friedländschen Heeres, der vermutete Machtkampf zwischen Kaiser und Wallenstein), in dem gemeinsamen Entschluß, ein *Promemoria* zu verfassen. Diese Loyalitätserklärung für den Soldatenvater und die Schilderung der Voraussetzungen, die zu ihr führen, sind der prägnante Moment, dem Thematik und Handlung der anderen beiden Dramen der Trilogie entspringen.

Das *Lager* hält einen Zustand fest, in dem weniger Handlungen als Meinungen und das ideologische Selbstverständnis eines Berufsstandes präsentiert werden; aber diese Zuständlichkeit erstreckt sich auf das Lager in einem weiteren Sinne: es deutet die Situation Wallensteins und seiner Offiziere aus der unteren Perspektive an, umreißt ebenso das Lager als einen Zustand des Krieges wie die Soldatenexistenz als einen momentanen Zustand, der nur so lange währen kann wie der Krieg. Zu den unerläßlichen Bedingungen des militärischen Berufsstandes gehört also der Krieg. Deshalb wird die Welt des Bürgers und des Friedens als die eigentliche existenzbedrohende Macht empfunden, obwohl die Soldateska eben auf Kosten dieser Welt lebt und diese, wie der Bauer klagt und der 1. Arkebusier bestätigt, ihrerseits gefährdet. Man kann den Soldatenstaat unter diesem Aspekt durchaus eine „verkehrte Welt"[31] nennen und überdies eine Welt auf Zeit, die auch der hier vorgetragenen Freiheitsideologie ironische Lichter aufsetzt. Da in seiner Eigenschaft als Schöpfer dieses Heeres Wallenstein nicht nur die Summe dieser oft widerstreitenden Teile, gewissermaßen ihre Totalität verkörpert, stellt auch seine Herrschaft und Macht nur einen Zeitmoment dar, der jeden Augenblick aufgehoben werden kann. Wenn Freiheit auf dergestalt zeitgebundener Macht[32] beruht, scheint es auch mit dem so definierten Begriff der Freiheit nicht weit her zu sein. Die Täuschung, in der Wallenstein lebt, veranschaulicht schon sein Lager, mit dessen Hilfe er eine „absolute Möglichkeit jenseits der Geschichte"[33] gewinnen will, wenngleich es das Produkt der Zeit schlechthin ist. Bereits im *Lager* signalisiert Schiller, daß Wallensteins ideologische Voraussetzungen im wahrsten Sinne des Wortes *verkehrt* sind und daß er deshalb aus falschen Voraussetzungen notwendigerweise falsche Schlüsse ziehen muß. Die behauptete Überzeugung, als Sonderexistenz in der inneren Welt der Gedanken (Wallenstein), in der „Welt des Herzens" (Max) oder als Repräsentanten eines höheren Menschentums (Soldaten) absolute Freiheit gewinnen zu können, erweist sich in der Trilogie als Trugschluß. Gerhard Kaiser hat näher erläutert, wie sich „die Positionen Wallensteins, Maxens und der Armee einander wechselseitig" beleuchten und relativieren und wie am Ende Wallenstein „in der Weite seines Bewußtseins ... alle anderen Positionen, die in der Tragödie eingenommen werden", mitumfaßt.[34]

Die Einheit der verschiedenen ideologischen Einstellungen, Nationalitäten und Rollenexistenzen[35] im *Lager*, so wird es immer wieder gesagt, liegt in der Person des eigentlichen Kaisers des Lagers: Wallenstein. Dessen Herrschaft beruht aber ebenso auf der Armee wie auf dem

Anspruch der Legalität, den ihm der Kaiser verlieh.[36] Diese Problematik wird noch ausführlicher in den *Piccolomini* entfaltet, aber sie unterstreicht schon im *Lager* die dort skizzierte Zeitbedingtheit der Macht. Selbst die im Affekt, im Enthusiasmus beschworene ideologische Einheit findet nur im kurzen ästhetischen Augenblick des Reiterliedes statt, in dem die verschiedenen Positionen nochmals angespielt und dann im Chor bestätigt werden: So spricht der 2. Kürassier von der Freiheit als dem totalen Rückzug auf die eigene Person; der Dragoner sieht Freiheit nur beim Soldaten, der „dem Tod ins Angesicht schauen kann“, ansonsten nur Herren und Knechte, Falschheit und Hinterlist beim „feigen Menschengeschlecht“; der 1. Jäger spricht von der Anschauung des *carpe diem,* vom Bewußtsein der Kürze des Lebens, aber er betont auch, daß der Soldat ohne Lebensangst ist und dem Schicksal keck entgegenreitet; der Wachtmeister setzt das „lustige Los“ der Soldatenexistenz, die nichts mit „Müh erstreben“ muß, gegen das des „Fröners“, der sein Leben mit der Suche nach materiellen Gütern verschwendet; der 1. Jäger spielt wieder auf die Gewaltakte der „wilden Horden“ (*Prolog*) an; der 2. Kurassier redet von der Heimatlosigkeit, davon, daß der Soldat kein „bleibend Quartier“ auf Erden hat, das Schicksal ihn von Ort zu Ort treibt; der 1. Jäger pointiert dieses Lebensgefühl dann zu einem Paradoxon mit biblischen Untertönen: „Und setzt ihr nicht das Leben ein, / Nie wird euch das Leben gewonnen sein“. Dies liest sich wie die Selbstparodie einer Stelle in *Ueber das Erhabene* (Na 21, 38ff.), in der dafür plädiert wird, die einzige Gewalt, die der Mensch unausweichlich erleiden muß, den Tod, „*dem Begriff nach zu vernichten*“, d. h. sich freiwillig zu unterwerfen. Damit rettet er seine Menschheit und erweist sich „der Natur als Macht überlegen“ (Na 21, 39). Die Formel des Liedes redet aber vom Leben und nicht von der Menschheit. Dieses „Leben ohne Tod“ bedeutet nichts anderes als das Leben der Soldatenexistenz, die keine Lebensangst und Todesfurcht kennt, das Leben auf Spiel setzt, um beim Glücksrad zu gewinnen. „Für die Männer des Lagers ist der Mensch“, wie Kaiser den Sachverhalt formuliert, „nur als Soldat frei“.[37]

Die Soldaten verwechseln ihren Zustand, ihre Rollen- und Berufsexistenz mit ihrem Sein. Weder der Soldat noch der Bürger kann als Soldat oder Bürger frei sein, sondern nur als Mensch. Von daher ist auch Schillers Hinweis aus *Ueber das Pathetische* (Na 20, 219) zu verstehen, daß es ihm nicht um den Staatsbürger in dem Menschen, sondern um den Menschen in dem Staatsbürger gehe. „Man ist eben so gut Zeitbürger, als man Weltbürger, Staatsbürger, Hausvater ist“, so beschreibt Schiller (Jonas 3, 329) einmal ein paar der Positionen, die der Mensch in der Gesellschaft einnimmt,[38] aber sein Ziel sollte sein, „mit schönem Enthusiasmus das große Ganze der Menschheit“ (Jonas 3, 331) zu umfassen.

Das berufliche Selbstverständnis der Soldaten reduziert den Menschen nicht nur auf eine *einzige* Rolle, sondern erklärt diese *einzige* Rolle zum Menschen schlechthin. Mit anderen Worten: wer nicht die Rolle des Soldaten spielt, ist eben auch kein Mensch (wie der Bauer und der Bürger). Diese Verkehrung von Schillers anthropologischem Programm[39] hat in der Tat tragikomische Züge;[40] sie verweist eindringlich auf die existentielle Thematik der *Wallenstein*-Trilogie.[41] Auch das Motiv vom „betrogenen Betrüger"[42] (Bauer, Kroate), die Konflikte von Anarchie und Ordnung (Kapuzinerpredigt), Kaiser und Wallenstein (Kapuziner/1. Arkebusier und Wallensteinanhänger unter den Soldaten), die Soldateninteressen (Gewalt und Freiheit, Krieg) und Bürgerinteressen (Frieden) sind schon mehr als Vorspiel auf das Kommende, es sind symptomatische Motive, Konflikte und Themen dieser politischen Welt des Kriegszustands. In der Struktur der Komödie entlarvt das *Lager* die dort herrschende Ideologie als falsches Bewußtsein und trägt die satirischen Züge auch in die Tragödie hinein. Daß *Wallensteins Tod* auf der Komödie des *Lagers* beruht, fällt auch auf den Charakter des Tragischen in der Tragödie zurück,[43] zieht Thalia in „der ernsten Maske Spiel" (*Prolog*). Thalia schult den Blick für die verkehrte Realitätsperspektive des *Lagers* und schafft dadurch eine Distanz des Zuschauers,[44] welche die Identifikation mit dem Hauptgegenstand der Tragödie verhindert, Handlung und dramatische Rede der Kritik aussetzt und das Rollenspiel in Existenz und Wort als Täuschungen, als falschen Schein entlarvt. Indem sich der Zuschauer über die präsentierte Welt erhebt, stellt er sie und ihre Perspektive in Frage, entdeckt er durch Destruktion und Negation ihrer Voraussetzungen eine mögliche richtige Position. Durchschaut er die Meinungen der Soldaten des *Lagers* als Illusionen, so zweifelt er auch schon an der Legende und am Mythos von Wallenstein, die eben durch die Meinungen konstituiert und nur durch den Kapuziner – allerdings zu einseitig-parteiisch – kritisch zersetzt werden. In der „Überwältigung eines Mythos durch die Zeit" hat deshalb Helmut Koopmann „das Thema des *Wallenstein*" gesehen.[45] Eben diese öffentlichen Meinungen und Gesinnungen erzeugen eine Gestalt, der die persona dramatis dann nicht entspricht, wenn sie auftritt. Nicht nur werden dergestalt Erwartungen enttäuscht, sondern auch auf die falsche Voraussetzung solcher Erwartungen verwiesen, mit denen allerdings Wallenstein selbst das Bewußtsein seiner Außergewöhnlichkeit und seiner historischen Größe nährt. Auch diese legendenbildenden Meinungen und Gesinnungen des *Lagers* und der *Piccolomini* sind also Motive von Wallensteins Verbrechen.

VI Meinungen und Gesinnungen über Wallenstein

Wenn Schiller die Person Wallenstein zunächst in den „Gesinnungen und Meinungen" seiner Umwelt spiegelt, so ist das sicher weniger durch das 19. Kapitel von Aristoteles Poetik[1] motiviert als vielmehr durch die praktische Notwendigkeit, die öffentliche Wirkung des einflußreichen Feldherrn auf sein Heer und auf seine Gegner, das Ausmaß seiner Macht, aber auch die historisch belegte Rätselhaftigkeit[2] seines Charakters darzustellen. Wallensteins Glaube an seine Auserwähltheit und seine übermenschlichen Fähigkeiten werden durch das Echo verstärkt, das von außen auf ihn zurückkommt; es demonstriert ihm geradezu seine überdimensionale Stellung in der Weltgeschichte. Nicht von ungefähr bemerkt der antiheroische Gordon (WT, IV, 2): „Doch unnatürlich war und neuer Art / Die Kriegsgewalt in dieses Mannes Händen; / Dem Kaiser selber stellte sie ihn gleich, / Der stolze Geist verlernte sich zu beugen. / O schad um solchen Mann! denn keiner möchte / Da feststehen, mein ich, wo er fiel" (V. 2489 ff.). Dieser Jugendfreund erinnert nicht nur an einzelne positive Eigenschaften Wallensteins wie Würde (V. 2467), kühner Mut (V. 2449), seine Größe, Milde und seines „Herzens liebenswerte Züge" (V. 2864 ff.), sondern er skizziert ähnlich wie vorher die Herzogin (WT, III, 3) eine Art psychologische Entwicklung. Erinnert die Herzogin an die ersten Jahre ihrer Ehe, wo Wallensteins Ehrgeiz noch nicht die verzehrende Flamme (V. 1399) war, der Kaiser ihn noch liebte und ihm vertraute, blickt Gordon dreißig Jahre auf den „zwanzigjährigen Jüngling" (V. 2549 ff.) zurück, dessen ungewöhnlich ernster Sinn nur auf größte Dinge gerichtet war und der die Gesellschaft mied. Schon beim jungen Wallenstein zeigte sich das Genie, von dem man dann im *Lager* und in den *Piccolomini* spricht, aber auch der Hang zum Mysteriösen, den Gordon auf einen Sturz vom zweiten Stockwerk zurückführt: „Von diesem Tag, sagt man, ließen sich / Anwandlungen des Wahnsinns bei ihm spüren" (V. 2563 f.). Er wurde tiefsinniger, trat zum katholischen Glauben über und hielt sich nun für ein „begünstigt und befreites Wesen". Wird Wallenstein in der Perspektive der Herzogin nach dem „Unglückstag zu Regensburg" (V. 1402 ff.) ein „unsteter, ungesellger Geist", argwöhnisch, finster, wandte sich sein Herz den dunklen Künsten zu, so scheint für Gordon dieser rastlose Drang nach Größe, der in schnellem Schritt über Graf, Fürst, Herzog zum militärischen Diktator führt und ihn nun die Königskrone anpeilen läßt, durch den Fenstersturz am Hof zu Burgau bedingt. Trotzdem widersprechen sich beide Erklärungen nicht. Wallenstein, der noch am Schluß nicht ohne Selbstüberheblichkeit fragt: „Wer möchte / mein Leben mir nach Menschenweise deuten?" (V. 3571 f.), wird durch den Regensburger Sturz in seinem Glauben an sich und an seine Auserwähltheit, den das Wunder in Burgau in ihm ausgelöst hatte, erschüttert. Deswegen wandte er, der „eigenen Kraft nicht fröhlich mehr vertrauend", wie die Herzogin gar nicht so unintelligent auslegt, wie manche Interpreten meinen, „sein Herz den dunklen Künsten zu". Das Bedürfnis nach Astrologie wäre auf diese Weise als Projektion einer gravierenden Unsicherheit zu interpretieren,[3] die sich auch in dem auffallenden Phänomen des Temporisierens ausdrückt.

Schiller legt in den Gesinnungen und Meinungen der personae dramatis nicht nur die Vielseitigkeit einer bedeutenden Persönlichkeit frei, sondern auch die Diskrepanz zwischen dem, was ein reicher Charakter in all seinen Widersprüchen ist, und dem, was er nach außen hin scheint. Gerade auch der Schein wirkt auf das Sein und dessen Selbstverständnis zurück, so wie der Schein seinerseits wieder Teilprodukt dieses Seins und Selbstverständnisses ist. Im *Lager* wie in den *Piccolomini* gilt Wallenstein als der Garant der Fortuna, des Erfolgs. „Ihm schlägt das Kriegsglück nimmer um", so meint beispielsweise der 2. Jäger, er „bannt das Glück, es muß ihm stehn" (I, 6). Zwar trägt Wallenstein dieser Erfolgsglaube auch das Gerücht ein, daß er mit dem Teufel im Bunde stehe, daß er kugelfest sei, ein Koller aus Eselshaut trage, in den Sternen lese, aber das steigert die Bewunderung nur. Wallenstein ist der Soldatenvater, der für alle, die zu ihm gehören, sorgt, ihre sorglose Existenz und ihr flottes Leben gegenüber dem Bürger behauptet, „doppelte Löhnung" (I, 2) zahlt, den Korpsgeist (I, 6) erzeugt, der die vielen Findlinge zu einem „Reich der Soldaten" vereint. Er gilt ihnen als Vorbild dafür, wie man auf der Fortuna Schiff dem Gewinn entgegen fährt (I, 7), wie aus „dem Soldaten alles werden" kann (V. 427). Weil Wallenstein „der Kriegsgöttin sich vertraut", so erklärt der Wachtmeister, hat „er sich diese Größ erbaut" (V. 452 ff.), und er hängt fast prophetisch die Äußerung an: „Und wer weiß, was er noch erreicht und ermißt, / Denn noch nicht aller Tage Abend ist." Sie berichten ein loses Stückchen aus seiner Studentenzeit (I, 7), erklären seine Vollmachten („Absolute Gewalt hat er . . ., Krieg zu führen und Frieden zu schließen / Geld und Gut kann er konfiszieren, / Kann henken lassen und pardonieren, / Offizieren kann er und Obersten machen"), betonen, daß er Reichsfürst sei, seine eigene Münzen präge, sein eigenes „Volk und Land" besitze, kurzum: dem Kaiser in nichts nachstehe. Die Soldateska liefert nicht nur persönliche Details (daß er über „gar kitzligte Ohren" [I, 9] verfüge und absolute Ruhe benötige, weil er „gar zu tiefe Sachen" denke), sondern webt vor allem auch an seiner Legende und seinem Mythos, die dann durch die Ereignisse und sein Handeln systematisch abgebaut werden.[4]

Im *Lager* (I, 8) selbst veranschaulichen die wenigen negativen Meinungen, die in den Tiraden des Kapuziners gipfeln, die bevorstehende Auseinandersetzung zwischen Wallenstein und dem Kaiser, bzw. deren Parteigängern. Erinnert der 1. Arkebusier seine Kameraden daran, daß sie alle in des „Kaisers Pflicht" (V. 880) stünden, und wertet er den Nährstand gegenüber den Wehrstand auf, so führt die Kopie Abraham a Santa Claras die ganzen Übel der Glieder agitatorisch auf das Haupt Wallenstein (V. 591 ff.) zurück. Er nennt ihn einen „Ahab und Jerobeam", das heißt einen Kriegskönig, „Der die Völker von der wahren Lehren / Zu falschen Götzen tut verkehren" (V. 598 ff.), einen Prahlhans („Bramarbas") und „Eisenfresser", der alle „festen Schlösser" einnehmen will, einen „Teufelsbeschwörer und König Saul", einen „Jehu und Holofern" (beide berüchtigt für Mordtaten), einen „listigen Fuchs Herodes", „hochmütigen Nebukadnezer", einen „Sündenvater und muffigen Ketzer" (I, 8). Man mag daran zweifeln, inwieweit die Soldateska mit diesen negativ gemeinten historisch-biblischen Namen vertraut ist, die Absichten des Kapuziners sind unmißverständlich, wie die ärgerliche Reaktion der Wallensteinanhänger beweist. Auf dem Höhepunkt der Agitation treibt der Kirchenmann noch Wortspiele mit dem Namen des Feldherrn: „Wallenstein" wird zum „Stein des Anstoßes und Ärgernisses" und so lange „Friedeland" waltet, „so wird nicht Fried im Land". An der Argumentation fällt auf, daß der Kapuziner ähnlich urteilt wie die Soldateska, während der kaisertreue Octavio und Wallenstein selbst von Friedensintentionen sprechen, die gegen die Interessen des Wiener Hofes verstoßen. Andererseits ergreift Questenberg in den *Piccolomini* (I, 2) zunächst für den Nährstand und den Pflug gegen den Wehrstand und den Degen Partei (V. 143 f.), dann wirft er Wallenstein (II, 7) vor, daß Friede in seinem Lager herrsche, während „ganz Deutschland . . . unter Kriegeslast" seufze (V. 1099 f.); Wallenstein selbst äußert schließlich polemisch, daß er „nicht mehr zur Vergrößerung des *Einen*" den Feldherrnstab führe, sondern „zu des *Ganzen* Heil" (V. 1182 ff.).

Die Meinungen und Gesinnungen sind nicht nur politisch gefärbt, sie wechseln mit dem Kontext, für den sie die Argumente bereitstellen. So wie die Soldateska Fortuna nur auf der Seite Wallensteins sieht und diesen als erfolgreichen Garanten ihrer Existenz verherrlicht, so haben sich auch die Offiziere, von Max abgesehen, im Grunde nur aus egoistischen Motiven Wallenstein mit Haut und Haar verschrieben. Erst als man sicher sein kann, daß sein „Glücksstern" gefallen ist, verlassen ihn die Hauptleute Macdonald und Deveroux (WT, V, 2) ebenso wie der Glücksritter Isolani. Noch der auf üble Weise getäuschte Buttler demonstriert indirekt mit seinem Handeln und der Grausamkeit seiner Rache, daß eigentlich auch er dem Friedländer nur aus persönlichen

Motiven gedient hatte. Doch andererseits beruht das Verhältnis Wallensteins zum Heer und seinen Offizieren ebenfalls auf massiven egoistischen Interessen. Das Bündnis zwischen Feldherr und Lager erweist sich im Grunde als situations- und zweckbedingt. Der Mythos oder die Legende Wallenstein hält nur so lange in Bann, wie sie den Wünschen und Interessen des Soldatenstaates dienen. Es wäre in diesem Zusammenhang schon jetzt anzumerken, daß der im *Lager* beschworene Wallensteinmythos bereits in den *Piccolomini* sowohl durch die Anhänger (Illo, Terzky, Gräfin) als auch durch Wallensteins Verhalten (sein Zögern, seine verhängnisvolle Blindheit) Schritt für Schritt abgebaut wird. Octavio zumindest sieht schärfer als Questenberg, der wie gelähmt auf den Mythos und die Macht Wallensteins starrt und schon resignieren will; der erstere kennt die Fragilität des Bündnisses und weiß, wie diese „bösen Geister" zu bannen sind.

Daß die Aggressionen gegenüber dem Kaiser und seinen Anhängern sowohl bei der Soldateska als auch bei den Offizieren vor allem auf ökonomischen Enttäuschungen beruhen, illustrieren mehrere Äußerungen. Meint im *Lager* (I, 11) der Wachtmeister sachkundig, daß alle bankrott seien, wenn „das Haupt, wenn der Herzog fällt", so bekräftigt Illo gleich in der ersten Szene der *Piccolomini:* „Der Kaiser gibt uns nichts – vom Herzog / Kommt alles, was wir hoffen, was wir haben", was der Schuldner Isolani nur bestätigen kann. Auch Wallenstein spielt in der wichtigen Sitzung mit Questenberg (P,III, 1) listig auf diesen schwachen Punkt an, daß er bei seiner Absetzung nur um die Finanzen seiner Generäle fürchte; er ließ seinerseits nichts unversucht, seine Untergebenen durch Großzügigkeit sich gewogen und von sich abhängig zu machen. Illo spricht nur eine allgemeine herrschende Meinung aus, wenn er sagt: „Könnt er nur immer, wie er gerne wollte! / Er schenkte Land und Leut an die Soldaten" (P, V. 67 ff.). Daß in diesem Wollen ein gut Teil Berechnung steckt, wird hier bewußt oder unbewußt unterschlagen. Präsentieren die Meinungen des Heeres Wallenstein besser, als er in Wirklichkeit ist, so zeichnen der Wiener Hof und später die kaiserlichen Geschichtsschreiber (Ha 4, 688) diesen „außerordentlichen Mann" gewiß schlechter, als er es verdient.

Daß es nicht ausschließlich ökonomische Vorteile sind, die das Heer an seinen Feldherrn binden, sondern auch ebenso dessen charismatische Eigenschaften, macht weniger Illos spitze Auseinandersetzung mit Questenberg (P, I, 1) deutlich als Buttlers Lagebericht, der die Meinungen der Soldateska zusammenfaßt und aus der Perspektive der Generäle ergänzt (P, V. 210–240; 242–257). Das an vielen Plätzen verstreute Heer gehorcht den „Friedländischen Hauptleuten", die in „*eine* Schule gegangen, *eine* Milch . . . ernährt, *ein* Herz belebt". Sie beseelt kein Nationalismus, kein Patriotismus, sondern nur „der Respekt, die Neigung, das Vertraun" für Wallenstein, der sie alle, die aus verschiedenen fremden Ländern stammen, „durch gleiche Lieb und Furcht / Zu *einem* Volke" zusammenbindet und für sie „Haus und Heimat" bedeutet. Buttler bestätigt die Auffassung der Soldateska, daß Wallenstein und nicht der Kaiser der wirkliche Herr des Heeres ist. „Von dem Kaiser nicht / Erhielten wir den Wallenstein zum Feldherrn . . . Vom Wallenstein / Erhielten wir den Kaiser erst zum Herrn", erklärt er mit einem gezielten Chiasmus. Hier deutet sich schon der Gegensatz zwischen zwei Legitimitätsgründen von Herrschaft an.[5] Mit Wallenstein und dem Kaiser konfrontiert Schiller zwei Autoritäten: die des „ewig Gestrigen" und die „der außeralltäglichen persönlichen *Gnadengabe*", „traditionale" und „charismatische" Herrschaft, um hier gleich die entsprechenden Formeln Max Webers einzusetzen.[6] Das Charismatische an der Person Wallensteins stellt gerade auch Max Piccolomini unter dem Stichwort „Herrscherseele" (P, V. 412 ff.) heraus. Kraft dieser Naturbegabung zur Herrschaft steht ihm auch ein „Herrscherplatz" zu; denn er ist ein „Mittelpunkt für viele tausend", „eine feste Säul", er „weckt und stärkt und neu belebt" alles um sich herum (P, V. 426 ff.), versteht die spezifischen Vermögen eines jeden auszubilden und für sich zu nutzen. Andererseits unterzieht Questenberg gerade dieses Herrschertalent, über dem Wallenstein so ganz das Dienen vergißt, der Kritik. Max seinerseits setzt Wallensteins geniales und „lebendiges Innere" gegen die „toten Bücher, alte Ordnungen", worauf Octavio mit den vielzitierten Worten für die „alten, engen Ordnungen", das heißt die „traditionale" Herrschaft Partei ergreift (V. 463–478). Als der Vater an dieser Stelle den Frieden über den Krieg stellt, greift Max das Argument sofort auf und benützt es gegen die Kaiserpartei. Er entwirft sehnsüchtig die bekannte Idylle des Friedens, in der der „Soldat ins Leben heimkehrt, in die Menschlichkeit" (P, I, 5), und gibt Wien die Schuld, daß der Frieden nicht realisiert wird. Nur Wallenstein liege „an Europas großem Besten . . . mehr . . . als an ein paar Hufen Landes", deshalb würden sie ihn auch „zum Empörer" machen (P, V. 569 ff.).

Zwar erscheint Wallenstein in Maxens Perspektive idealisiert (er verklärt ihn zum überirdischen Heros, zum Friedensbringer, zum großen Menschen, der sich nach getaner Arbeit in die Idylle zurückziehen wird, projiziert sein ästhetisches Ideal in dessen Sternenglauben und stilisiert ihn zum hohen „Reinen"), gehen in das Bild, das sich Max von Wallenstein macht, viele eigene Vorstellungen ein, wie Thekla treffend erkennt (P, III, 6), nichtsdestoweniger enthält es Züge, die ebenso durch den nüchternen Octavio wie durch Wallenstein selbst bestätigt werden. Der Vater warnt nicht nur den Sohn vor dem „schwärzesten Komplott" (P,

V, 1), vor dem Spiel, das man „aufs schändlichste" mit ihm und ihnen allen treibe, sondern bestätigt auch Maxens These vom Friedensfürsten mit diesem Satz: „Nichts will er [Wallenstein], als dem Reich den Frieden schenken; / Und weil der Kaiser *diesen* Frieden haßt, / So will er ihn – er will ihn dazu *zwingen*!" Das politische Spiel der Parteien verbirgt die wahren Absichten, die hinter den vielen Masken stecken, welche die Akteure anlegen. Wenn Octavio dem Herzog vorwirft, daß er nur so tue, als wolle er die Armee verlassen, während er in Wirklichkeit die Armee dem Kaiser stehlen und dem Feinde zuführen wolle, so gebraucht er selbst alle Maschinen der „schändlichsten" Täuschung, um eben diese Armee für den Kaiser zu retten.

Als abgefeimter politischer Rechenkünstler und Kalkulator wird Wallenstein aber nicht nur von dem *homo politicus* Octavio und später von Buttler (WT, IV, 8) porträtiert, sondern auch von den Getreuen Illo und Terzky. Diese verstehen Wallensteins Taktik nicht (P, V. 1340 ff.) und gewinnen schließlich den Eindruck, daß er mit ihnen, wie es Terzky am Schluß der 5. Szene des 2. Aktes in den *Piccolomini* dann auch sagt, stets sein Spiel getrieben. Daß Wallensteins Charakterbild schwankt, liegt also nicht nur an „der Parteien Gunst und Haß" (*Prolog*, V. 102 f.), sondern auch an der schillernden Persönlichkeit selbst. Die Meinungen und Gesinnungen erschöpfen sich keineswegs in der Erdichtung der Wallensteinlegende (daß er des „Lagers Abgott und der Länder Geißel, / Die Stütze und der Schrecken seines Kaisers, / Des Glückes abenteuerlicher Sohn, / Der von der Zeiten Gunst emporgetragen"; *Prolog*, V. 95 ff.); sie zeigen auch den Grübler, den politischen Kalkulator, den Intriganten und den vom Kaiser Enttäuschten. In diesen zum Teil einander widersprechenden Meinungen über Wallenstein stellt Schiller eine ebenso vielseitige wie rätselhafte Persönlichkeit dar, die sich einer eindeutigen Interpretation zunächst zu entziehen scheint. Wenn im *Lager* der Kapuzinerpater ein ganzes Arsenal von biblischen Namen aufbietet, um den Unhold zu charakterisieren, so löst das beim Zuschauer nur eine komische Wirkung aus. Die Interessen des Paters sind allzu offensichtlich, als daß seine Angriffe für die Charakterisierung Wallensteins von Bedeutung sein könnten. Auch die von Wrangel benutzten Kriegsfürsten Attila und Pyrrhus (WT, V. 287) treffen nicht ins Schwarze; sie sind eher als ein etwas zweideutiges Kompliment zu lesen. Trotzdem fällt auf, daß Schiller immer wieder auf historische Könige und Feldherrn (Ahab, Jerobeam, Jehu, Holofernes, Herodes, Nebukadnezer, Attila, Pyrrhus) zurückgreift, um die Rolle Wallensteins im Dreißigjährigen Krieg zu illustrieren. Auch Wallenstein selbst bezieht sich auf solche Namen (Caesar, Karl von Bourbon und Heinrich IV.), so daß es notwendig erscheint, einmal nach dem Stellenwert zu fragen, den sie für das Selbstverständnis der Hauptperson haben.

VII Wallensteins Selbstverständnis

Was in der Rede des Kapuzinerpaters zum Teil Exempla aus der rhetorischen Praxis sind, wie sie der Karlsschüler Schiller einüben mußte, scheint in Wallensteins Äußerungen Verweischarakter zu haben. Er benutzt etwa gegenüber Max den Namen Caesars als ein Modell (WT, II, 2; V. 842ff.), mit dem er die Legitimität seines Handelns zu beweisen sucht. Gegenüber Illo jedoch gebraucht er als Argument gegen das Bündnis mit Schweden den Hinweis auf das Schicksal Karl von Bourbons, der unter Karl V. gegen sein eigenes Vaterland gekämpft hatte: „Fluch war sein Lohn, der Menschen Abscheu rächte / Die unnatürlich frevelhafte Tat" (WT, I, 6). Die historischen Beispiele scheinen auch hier nur als Argumente innerhalb der Rede benutzt zu werden und so ausgewählt zu sein, daß sie den jeweiligen Standpunkt stützen. Persönlich berührt zeigt sich Wallenstein nur von dem Schicksal Heinrich IV., den man im 18. Jahrhundert „zu den wenigen überragenden Herrschergestalten der europäischen Geschichte"[1] zählte und der außerdem zu Schillers Lieblingshelden gehörte. „Heinrich IV. hatte ein halbes Menschenalter lang das ununterbrochene Schauspiel von *österreichischer Herrscherbegierde* und *österreichischem Länderdurst* vor Augen", so skizzierte Schiller dessen Situation im ersten Buch seiner *Geschichte des Dreißigjährigen Kriegs* (Ha 4, 407). Aber obwohl es einige auffallende Parallelen im Leben der beiden zu geben scheint, der Friedländer teilte nach der Meinung Schillers nicht die „lichtvolle Politik", „den uneigennützigen Mut" des *bon roi.* Im Gegenteil: Heinrich IV. war als Vorbild genau das, was Wallenstein angesichts der verwandten zeitgeschichtlichen Konstellation hätte sein können.[2] Aber das ist aus der Perspektive von Schillers Geschichtsdarstellung gesehen und transzendiert Wallensteins „eigene Gedanken" über den „Tod des vierten Heinrichs" (WT, V. 3490f.). Während der französsiche König „das Gespenst des Messers / Lang vorher in der Brust" fühlte, „eh sich der Mörder /Ravaillac damit waffnete", sagt Wallenstein, zu dessen Charakter, wie sich zeigen wird, eben die Verblendung gehört,[3] die „innere Ahnungsstimme nichts". Das Exempel Heinrichs IV. trägt deshalb kaum zu Wallensteins Selbstverständnis bei, sondern veranschaulicht nur die stumpfe Ahnungslosigkeit, mit der er dem Tod entgegengeht. Wallenstein hat in der Tat Ahnungen, so könnte man ein wenig überspitzt folgern, wenn er keine haben sollte, und ist ahnungslos, wo Ahnungen angebracht wären; auch lauert er dort auf Sternen- und Traumsignale, wo er besser nur seinem natürlichen Instinkt vertraut hätte, und negiert sie total, wenn alle bis hinunter zum Kammerdiener fühlen, daß er von Gefahren umstellt ist.

Wallensteins Charakter scheint aus Widersprüchen zusammengesetzt, und Freunde wie Feinde haben es gleichermaßen schwer, seine wahren Absichten zu erraten. „Die Tugenden des *Herrschers* und *Helden*, Klugheit, Gerechtigkeit, Festigkeit und Mut", so berichtet der Historiker Schiller über seinen Gegenstand (Ha 4, 686f.), „ragen in seinem Charakter kolossalisch hervor; aber ihm fehlen die sanften Tugenden des *Menschen*, die den Helden zieren und dem Herrscher Liebe erwerben". Auch für den dramatisierten Wallenstein waren Furcht und Gehorsam der Talisman, durch den er wirkte, die „meisten Offiziere ... seine Geschöpfe, seine Winke Aussprüche des Schicksals für den gemeinen Soldaten" (Ha 4, 490). Der Wallenstein der Trilogie spielt so viele Rollen, daß ihm selbst die echte Neigung zu Max Piccolomini zu einem politischen Spiel mißlingt. „Gegen jeden hat er einen anderen Ton", wie Max Kommerell treffend beobachtet.[4] Er zeigt sich vertraulich, wenn es die Menschenhandlung und der Zweck der Stunde verlangt.[5] Das Überraschende an der Person Wallensteins ist, daß er die vielen Rollenerwartungen, die an ihn herangetragen werden, nicht annehmen will. Er scheint die Möglichkeiten in göttlicher Selbstzufriedenheit zu genießen und gewissermaßen Jupiter zu spielen, den er auch für seinen leitenden Stern hält. Die bildende Kunst der Antike, so führt Karl Philipp Moritz in seiner *Götterlehre* aus, stellt den „Jupiter am häufigsten" so dar, „wie er gleichsam in seiner ganzen Macht sich fühlt, und dieser Macht sich freut".[6] Eine ähnliche Intention ließe sich Wallenstein unterstellen und man könnte seine angemaßte Jupiterrolle leicht als *superbia* interpretieren.

Es kann keine Frage sein, daß er gleich Fiesco „unbedingte Subordination" (P, II, 6) fordert, daß sein Herrschaftsanspruch total ist, daß er sich dem Durchschnitt weit überlegen dünkt und nach Gefallen seine Subalternen „zum besten hat" (P, V. 861f.), daß er wähnt, „das entsiegelte" Auge der „hellgeborenen ... Joviskinder" (P, V. 984ff.) zu besitzen, daß er öffentlich den Menschen herabsetzt, der ihm am teuersten zu sein scheint (WT, V. 1527ff.), daß er sich von Anfang bis zum Ende für einen Auserwählten (WT, IV, 2; V,5) hält und glaubt, daß nichts „gemein in [seines] Schicksals Wegen" (WT, V. 3566ff.) sei. Solche Züge gehören sicher in den Bedeutungshorizont der mittelalterlichen *superbia*, aber sie demonstrieren andererseits auch eine Selbstüberschätzung und Blindheit, die den raffinierten Rechenmeister nicht selten auf die Stufe eines naiven Toren herunterholen. Goethe hat die Paradoxien in diesem Erscheinungsbild folgendermaßen ausgedrückt: „Wir sehen [Wallensteins] Stärke nur in der Wirkung auf andere; tritt er aber selbst [...] auf, so sehen wir den in sich gekehrten, fühlenden, reflektierenden, planvollen und, wenn man will, planlosen Mann."[7] Noch der Glaube an die Astrologie scheint nur Wallensteins eigene Unsicherheit, wie ihm zu Recht einmal von Terzky vorgeworfen wird, zu enthüllen. „Wer die Sterne fragt, was er tun soll", so merkt auch Goethe an, „ist gewiß nicht klar über das, was zu tun ist".[8] Was hat es dann mit Wallensteins angeblichem „unersättlichen Durst nach Größe und Macht" (Ha 4, 589) auf sich, mit seinen nationalen Plänen und Königsträumen? Vielleicht läßt sich darauf von der „Achse des Stücks",[9] dem berühmten Monolog (WT, I, 4), eine Antwort finden.

Der Monolog gliedert sich in vier Teile, die jeweils durch eine Regieanweisung getrennt sind. Sie handeln a) von der verhängnisvollen Dialektik von Gedanke und Tat, Spiel und Ernst, Vorstellung und Ausführung; b) von dem „Doppelsinn des Lebens" oder der Macht des Scheins; c) von Freiheit und Notwendigkeit und schließlich d) von der Überlegenheit der „traditionalen" Herrschaft. Die Ereignisse zwingen Wallenstein zu der Einsicht, daß auch Ideen Handlungen sind und daß selbst das Nichthandeln nach außen als Handeln erscheinen kann, daß es so etwas gibt wie die „zweite Existenz des Handelnden in den Gedanken der Menschen".[10] Eine solche zweite Existenz des Handelnden zwingt ihn nun gegen seinen Willen zur Ausführung dessen, was er nur „gedacht". Wenn er sich, noch im Geschirr der Pflicht und der Legalität, bloß in der imaginierten Neigung zur Jupiterrolle oder zu der des Friedensfürsten gefiel, so wird ihm nun der Spielraum der „Freiheit" und des „Vermögens", der in Schillers Terminologie sehr viel mit dem „ästhetischen Zustand"[11] gemeinsam hat, zu einer Zwangshandlung verengt. Mit anderen Worten: er wird zur Rebellion gegen die Pflicht gezwungen, obwohl diese Revolte nur als Möglichkeit in seinen Gedanken war. „Von der Tat", so interpretiert Kommerell in seiner Schrift *Schiller als Gestalter des handelnden Menschen,*[12] „ist der Mensch noch unbestimmt, eine mehrfache Möglichkeit, die Tat bestimmt ihn. Von der Tat empfängt er seinen Charakter, wie der Siegellack den Stempel." Gerade dieser Sachverhalt erklärt auch das vorhergehende Zögern Wallensteins: er hat Angst, die Idee könnte Notwendigkeit werden, d. h. sich eine Mauer aus seinen eignen Werken aufbauen, die jede „Umkehr türmend hemmt" (WT, V. 157ff.). Der Handelnde ist im eigentlichen Sinne nicht frei: er muß, wie Wallenstein an anderer Stelle sagt (WT, II, 2), „Gewalt ausüben oder leiden" und Ideen als Entwürfe zu Taten ausführen. Metaphysisch oder ästhetisch denken kann nur der Betrachter, „frei von Macht und vom Trieb der Macht", aber wer „handelt, übt Macht", und wer „Macht übt, verkauft sich an Mächte", und er zahlt schließlich" mit dem Opfer der Idee".[13]

Die Diskrepanz von Wort und Tat, von „Überfluß des Herzens" und Berechnung wird durch den „Doppelsinn des Lebens" zur Anklage. Es geht in dem Monolog aber nicht bloß um die Mehrdeutigkeit der Worte und um das Phänomen, daß Worte einen Schein erregen, wie Paul Böckmann[14] ausführt, oder um die Einsicht, daß auch die Tat „in das Zwielicht des täuschenden Wortes, des sprachlichen Scheins"[15] gerät, sondern um ein symptomatisches Merkmal Wallensteins: um seine prinzipielle Indifferenz sowohl Ideen als auch Handlungen gegenüber. Denn genaugenommen sind die nationalen Ziele und die Friedensintentionen Träume, in denen er sich mehr gefällt, als daß er sie ernsthaft realisieren wollte. Er ist in den *Piccolomini* und in *Wallensteins Tod* eigentlich mehr Möglichkeitsmensch als Wirklichkeitsmensch und kann nicht verstehen, daß man in des „Lebens Fremde" ihm als Tat anrechnet, was nur Traum war, daß man als Sein auslegt, was er nur als Schein gemeint hat. Obwohl er die Grenzen zwischen Sein und Schein verwischt, „nie ganz wahr, aber auch selten entschieden unwahr"[16] ist, will er nur schwer begreifen, warum der „einmal zum Zwecke angenommene Schein" über ihn verfügt und sich seines „nicht mehr selbstbedingten Seins" zu bemächtigen beginnt. Er hat sich in der Tat mit „eignem Netz verderblich . . . umstrickt" (WT, V. 178). War der Gedanke noch *seine* Tat, außerhalb seines Bewußtseins gehört „sie jenen tückschen Mächten an, / Die keines Menschen Kunst vertraulich macht" (WT, V. 190f.). An dieser Stelle hält Wallenstein ein und fragt sich, was er eigentlich wolle, womit indirekt die zitierte Beobachtung Goethes bestätigt wird.[17] Man sollte der berühmten Rede gegen die herrschende „traditionale Macht" nicht ironische Absichten[18] unterstellen, denn hier spricht „die Autorität der außeralltäglichen persönlichen *Gnadengabe*", der Vertreter charismatischer Herrschaft gegen die „Autorität des ‚ewig Gestrigen'".[19] Wallenstein fürchtet wirklich den „unsichtbaren Feind", der „in der Menschen Brust ihm widersteht", die Ideologie des „ewig Gestrigen", die Macht der Tradition, die er selbst in sich fühlt und die man nicht wie Kraft mit Kraft bekämpfen kann – und der Abfall vieler Teile des Heeres und ihrer Generäle wird ihm hierin nur Recht geben.

Auch der Monolog enthüllt Wallensteins prinzipielle Unentschlossenheit als eine Charaktereigenschaft: er ist sich seiner Herrscherrolle bewußt, weiß um seine Verdienste, sein Charisma, seine Führungsqualitäten, scheut aber trotz allem die letzte politische Konsequenz, nämlich den totalen Bruch mit der traditionellen Macht, dem Kaiser. Er durchschaut die „Tradition als Prozeß, als Mechanismus der Übertragung",[20] beklagt andererseits die Macht solcher vorgeprägten sozialen Gewohnheiten mit dem berühmten Wort: „Sei im Besitz und du wohnst im Recht, / Und heilig wirds die Menge dir bewahren" (WT, I, 4). Dieser Macht, die auch die ethischen Normen sanktioniert, nach denen politisches Handeln beurteilt wird, kann sich eben auch Wallenstein nicht entziehen: er scheut mehrmals vor dem Verbrechen, dem Verrat am Kaiser (WT, I, 4; I, 6; I, 7) zurück, eine Haltung, die unter anderem auch Max und die Pappenheimer unterstützen (WT, II, 2; III, 15), und führt den Zwist zwischen ihm und Ferdinand (WT, III, 18) im Grunde auf den Mangel an Glauben und Vertrauen zurück. Die Absetzung zu Regensburg erschütterte die menschliche Beziehung, setzte „List und Argwohn" an die Stelle von Freundschaft und Liebe. Wallenstein parallelisiert den Vertrauensbruch Octavios mit seinem Verhältnis zum Kaiser und wirft dem ehemaligen Freund vor, was dessen Sohn Max ihm vorhält: ein Unmensch zu sein, „über alle Pflanzungen der Menschen" gnadenlos Zerstörung verhängt zu haben (WT, III, 18). Wie Max fühlt sich auch Wallenstein betrogen, obwohl er eben im Gegensatz zu Max gleich Octavio und dem Kaiser in betrügerische Aktionen verwickelt ist. Den Betrug an einem Freund wertet Wallenstein allerdings als Frevel, während er den Verrat an seinem Herrn mit Notwehr und Notwendigkeit entschuldigt. Aber noch die Rechtfertigungsversuche beweisen Wallensteins Schuldgefühle, die er gegenüber Terzky und Illo auch deutlich genug ausspricht: Treulosigkeit bezeichnet er hier als „den *gemeinen* Feind / Der Menschlichkeit", als „wildes Tier", das „mordend einbricht in die sichre Hürde, / Worin der Mensch geborgen wohnt" (WT, I, 6).

Auch bei Wallenstein ist die Tradition teilweise die Reaktionsbasis seines Verhaltens. Er wünscht sich nicht von ungefähr einen „milderen Ausweg" (WT, I, 7) aus der prekären Situation; erst die Gräfin Terzky überzeugt ihn davon, daß ihn der Kaiser zu Verbrechen mißbraucht habe, daß zwischen ihm und jenem nicht „von Pflicht und Recht" (WT, V. 625 ff.) die Rede sein könne, sondern nur „von der Macht und der *Gelegenheit*". Das Problem der Legalität von Herrschaft gehört aber nicht nur zum Selbstverständnis Wallensteins, wie der Monolog zeigt, sondern ebenso zum Kontext von Schillers eigener historischer Reflexion.[21] „Nichts Geringes war es", so heißt es im 4. Buch der *Geschichte des Dreißigjährigen Kriegs* (Ha 4, 673), „eine rechtmäßige, durch lange Verjährung befestigte, durch Religion und Gesetze geheiligte Gewalt in ihren Wurzeln zu erschüttern . . .; alle jene unvertilgbaren Gefühle der Pflicht, die in der Brust des Untertans für den geborenen Beherrscher so laut und so mächtig sprechen, mit gewaltsamer Hand zu vertilgen". Sowohl im *Warbeck* als auch im *Demetrius* wird die Frage nach der Legalität von Herrschaft thematisiert. Hier im *Wallenstein* zeigt Schiller, wie die Soldateska schließlich den vergötterten Heerführer aus „Pflichtgefühl" (Ha 4, 673) verließ; doch, genaugenommen, trifft das weniger für das Drama als die Geschichtsschreibung zu; denn Max, die Pappenheimer und auch Gordon wären geneigt, auf der Seite Wallensteins zu kämpfen, wenn er nur nicht mit dem Feind (den Schweden) paktieren würde. Trotzdem bedeutet es auch im Drama eine entscheidende Schwächung der Macht Wallensteins, als er seine Verbindung mit dem Thron, der historisch gegebenen Legalität löst. In der *Geschichte des Dreißigjährigen Kriegs* (Ha 4, 674) stellt Schiller fest: „Größe für sich allein kann wohl Bewunderung und Schrecken, aber nur die *legale* Größe Ehrfurcht und Unterwerfung erzwingen. Und dieses entscheidenden Vorteils beraubte er sich selbst in dem Augenblick, da er sich als einen Verbrecher entlarvte.“ Das steht hier allerdings vor dem Unterschriftsmanöver Illos, während das Drama den Sachverhalt aus der Perspektive Wallensteins im Monolog präsentiert. Auch das Drama führt vor, wie Wallensteins Autorität als Heerführer in dem Augenblick entscheidend geschwächt wird, als er die Grenzen der Legalität überschreitet. Er, dessen „Antlitz“ und „Stimme“ man noch im *Lager* und den *Piccolomini* große einschüchternde Wirkung zugeschrieben hat, zeigt sich (WT, III, 20,22) dem Rebellenheer in der Überzeugung, daß seine charismatische Erscheinung es sofort bezähmen werde; aber das Gegenteil geschieht: sie rufen dem Kaiser ein Vivat zu und lassen ihn nicht einmal zu Wort kommen. Dies scheint mir den Tiefpunkt der Trilogie zu bezeichnen: es sind nicht mehr bloß äußere ungünstige Konstellationen (von Wallenstein verschuldet oder nicht verschuldet), die ihn in die Enge zwingen, es wird ihm nun der einzige verbleibende Legitimationsgrund seiner Herrschaft, die charismatische Wirkung seiner Person entzogen. Das Ausmaß der Niederlage wird noch dadurch gesteigert, daß er sich eben aufgerafft hatte, aus der äußeren ungünstigen Situation das beste zu machen: „Es ist entschieden, nun ists gut – . . . / Die Brust ist wieder frei, der Geist ist hell“, verkündet er, „Jetzt fecht ich für mein Haupt und für mein Leben“ (WT, V. 1740–1748).

Dieses Selbstverständnis als entschlossener Kämpfer wird im zweiten Monolog (WT, III, 13) in Szene gesetzt. Wallenstein tritt im Harnisch auf,[22] wie es in der Regieanweisung heißt, und fühlt sich wie damals nach dem Regensburger Fürstentage ganz auf sich verwiesen. Zwar vergleicht er sich mit einem „entlaubten Stamm“, aber er weiß im Inneren die „schaffende Gewalt“ seines Genies, des bewunderten und gefürchteten „Kriegsgottes“, vor dem sich selber der „Stolz des Kaisers“ einst gebeugt hat. Er traut sich zu, wieder aufs neue aus dem Nichts ein Lager aufzubauen, aber es kann keine Frage sein, daß sich hier auch jemand, dessen schwankendes Selbstvertrauen seit Regensburg angeknackt ist und der sich deswegen aller möglichen psychologischen Hilfen bis hin zur Astrologie bedient, Mut zuspricht. Das Erstaunliche daran scheint nun aber zu sein, daß Wallenstein die Erfahrung des Autoritätsschwunds (WT, III, 22, 23) trotz allem nicht niederdrückt, wie man eigentlich erwarten würde. Er gibt nur den Befehl zum Aufbruch nach Eger, und von „seiner Stimme leuchtet wie sonst“, so berichtet es später Gordon (WT, IV, 2), des „Herrschers Majestät, Gehorsam fordernd“. Ist das Selbstvertrauen also doch stärker als die Herzogin vermutet, die es eigentlich wissen müßte (WT, III, 3)? Oder sollen wir diese Reaktion als ein neues Rollenmanöver oder als Resultat von Wallensteins zunehmender Realitätsblindheit lesen?

In seiner Geschichtsdarstellung spricht Schiller davon, daß Wallenstein von den Ereignissen gezwungen wurde, einen Plan zur Selbstverteidigung auszuführen, der ursprünglich „nur zu seiner Vergrößerung bestimmt war“ (Ha 4, 670). Seine Blindheit wurde hier schon damit interpretiert, daß er dergestalt vom „Glanz einer Krone“ geblendet war, daß er „den Abgrund nicht“ bemerkte, „der zu seinen Füßen sich öffnete“. Die Meinung der Herzogin, welche die Gräfin als zu subjektiv abwertet (WT, V, 1410), bestätigt dies zwar wie manche Einzelzüge (z. B. WT, III, 4; I, 5), aber der Hang zur Krone ist trotz allem beim fiktionalisierten Wallenstein geringer als beim historischen. Am entscheidenden Schritt scheint den Wallenstein der Trilogie selbst das „ganz Gemeine, das ewig Gestrige“, das er im Monolog denunziert, zu hindern. Die ehrgeizigen Entwürfe stellten sich nach dem Bericht der Herzogin auch erst dann ein, als er sich in seinem Vertrauen in die Person des Kaisers bitter enttäuscht sah. Vergleicht man die verschiedenen Reaktionen Wallensteins auf die vielen Hiobsbotschaften (die Nachricht von Sesins Gefangennahme [WT, I, 2]; der Meuterei im Lager [III, 5, 6]; die Erfahrung seines Autoritätsverlustes [III, 22]), so trifft ihn am stärksten zweifelsohne der Verrat des vermeintlichen Freundes Octavio (III, 8, 9), was auch eine entsprechende Regieanweisung signalisiert: „*(Wallenstein sinkt auf einen Stuhl und verhüllt sich das Gesicht)*“. Trotzdem hält es ihn, der so stark auf Freundschaft und Treue pocht, nicht davon ab, Max mit schnöden Worten als Schwiegersohn abzuweisen (WT, III, 4). Auch den, den er nun in seiner Verblendung an Stelle Octavios ans Herz drückt: Buttler, hatte er ja betrogen, er, der selbst so bitter von dem Betrug Octavios an ihm spricht (WT, III, 10, V. 1711).

Wallenstein sieht zweifelsohne die Geschehnisse vor allem in Beziehung auf sich selbst: was für ihn billig ist, scheint den anderen noch lange nicht erlaubt. Er täuscht seine Freunde, hält ihnen die eigene Meinung vor, verlangt aber selbst unbedingte Subordination, treibt sein Spiel mit allen und beklagt sich, wenn man ihn täuscht, die Meinung vorenthält, nicht gehorcht und mit ihm sein Spiel treibt. Das gegen Max gesprochene überhebliche Wort: „Ließ ich mirs soviel kosten, in die Höh / Zu kommen, über die gemeinen Häupter / Der Menschen wegzuragen, um zuletzt /Die große Lebensrolle mit gemeiner Verwandtschaft zu beschließen?" (WT, III, 4, V. 1516–1520) korrespondiert mit der stolzen rhetorischen Frage gegenüber Gordon: „Wer möchte / Mein Leben mir nach Menschenweise deuten?" (WT, V, 4, V. 3571 f.). Er hält sich bis zum Schluß trotz aller Unglücksbotschaften für einen Auserwählten, „der aus der Menschen Reihen" herausgehoben, der „mit kraftvoll leichten Götterarmen" getragen wurde, in dessen Lebenslauf „nichts gemein ist", und merkt nicht, daß er sich bereits in den Netzen des Mörders befindet. Er deutet die Sterne falsch, mißinterpretiert kritische Situationen und Konstellationen, verkalkuliert sich in seinen Berechnungen, erweist sich als dilettantischer Menschenkenner und zieht in V, 5 aus einem fehlgedeuteten Planetenstand den Schluß: „Von falschen Freunden stammt mein ganzes Unglück." Gewiß, Wallensteins Verhältnis zu den Sternen ist hier schon abgekühlt, aber trotzdem hört er nicht auf, aus richtigen Warnungszeichen die falschen Schlüsse zu ziehen (Gräfin Terzky in V, 3; Seni, Gordon in V, 5). Er, der Freund und Feind über seine wahren Absichten täuschen wollte, bleibt im Gegensatz zu Heinrich IV. der ahnungslose Getäuschte.

Doch wie ist das zu verstehen? Zeigt das einen großen Charakter, daß er so blind auf die Vorgänge außer ihm reagiert? In seiner Geschichtsdarstellung formuliert es Schiller lakonisch so: „In allen seinen Erwartungen hintergangen, entsagt er keinem einzigen seiner Entwürfe; nichts gibt er verloren, weil er sich selbst noch übrig bleibt" (Ha 4, 680). Ist es der totale Rückzug auf sein Selbst, der ihn mit dieser Realitätsblindheit schlägt? Oder ist Wallenstein gleich Warbeck „bloß wie ein Geräte: heilig, solang' es bei Aufzügen dient, und ganz nichts, wenn die Parade vorbei ist" (Sä 8, 145)? Er scheint nicht bloß einen „*phantastischen* Geist, der von der einen Seite an das Große und Idealische, von der anderen an den Wahnsinn und das Verbrechen grenzt",[23] zu besitzen, sondern auch Merkmale des Betrügers aufzuweisen, der nach „den Momenten der Repräsentation in eine völlige Nullität übergeht" (Sä 8, 149); denn Wallenstein ist ja wirklich nicht das, was er scheinen will: die höchste Instanz der Herrschaft. Ihm fehlt die legale Größe, er ist nicht der legitime Herrscher, mag er sich auch als solcher fühlen, sondern nur Herr in seinem Staat, dem Lager, aber auch das nur von Kaisers Gnaden. Wie die Herzogin ausführt, geriet ihm auch alles, was er anfing, als ihm der Kaiser noch vertraute (WT, V. 1400 f.); erst als das Vertrauen zerstört war, floh ihn die Ruhe und das Glück. Das Hauptmotiv seines Unglücks liegt also weniger an den „falschen Freunden" als vielmehr an dem vermeintlichen Vertrauensbruch des Kaisers; deshalb kommen seine Gedanken auch immer wieder auf Regensburg zurück.[24]

Wie Karl Moor über dem vermeintlichen Vertrauensbruch des Vaters zum Räuber wird, so treibt Wallenstein der Vertrauensbruch Ferdinands zum rebellischen Streben nach Autonomie. Auch Wallenstein wird Widersacher zum Teil aus enttäuschter Liebe, aus enttäuschtem Glauben und Vertrauen (vgl. WT, III, 18), so wie Max seinerseits in den Tod geht, weil Wallenstein die Grundlagen seines Glaubens erschüttert und er nicht gelernt hat, „allein zu leben". Daneben macht Wallenstein aber auch die Diskrepanz zwischen Außen und Innen, Rolle und wirklicher Person zu schaffen; er ist in seinem „öffentlichen Verhältnis" ein anderer als in seinem „inneren" (Sä 8, 149); er agiert ja nach den Verhältnissen, in denen er steht, verschieden und spielt jeder Person etwas vor, ohne seine wahren Absichten zu zeigen. Selbst seine Monologe sind nicht frei vom falschen Schein des politischen Maskenspiels. Sein Selbstverständnis beschränkt sich im Grunde auf das Bewußtsein der Größe, des Auserwähltseins, und bringt es nirgends zur Selbsterkenntnis. Wallenstein weiß nur, daß ihm die Rolle, „ein großer König zu sein – im Kleinen", wie sie die Gräfin Terzky ironisiert (WT, I, 7) und Max anpreist (P, III, 4), „so ein Wortheld, so ein Tugendschwätzer" zu werden, nicht liegt. „Wenn ich nicht wirke mehr, bin ich vernichtet", lautet die schlagende Einsicht Wallensteins (WT, I, 7, V. 528). Aber was ist das Ziel dieses Wirkens? Es gilt wiederum dem Gefühl der Größe. Nicht ohne Selbstüberhebung meint Wallenstein hier sicher im Ernst:

> Nicht Opfer, nicht Gefahren will ich scheun,
> Den letzten Schritt, den äußersten, zu meiden;
> Doch eh ich sinke in die Nichtigkeit,
> So klein aufhöre, der so groß begonnen,
> Eh mich die Welt mit jenen Elenden
> Verwechselt, die der Tag erschafft und stürzt,
> Eh spreche Welt und Nachwelt meinen Namen
> Mit Abscheu aus, und Friedland sei die Losung
> Für jede fluchenswerte Tat.
>
> (WT, I, 7, V. 529–537)

Er behauptet zwar, kein Wortheld zu sein, macht aber viele Worte, um seine Handlungen, sein Zögern und sein Scheitern zu rechtfertigen. Wenn etwas schief geht, so sind andere Menschen, das Schicksal oder die Umstände schuld; er selbst scheint über alle Fehler erhaben zu sein. Zwar ist sein ganzer Lebensweg von dem unbezähmbaren Hang nach Größe bestimmt, aber als „phantastische Existenz" will er „König seiner inneren Welt"[25] bleiben und gleichzeitig als politisch-reale Existenz „König der äußeren Welt" werden. Auf verhängnisvolle Weise verwechselt er die Bereiche zwischen Innen und Außen, zwischen der idealen, imaginierten und der realen Welt. Gleich Julius hat er das Gefühl, seinen „Kaisertron in [seinem] Gehirne" (Na 20, 111) zu tragen, „die einzige Monarchie in der Geisterwelt", und teilt er, wie sein Monolog beweist, folgende Ansicht: „Die ganze Schöpfung ist mein, denn ich besitze eine unwidersprechliche Vollmacht sie ganz zu genießen" (Na 20, 112). Wallenstein versucht sich in seiner Welt gleichsam wie der Leibnizsche Gott „im Bereich des Möglichen" zu bewegen, „das umfassender ist als das Wirkliche".[26] Wie den Idealisten reizt Wallenstein, so bekennt er selbst, nur die „Freiheit . . . und das Vermögen" (WT, V. 149) zur Tat, nicht die Tat als solche. Im Gegenteil: in dem Augenblick, in dem er nicht mehr aus „des Mutes freien Trieb" (V. 180) handeln kann, sondern wie der Realist (Na 20, 492) aus Notwendigkeit handeln muß, fühlt er sich nicht mehr als Subjekt (Herr), sondern als Objekt (Knecht) der Geschichte. Goethe ergänzt diese Beobachtung aus einem anderen Blickwinkel: „in dem Augenblick, da er die Freiheit übertritt, fühlt er, daß er einen Schritt zur Knechtschaft tue".[27]

Seine „phantastische Existenz" verbindet Wallenstein mit Max wie ihn seine politisch-realistische auf die Seite Octavios stellt. Die günstigste astrologische Konstellation ist für ihn, wenn in der Nachbarschaft Jupiters die Venus[28] steht, neben dem Erhabenen das Schöne. Max, der Repräsentant seiner Jugend, macht ihm auch „das Wirkliche zum Traum", webt um „die gemeine Deutlichkeit der Dinge / Den goldnen Duft der Morgenröte" (WT, V, 3), und es zeigt sich am Ende, daß Wallenstein trotz seiner Kronen- und Friedensträume „über alles Glück . . . doch der Freund", das heißt das Schöne geht. Für einen Feldherrn zumindest ist das ein erstaunliches Bekenntnis, und man kann schon von daher nur schwer verstehen, wie man Wallenstein als Realisten interpretieren konnte.[29] Außerdem scheint ihn auch seit dem Regensburger Debakel sein politischer Instinkt verlassen zu haben; denn er begeht einen strategischen Fehler nach dem anderen. Er setzt eigensinnig (und beruft sich dabei auch noch auf die Zeichen der höheren Mächte) auf Octavio, der ihn dann verrät, wie die weniger feinsinnigen Kriegsgefährten Illo und Terzky von Anfang an prophezeien, und stößt Max, den aufrichtigen Freund, vor den Kopf. Die trefflichen Ratschläge von Terzky und Illo schlägt er arrogant in den Wind und versucht sie stattdessen über die höheren Dinge zu belehren, über Winke des Schicksals, über Menschenkunde, den Zusammenhang von Taten und Gedanken im menschlichen Mikrokosmos (P, II, 6; WT, II, 3), womit er nur demonstriert, daß er weniger ein begnadetes „heiteres Joviskind" als vielmehr ein Phantast ist, der bloß mit Entwürfen spielt. Er gibt vor, sich auf die Astrologie zu verlassen, aber er handelt auch dann nicht, als die vermeintliche günstige Konstellation eintritt. Alles, auch die Sterne, deutet er, wie er es gerade für richtig findet. Ähnlich verhält es sich mit seinen ideologischen Zielen. Einmal spricht er vom neuen Reich des Friedens, der Glaubensfreiheit, einmal von seinen Kronenträumen (zu denen Thekla als Mittel gehört), einmal will er Böhmen befrein, dann wieder

Deutschland; manches erweist sich dann nur als späte Rache für Regensburg. Wallensteins Rolle scheint darin zu bestehen, alle möglichen Rollen zwar zu entwerfen, über sie zu reden, aber keine ernstlich zu übernehmen, er spielt sie höchstens in Gedanken durch, ohne sie aber in der Praxis realisieren zu wollen. Seiner historischen Machtstellung verdankt er ein Überangebot an Rollen, über die er gern verbal verfügt, um sie in „göttlicher Selbstzufriedenheit" à la Jupiter zu genießen. Aber diesen scheinbar freien, gewissermaßen ästhetischen Zustand vermag er sich nur dadurch zu erhalten, daß er fremde Freiheit verletzt (Ha 5, 669), das heißt gegen die „Menschheit" verstößt. Noch seine Königsträume in der inneren Welt kommen nicht ohne Despotismus in der äußeren Welt aus. Sein Herrschaftsegoismus stellt sein Menschentum ebenso in Frage wie das des Fiesco, obwohl er selbst sich als Opfer von schändlichen Vertrauensbrüchen sieht.

Jede Interpretation von Wallensteins Charakter und Selbstverständnis wird davon abhängen, ob man seine Äußerungen als Geständnisse wertet oder bloß als politische Strategien abtut. Von den Befunden her läßt sich da nur zur Vorsicht raten; denn Wallensteins Taten und Worte stehen fortwährend vor dem kritischen Tribunal des Zuschauers, der als Illusion entlarvt, was so kunstvoll vom Helden als Wirklichkeit aufgebaut wird. Trotzdem hat der Autor den letzten Teil der Trilogie so eingerichtet, daß wir der Hauptperson bei aller notwendigen Kritik nicht unsere Sympathie versagen. Wallenstein scheint am Schluß, zumindest in seiner poetischen Klage um Max, einer Selbsterkenntnis, einer Einsicht teilhaftig geworden zu sein, die auch die Schlußstrophe des Gedichts *Der Antritt des neuen Jahrhunderts* (1801) verkündet (Ha 1, 459). Das bedeutet freilich nicht, daß Wallenstein hier einer *vita contemplativa* das Wort reden würde; er selbst bleibt bis zum Ende der *vita activa* verhaftet, aber er sucht nicht mehr wie früher die Freiheit in der Herrschaft, ein Motiv, das mit der Furcht vor einem untergeordneten Dasein gekoppelt ist, mit der Alternative: „Ich muß Gewalt ausüben oder leiden – /So steht der Fall" (WT, V. 765).

VIII Die Funktion der Nebenpersonen

Bereits das *Lager* machte die zentralen Konflikte sichtbar: Zwischen der Welt der Soldaten und der Bürger, zwischen den ideologischen Interessen Wallensteins und der Partei des Kaisers, zwischen charismatischer und traditioneller Macht, zwischen Herrschaft und Freiheit im Hinblick auf den einzelnen und auf das Ganze. Das politische Spiel der oberen Ränge, wo die Partei Wallensteins gegen die des Kaisers steht, wird zunächst auf der untersten Stufe reflektiert, wo nicht entschieden und gehandelt, sondern bloß die Entscheidungen und Handlungen der Offiziere, der Generäle, des Feldherrn, des Wiener Hofes und des Kaisers exekutiert werden. Nichtsdestoweniger zeigt sich schon im *Lager* die antithetische Gruppierung, wobei allerdings noch die Kaisertreuen in der Minderzahl zu sein scheinen; zu diesen gehören an erster Stelle der Kapuzinerpater, der 1. Arkebusier, der auf „des Kaisers Will und Geheiß" (L, V.841) pocht und daran erinnert, daß sie alle in „des Kaisers Pflicht" (L, V.880) stünden. Relativieren die kaisertreuen Personen durch massive Kritik hier schon den Wallensteinmythos, den die verschiedenen Bewunderer wie der Wachtmeister, die Holkischen Jäger, der Trompeter, Dragoner, Scharfschütze u. a. entwerfen, so antizipiert die Auseinandersetzung von Bauer und Bürger auf der einen mit dem Wehrstand auf der anderen Seite die spätere Problematik von Krieg und Frieden, die verschiedenen Interessen zweier politischer Parteien. Die Spaltung geht mitten durch das *Lager*, die *Piccolomini* und *Wallensteins Tod:* der engste Vertraute Wallensteins, Octavio, entpuppt sich als der geschickteste und entscheidenste politische Parteigänger Ferdinands. Während Gallas und Altringer bereits zu Anfang von Wallenstein abfallen, gelingt es Octavio bald, auch die Generäle Buttler, Isolani, Don Maradas, Colalto und Tiefenbach von dem Feldherrn abzuziehen. Nicht nur die Hauptpersonen, auch die Nebenfiguren sind in der *Wallenstein*-Trilogie in verschiedenen Abstufungen in das politische Spiel hineingezogen, ja sie befördern es zum Teil aktiv wie Octavio, Terzky, Illo, die Gräfin, Buttler und der Schwede Wrangel. Die Auseinandersetzung zwischen Wallenstein und Ferdinand findet auch nicht direkt, sondern nur über deren Repräsentanten statt. Man erfährt überdies, daß in der Intrige des Wiener Hofes gegen Wallenstein die Patres Lamormain und Queriga wichtige Drahtzieher sind, ohne daß sie in der Trilogie auftreten. Ihr verlängerter Arm gewissermaßen sind Questenberg und vor allem Octavio, der seinerseits ein Werkzeug (Buttler) für seine herrschaftsstabilisierenden Ziele auswählt, das wiederum mit Devereaux und Macdonald weitere Handlanger anwirbt. Aber das Delegieren politischer Handlungen erfolgt ebenso auf der Gegenseite: Wallenstein überläßt Terzky und Illo die Unterhandlungen mit dem Feind (den Schweden) und die Erschleichung der unbedingten Loyalitätserklärung (P, II, 6).

In den politischen Orientierungen der Nebenpersonen spiegeln sich Spiel und Gegenspiel, die traditionelle antithetische Struktur der Staatsaktionen;[1] außerdem thematisiert Schiller durch die personae dramatis auch verschiedene Perspektiven von Wallensteins Charakter. Besondere Funktionen im politischen Spiel haben auf der höheren Ebene neben Octavio und Buttler, die zur Kaiserpartei gehören, vor allem die Gräfin, Terzky, Illo und auch der Schwede Wrangel: sie machen Wallensteins realpolitisches Kalkül, sein Streben nach Herrschaft und Macht, die politische Welt der Intrige und die Züge des *homo politicus* deutlich. An *existentielle, idealistische* und *ideologisch-moralische* Fragestellungen appellieren an erster Stelle die Figuren Max und Thekla, die Herzogin und Gordon, von dem Schiller selbst meinte (an August Wilhelm Iffland, 24. 12. 1798), er spreche „die Empfindung . . ., die Moral des Stücks aus", habe gewissermaßen „chorische" Funktion.[2] Wird in früheren Dramen Schillers der Herrschaftsehrgeiz, der „wütende Durst nach Gewalt und Vergötterung" (Ha 1, 942) zugunsten der eigentlichen Selbstbestimmung abgewertet, so kehrt das Thema leicht variiert[3] im *Wallenstein* wieder: der Gegensatz von politischer Rolle und Autonomie der Person erscheint bei Wallenstein insofern verändert, als er glaubt, jene Autonomie schon dadurch beweisen zu können, daß er mit der politischen Rolle nur in Gedanken, nicht in Wirklichkeit spielt. Schon im *Lager* (I, 13) diskutieren die Soldaten die Dialektik von Freiheit und Herrschaft und kommen zu dem falschen Ergebnis, daß es nur in der Soldatenwelt Freiheit gebe, daß hier der notwendige Zirkel von Herr und Knecht (I, V. 1060 ff.) durchbrochen sei. Als Begründung wird im Hinblick auf die bürgerliche Welt und den Nährstand folgende Sentenz angeboten: „Freiheit ist bei der Macht allein" (L, V. 1023). Dieser Sentenz entspricht auch die bereits zitierte Auffassung Wallensteins: „Ich muß Gewalt ausüben oder leiden" (WT, V. 766). Das Dasein als Herr oder Knecht steht also in direkter Abhängigkeit von der Machtstellung. Mit anderen Worten: Freiheit ist nur möglich durch Unterdrückung. Das, was Wallenstein gegenüber Gordon als Größe und Auserwähltheit feiert (WT, 3567 ff.), wurde nur durch jene unmenschliche Rigorosität erkauft, wie sie Wallenstein etwa gegenüber Max und Thekla und Buttler praktiziert.

Daß Freiheit und Herrschaft eben nicht identisch, sondern Gegensätze sind, darauf verweisen immer wieder Max, die Herzogin und Gordon. Gegen die Wünsche seiner Soldaten träumt Max Piccolomini vom Frieden, einem Zustand, in dem „der Soldat / Ins Leben heimkehrt, in die Menschlichkeit" (P, V. 534 ff.). Im Gegensatz zur Gräfin, die an Wallensteins politische Rolle und an seinen Herrschaftsehrgeiz appelliert, malt Max in ihrer Gegenwart eine Idylle des Friedens[4] aus (P, III, 5; V. 1655 ff.), den Rückzug Wallensteins ins Private, wo der Krieger den Ölzweig in den Lorbeer flicht, „sich selber lebt und den Seinen", dem „prächtig schaffenden" Trieb „ungebunden frei willfahren" kann und gleich Faust „kämpfen mit dem Element, / Den Fluß ableiten und den Felsen sprengen". Gegen diesen Rückzug in die kleine friedliche Welt schickt die Gräfin gleich ihren ironischen Kommentar (V. 1677 ff.); sie bezieht sich dann später (WT, I, 7) in negativer Absicht auf diese von

Max skizzierte idyllische Existenzform, das heißt, sie malt sie vor Wallenstein aus wie vorher Max vor ihr, mit dem entscheidenden Unterschied freilich, daß sie dieses Bild vom „großen König ... – im Kleinen", der nur noch jagt, baut, Gestüte hält und sich klug zu bescheiden weiß, (V.511 ff.), als abschreckendes Beispiel meint. Plädierte Max für den Ölzweig gegen den Lorbeer (P, V. 1656), für Venus gegen Mars, für Sein gegen Schein, für private gegen öffentliche Existenz, so appelliert die Gräfin ans Gegenteil; sie fordert Wallenstein auf zu „Macht und der *Gelegenheit*" (V.626), betont seine Jupiterrolle und negiert „Pflicht und Recht". Wallenstein selbst weist den Gedanken an eine Existenzform, mit der er nur noch Herrscher „scheint" (WT, V.515 ff.), aber nicht mehr „ist", weit von sich. Er kann nicht in die „Nichtigkeit" zurück, nicht den Weg so eines „Tugendschwätzers" gehen, er muß wirken (WT, V.528).

So wie sich historisch-politische und ästhetische Existenzform in den Nebenfiguren Gräfin und Max gegenüberstehen, so drückt sich dieser Gegensatz auch in den Symbolen von Jupiter und Venus aus.[5] Nicht von ungefähr verschwindet für Wallenstein am Ende Jupiter hinter der „Schwärze des Gewitterhimmels" (WT, V.3412 f.) und findet jene beziehungsreiche Verwechslung von Jupiter und Venus, Stern und Max (WT, V, 3) statt. Max wird im Bewußtsein Wallensteins zur Venus, die auch der Gräfin als die „Bringerin des Glücks" galt (P, V. 1652), zum Glücklichen (WT, V. 3422), zur „Blume" in seinem Leben, zur Verkörperung seiner eigenen Jugend, zum besseren Teil seiner Existenz (WT, V. 3442–3455), was die Gräfin als Projektionen seiner eigenen Tugenden interpretiert, womit sie ungewollt die Funktion von Max positiver beschreibt, als sie in diesem Augenblick möchte. Statt auf Jupitergröße, auf politische Größe, weist Max auf eine andere Größe, die, wie Schiller 1797 in dem Fragment *Deutsche Größe* (Ha 1, 473–478) andeutet, von „politischen Schicksalen unabhängig" ist. Im Gegensatz zu Wallenstein, der Gräfin, den Offizieren und den Soldaten des Lagers identifiziert Max eben nicht Macht und Gewalt mit Freiheit, sondern mißt politische Herrschaft daran, was sie für die Ausbildung zur Menschheit, das heißt der echten Freiheit leistet.[6] „Nicht im Augenblick zu glänzen und seine Rolle zu spielen, sondern den großen Prozeß der Zeit zu gewinnen", ist eine Forderung des Fragments *Deutsche Größe*, die Max ebenso an Wallenstein heranträgt wie die Vorstellung eines idyllischen Zustands, einer „höheren Harmonie",[7] nach der er sich seit der Entdekkung der Welt des Friedens sehnt. Max sieht Wallenstein als Friedensfürst, dem an „Europas großem Besten ... mehr liegt als an ein paar Hufen Landes" (P, V. 570), und denunziert den Kaiser und den Wiener Hof als egoistische Kriegstreiber. Verteidigt sein Vater „die alten, engen Ordnungen des Kaiserreichs“ (P, V. 468 ff.), plädiert Max wie später Wallenstein im Monolog für eine neue Herrschaftsform, die nicht auf Tradition, sondern auf dem persönlichen Genie des Einzelnen (P, V. 455 ff.) beruht.

Wohl stehen schon im *Lager* Wehrstand gegen Nährstand, Soldatenreich gegen Bürgertum, die Anhänger Wallensteins gegen die Kaisertreuen und zeigen sich die Gegensätze zwischen Kaiser und Wallenstein auch in den handfesten Interessen der Generäle und Offiziere in den *Piccolomini*, nichtsdestoweniger verfolgt die gesamte Soldateska mit ihren Führern ideologisch keine progressiven, sondern im Grunde nur persönliche Interessen.[8] Weder Terzky noch Illo und die Gräfin vertreten einen höher zielenden *ordo novus saeclorum*, wie er in den Vorstellungen von Max und auch kurz bei Wallenstein auftaucht, sondern ausschließlich massive politische Machtinteressen, die natürlich auch Wallenstein teilt, der nicht ohne Grund Thekla zum Pfand seiner Königsträume verdinglicht (P, V. 752; WT, V. 1513 f., 1522 f.). Aber Wallensteins Temporisieren verhindert die politische Aktion, die Verwirklichung seiner Herrschaftsziele, und die Nebenfiguren mit der politischen Funktion setzen alles daran, um ihn zum Handeln zu überreden. Die Handlanger Terzky und Illo tun alles, um seine Machtstellung zu befördern, aber er sperrt sich gegen den Pakt mit den Schweden, gegen den Verrat an Deutschland und die Zerstückelung des Landes (P, V. 832 ff.). Illo analysiert realpolitisch vollkommend zutreffend die Situation (P, V.915–926) und rät Wallenstein auf Grund dieser Bestandsaufnahme, mit dem Hof zu brechen und die Gunst der Stunde zu nutzen (P, V.928–957); doch Wallenstein hält ihm ein Kolleg über das entsiegelte Auge der „hellgebornen, heitern Joviskinder“, das Geheimnisse schauen kann, die Leute vom niederen Schlage Illos nicht verstehen (P, V. 966–985). Er zeiht Illo der Blindheit, während er selber auf Schimären setzt, und der „irdische, gemeine“ Realist erklärt dem eingebildeten Jupiter und Sternengläubigen eigentlich recht scharfsichtig:

> O! du wirst auf die Sternenstunde warten,
> Bis dir die irdische entflieht! Glaub mir,
> In deiner Brust sind deines Schicksals Sterne.
> Vertrauen zu dir selbst, Entschlossenheit
> Ist deine Venus! Der Maleficus,
> Der einzige, der dir schadet, ist der *Zweifel*.
>
> (P, II, 6)

Obwohl Questenberg auch von der Seite Wiens aus die drohende Absetzung deutlich macht, die Generäle Wallenstein Treue zusagen (P, II, 7) und dadurch seine Machtposition stärken, scheint sich der Feldherr nur für die Vorgänge am Himmel, aber nicht auf der Erde zu interessieren, „nichts zu tun, als nur am Platz zu bleiben" (P, III, 1). Trotzdem meint Illo, daß Wallenstein nur die Wahl schwerfalle, man müsse eben die „Gelegenheit" schaffen, die ihn verführe (P, V. 1364f.), dann käme „seine Stärke, seine Klarheit". Aber wie sich zu Anfang von *Wallensteins Tod* zeigt, trügt diese Hoffnung: Zwar scheint der „glückselige Aspekt" eingetroffen, „Jupiter und Venus nehmen den verderblichen, tückischen Mars in ihre Mitte",[9] aber im gleichen Moment bringt Terzky die Nachricht von der Gefangennahme Sesins, woraus Illo den pragmatischen Schluß zieht: „Vorwärts mußt du, / Denn rückwärts kannst du nun nicht mehr" (WT, V. 59f.). Für ihn handelt es sich um den „Notzwang der Begebenheiten" (P, V. 1367), den er schon vorher ersehnt und der seiner Ansicht nach den glücklichen Umschwung einleiten wird. Doch was Illo einen „glücklichen" Zufall nennt, bezeichnet Wallenstein betont als „bösen", weil er ihn zur „schnellen Tat" zwinge (WT, V. 92, 93ff.); was jener als seine Sicherheit ansieht, nämlich die Treue des Heeres (WT, V.77ff.), hält dieser für die Gunst des Augenblicks, die schnell verfliegen kann, wenn man sie nicht ergreift.

Wallenstein sieht ein, daß mit der Gefangennahme Sesins der Bruch mit dem Kaiser vollzogen, daß das Vertrauen nicht mehr zu reparieren, daß aus dem Spiel gegen seinen Willen Ernst geworden ist. Trotzdem scheut er, als der Versucher in Gestalt Wrangels auftritt und ihm die Realisierung seiner Königsträume und Herrschaftsziele in Aussicht stellt, vor dem Verrat zurück. Wallensteins schwungvollem Vortrag über die Treue als dem „nächsten Blutfreund" des Menschen (WT, V. 424–437) hält Terzky den historischen Gemeinplatz entgegen: „vom Nutzen wird die Welt regiert". Wo Terzkys und Illos Latein am Ende ist (WT, V. 451f.), wird die Gräfin als letzte Hoffnung ins Spiel gebracht. Nicht den Handlangern gelingt es, ihn zum Kronenspiel und zum Hochverrat zu überreden, sondern der strategisch weitaus geschickteren Schwester seiner Gemahlin. Sie scheint in der Tat „die einzige Verwandte seines Wesens" zu sein, obwohl sie ihn gerade nicht, wie es die Herzogin oder Max Piccolomini versuchen, zu seinem eigentlichen Selbst, zu seinem Wesen zurückführt,[10] sondern in die falsche Existenzform: zur äußeren Größe. Appelliert die Herzogin an die innere Größe, an Wertvorstellungen der Treue, der Tugend, der Selbstbescheidung, von „Pflicht und Recht" (P, II, 2; WT, III, 4), an die Achtung der traditionellen Ordnung, so die Gräfin (wie auch Terzky und Illo) an die empirische Notwendigkeit, an seinen politischen Ehrgeiz, seine Ruhmsucht, den dafür nötigen Wagemut und an seinen „Riesengeist" als dem einzigen moralischen Kriterium (WT, V. 589ff.) in Sachen politischer Aktion. Fragt die Herzogin: „Was sind wir, / Wenn kaiserliche Huld sich von uns wendet!" (P, V. 715f.), so gemahnt ihre Schwester Wallenstein daran, daß der starke Riesengeist „nur *sich* gehorcht, / Nichts von Verträgen weiß" (WT, V. 588 ff.). Für die Gräfin spricht der Erfolg auch das moralische Urteil, wird das, was andere Frevel oder Felonie (Wrangel) nennen, sofort ein „unsterblich Unternehmen" (WT, V.471); die Herzogin dagegen warnt im Stil der Barocktragödie: „Streben wir nicht allzuhoch / Hinauf, daß wir zu tief nicht fallen mögen" (WT, V. 1514 f.).

Wallenstein als dramatische Hauptfigur vereinigt in seinem gemischten Charakter die Tendenzen der wichtigeren Nebenfiguren, die sich auch in das in *Ueber naive und sentimentalische Dichtung* aufgestellte Schema von *Realisten* und *Idealisten* einordnen ließen,[11] bzw. deren „beyderseitigen Karrikaturen": dem „gemeinen Empiriker", der nur „glaubt und begreift ..., was er betastet, ... schätzt, was ihn sinnlich verbessert" (Na 20, 502), und dem „Phantast", der „die Natur aus bloßer Willkühr [verläßt], um dem Eigensinne der Begierden und den Launen der Einbildungskraft desto ungebundener nachgeben zu können" (Na 20, 503). Als „gemeinen Empiriker", der nur „das Nächste mit dem Nächsten klug verknüpfen" kann (P, V. 971 ff.), bezeichnet Wallenstein Illo; auch Terzky und Buttler wären auf dieser Seite anzusiedeln, während die Gräfin und Octavio durchaus Züge des Realisten aufweisen. Daß Wallenstein schließlich dem Gegenspiel des Kaisers, bzw. Octavios unterliegt, daran trägt nicht zuletzt sein Hang zum Phantasten schuld. „O mein Gemahl! Sie bauen immer, bauen / Bis in die Wolken, bauen fort und fort / Und denken nicht daran, daß der schmale Grund / Das schwindelnd schwanke Werk nicht tragen kann" (WT, III, 4), so beschreibt die Herzogin ahnungsvoll die „phantastische Existenz" ihres Gemahls. Ganz im Sinne von Terzky und Illo setzt die Gräfin einen ähnlichen Vorwurf für ihre politische Strategie ein; sie fragt ihn, um ihn zum Handeln zu bewegen: „Nur in Entwürfen bist du tapfer, feig / In Taten? (WT, V. 459 f.).

Sind in den beiden Piccolomini, Vater und Sohn, die beiden Idealtypen des Realisten und Idealisten als Ausfaltungen von Wallensteins Eigenschaften dargestellt, so werden im Laufe des Dramas an den Nebenpersonen die Grenzen und negativen Seiten solcher Idealtypen entwickelt. Die Nebenpersonen enthüllen, bewerten und kritisieren also gleichzeitig die Handlungen und Verhaltensweisen Wallensteins. Wallenstein, der sich einmal brüstet, ein guter Menschenkenner zu sein, beweist gerade durch sein Vertrauen zu Octavio und Buttler, daß dem Realisten oder Empiriker in ihm immer wieder der Idealist oder Phantast im Wege steht. Der „Höllenkunst" Octavios (WT, V. 2105 f.) stellt er sein „gerades Herz" (WT, V. 1683 f.) gegenüber, obwohl er selbst sich nicht scheut, solche „Höllenkunst" am Kaiser und an den Schweden auszuprobieren. Wallensteins Ausrede: „Wär ich dem *Ferdinand* gewesen, was Octavio *mir* war" (WT, V. 2119 ff.), überzeugt um so weniger, als er seine treuesten Anhänger (wie Buttler) und Freunde (wie Max) ebenfalls bewußt täuscht, d. h. ihr „Vertrauen vergiftet", „das werdende Geschlecht im Leibe der Mutter" mordet" (WT, V. 2128 ff.), die „Menschheit". Max verurteilt deshalb nicht nur seinen leiblichen Vater, stellt dessen krummem Weg mit mehr Recht als Wallenstein seinen geraden Weg gegenüber (P, V, 3; WT, II, 7), sondern auch seinen geistigen Vater, den Herzog, und klagt diesen an: „Wehe denen, die auf dich vertrauen, an dich / Die sichre Hütte ihres Glückes lehnen, /Gelockt von deiner gastlichen Gestalt!" (WT, V. 2094 ff.). Wohl sind beide Väter in den Augen Maxens Zerstörer, spricht er beide der Freveltat schuldig, aber er kann sich nicht zwischen ihnen entscheiden, eine Entscheidung, die gleichzeitig eine Wahl zwischen Kaiser und Empörer, Pflicht (Eid) und Neigung (Thekla, Wallenstein), Legalität (Tugend) und Verrat bedeutet. „Der Herzog hat mich hintergangen, schrecklich / Du aber hast viel besser nicht gehandelt", sagt Max zu Octavio. Wenn Wallenstein über Octavio klagt: „Ein Kind bin ich nur gegen solche Waffen" (WT, III, 9), so trifft das eher für den naiven Idealisten Max zu.

Wenn man auch die Nebenpersonen mühelos nach ihren realistischen und idealistischen Funktionen im Hinblick auf Wallenstein bestimmen kann, so heißt das nicht, daß sich darin die Intentionen der einzelnen Figuren erschöpfen. Nennen die Herzogin und die Gräfin Wallenstein auch beide einen Phantasten, so verfolgen sie beide doch verschiedene Ziele: die Herzogin möchte den schrankenlosen Ehrgeizling auf den Boden legitimer Herrschaft zurückholen, die Gräfin aus dem politischen Träumer einen Ritter der Fortuna machen, der seine Karten auf das große Wagestück setzt. Octavio ist der Meinung, daß man Wallenstein seine Herrschaftsgelüste nicht ausreden könne, und benutzt dessen „phantastische" Seite nur, um dem Kaiser im politischen Spiel zum Sieg zu verhelfen. Max und die Pappenheimer dagegen versuchen aktiv Wallenstein vom Verrat an dem Kaiser und von dem Pakt mit dem Feind abzuhalten, „Glauben und Vertrauen" wiederherzustellen, die Voraussetzungen von Frieden (WT, III, 18). Nicht von ungefähr sieht vor allem Max Wallenstein als Friedensstifter und den Kaiser als Kriegstreiber; von seiner idealistischen Einstellung her unterschiebt er Wallenstein altruistische Intentionen, die dieser in Wirklichkeit so ausgeprägt nicht hat. Octavio liest deshalb Wallensteins Friedensintentionen realistischer als Versuche zur Selbstvergrößerung und zur Machterweiterung.

Die Figuren relativieren oft selbst die Meinungen über andere Personen als Projektionen einer subjektiven Sichtweise. So hält die Gräfin der Herzogin entgegen, als sie ihr Wallensteinbild vor Thekla entwirft: „Ihr sehts mit Euren Augen" (WT, V. 1410), und die Hauptfigur korrigiert die von Max negativ gezeichnete Wallensteinpsyche mit folgenden Worten: „Du schilderst deines Vaters Herz“ (WT, V. 2102), während Thekla zu Maxens idealisierter oder schwärmerischen Wallensteinauffassung (P, III, 4, 5) geradezu realistisch-altklug meint: „Das bis du!“ (P, V. 1702). Theklas und Maxens Welt des Herzens steht nach dem Rezept der Jugenddramen Schillers gegen die Welt des Kalküls, der berechnenden Staatskunst der Väter. Durch die Nebenpersonen wird demonstriert, daß Wallenstein die Möglichkeit – sowohl innerlich als auch äußerlich – gehabt hätte, statt des krummen Weges den geraden, statt des Betruges „Glauben und Vertrauen“, die Welt des Herzens und des Friedens zu wählen. Max spricht über beide Väter, deren Anhänger und deren Welt indirekt mit diesem für Thekla bestimmten Appell das Urteil: „Nicht / Das Große, nur das Menschliche geschehe“ (WT, V. 2328). Das ist überdies eine Perspektive, welche die Herzogin teilt und an die Gordon am Ende von *Wallensteins Tod* immer wieder erinnert, der nach Schillers Worten ja „die Moral des Stücks“ aussprechen soll (Brief an Iffland vom 24. Dezember 1798). „O was ist Menschengröße!“ – so ruft der Repräsentant der bürgerlichen *aurea mediocritas* schon in IV, 2 (WT, V. 2480) aus und meint ahnungsvoll im Hinblick auf Wallenstein: „das kann nicht glücklich enden, / Zum Fallstrick ward ihm seine Größ und Macht“. Schließlich ermahnt er Buttler (der nun im Gegensatz zu früher gegen den Irrweg der Freiheit den sicheren Weg der Pflicht stellt), doch dem Trieb des Herzens zu folgen („Das Herz ist Gottes Stimme“, WT, V. 2882f.), damit das zentrale Wort von Max und Thekla aufgreifend.[12]

Wie Buttler gleich Wallenstein ursprünglich ein Vorbild der Armee ist,[13] was die Aufstiegschancen durch persönliche Fähigkeiten betrifft, so wird dieser nun zum „bösen Geist“ der Rache (WT, V. 2443f.). Er fühlt sich so sehr als unerbittliches Werkzeug der Nemesis,[14] daß Gordon schließlich kommentiert: „Ihr seid von Menschen menschlich nicht gezeugt“ (WT V. 2912). Gordon möchte nicht nur Buttler, sondern auch Wallenstein zur Umkehr bewegen. Er ist zwar ein Subalterner, setzt den „goldenen Mittelweg“ (WT, V. 3549) geradezu biedermeierlich gegen alles Übermaß, das Herz gegen Meinung und Kalkül, den „kleinen Nachen“ am „sichern Port“ gegen das „große Meerschiff“ im Sturm (WT, V. 3556ff.), aber er verkörpert auf kleinbürgerliche Weise die Qualität der *humanitas*, die Schiller vor allem mit den Figuren von Max und Thekla, aber auch der Herzogin[15] dramatisch darstellt.[16] Damit soll nicht behauptet werden, daß Wallenstein und auch anderen personae dramatis humane Züge fehlen, aber sie sind oft von anderen Tendenzen überlagert.[17] Wallenstein hält bis zum Schluß an dem Durst nach Selbstvergötterung fest, an dem Streben nach Größe, an dem Gefühl seiner

Auserwähltheit und meint in totaler Verkennung der wirklichen Sachlage: „Wer nennt das Glück noch falsch? Mir war es treu, / Hob aus der Menschen Reihen mich heraus . . . Zwar jetzt schien ich tief herabgestürzt, / Doch werd ich wieder steigen" (WT, V, 5). Das Ausmaß seiner Verblendung wird dadurch veranschaulicht, daß er zunächst die Träume und Ahnungen der Gräfin (WT, V. 3), dann kleine Zeichen wie das Zerspringen der Kette (WT, V. 4) und schließlich die Warnungen Senis (WT, V. 5) und Gordons bagatellisiert oder einfach abweist.

Max, der sich in der Krise (WT, V. 1214) vom Schwärmer zum konsequenten Idealisten entwickelt[18] („Du machst mich heute mündig", WT, V. 711), steht zwischen dem Parteigänger der traditionellen Herrschaft und dem Revolutionär, obwohl seine ideologischen Interessen eindeutig einem *ordo novus saeclorum* gehören. Wie der Naturmensch (vgl. Na 20, 31 ff.) lebte er im Einklang mit seiner Umwelt, aber plötzlich wird er durch die Ereignisse auf sich selbst und seine eigene Entscheidung verwiesen (WT, V. 711–718). Schiller illustriert an Max den Übergang von der natürlichen Einheit, in der das menschliche Tier, wie es in den *Philosophischen Briefen* heißt, gleich einem „guten Sohn seines Hauses"[19] (Na 20, 111) mit der Umwelt harmonisiert, zur geistigen (moralischen) Selbständigkeit. Konnte sich Max bisher „spielend" in seinen Pflichten üben, wie Wallenstein (WT, V. 719 ff.) bestätigt, so treibt ihn die notwendige „Selbstbestimmung" aus der naiven Synthese in die sentimentalische Existenzform, denn die Neigung muß nun durch Pflicht und die Natur durch Vernunft substituiert werden. Die neue Freiheit erweist sich insofern als tragisch, als sie Max zum Verzicht auf seine Liebe, die Grundlage seiner Existenz, nötigt. Um in der Sprache von *Ueber die ästhetische Erziehung* zu reden: er wird durch die Umstände gezwungen, von der Verhaltensweise des Wilden, bei dem die Gefühle über Grundsätze herrschen, zu der des Barbaren überzuwechseln, bei der die Grundsätze die Gefühle zerstören. Jedoch: was Octavio und Buttler in diesem Schillerschen Sinne sind, nämlich Barbaren, kann Max nicht werden: die Grundsätze müssen bei ihm mit den Gefühlen übereinstimmen.[20] Zu einer solchen Übereinstimmung sucht er auch sowohl Octavio (WT, II, 7) als Wallenstein (vor allem in WT, II, 2) zu überreden. Aber in einer politischen Welt, in der Lüge, Betrug, Mord, Gift, Meineid und Verrat herrschen (WT, V. 1212–1221), gibt es für Max nur noch einen „einzig reinen Ort", der „unentweihte in der Menschlichkeit" (WT, V. 1220 f.), den Ort der Liebe. Die ideale Welt, die Idee des „neuen Lebens" (P, V. 1842) und die „stille Freistatt" (P, V. 1901) der Liebenden wird zum Gegenentwurf gegen die „falsche" Welt (vgl. P, V. 1684; P, V. 2603 f.; WT, V. 430 ff., V. 1214 ff.); sie vermag sich aber nur dadurch zu behaupten, daß sie freiwillig untergeht. Nach seinem

Tod wird Max für Wallenstein zum Garanten dieser idealen Welt, in der noch „Vertrauen, Glaube, Hoffnung“[21] herrschen, wonach sich auch der Feldherr zu sehnen scheint (WT, V. 2127 ff.): Der junge Piccolomini, so muß Wallenstein später elegisch erkennen, hatte ihm das „Wirkliche zum Traum“ gemacht und im „Feuer seines liebenden Gefühls“ des „Lebens flach alltägliche Gestalten“ (WT, V. 3440–3451) erhoben, d. h. die Welt um ihn herum idealisiert. Diesen höheren Aspekt des Lebens, eine Erinnerung an seine eigene Jugend, vermittelt ihm Max. Auch mit der Idee des neuen Lebens[22] und den Friedensintentionen wird ein Themenzusammenhang angespielt, der eine geistige Beziehung zwischen Wallenstein und dem jüngeren Piccolomini herstellt, die Max offensichtlich mit seinem leiblichen Vater nicht teilt.[23] Was Max an idealen Vorstellungen präsentiert, sind also nicht nur dessen Projektionen, sondern es handelt sich dabei durchaus um echte Möglichkeiten Wallensteins, die Max durch seine Gegenwart in ihm anspricht so wie die Gräfin seine ehrgeizigen Träume von Herrschergröße.

Nun ist aber Max gewiß nicht als totale Idealfigur gemeint; er kann weder den unversöhnlichen „Gegensatz zwischen der Wirklichkeit und seiner Insel der Liebe“[24] auflösen noch ist er frei von der Realitätsblindheit des Schwärmers. Er scheint in der Tat ein problematischer idealistischer Charakter zu sein[25] und illustriert mit seiner formalistischen Kaisertreue,[26] wie „leer das eigentlich moralische ist“ (Schiller an Goethe, am 27. Februar 1798). Auf der anderen Seite liefert Schiller mit Max, mag dieser auch Züge des „reinen Toren“[27] und naive Übersteigerungen aufweisen, die der Kritik ausgesetzt werden, nicht zuletzt ein „historisches Korrektiv aus der Sicht des ausgehenden 18. Jahrhunderts“.[28] Max kann und will nicht die Friedensziele und humanistischen Ideen über das „antinationale Bündnis mit den Schweden“[29] realisieren, vor dem ja auch Wallenstein immer wieder zurückschreckt (WT, I, 3; I, 6; III, 15), so sehr er auch vor Max (WT, II, 2) den Verrat mit politischer Notwendigkeit verteidigt.

Das Gespräch mit dem Schweden Wrangel weist Wallenstein zwar als listenreichen Politiker aus, dem im Moment „das Spiel nicht ganz“ zum Vorteil „liegt“ (WT, I, 5), aber es macht auch den entscheidenden Unterschied zwischen seinem Soldatenstaat und den Schweden und Österreichern deutlich. Sein Heer ist „der Auswurf fremder Länder“, es hat keine nationalen Interessen wie die Österreicher oder Schweden, denen es „um die Sach“ geht. Zwar erklärt Wallenstein, dafür sei es auch „auf jegliche Bedingung“ sein, so daß der Schwede nicht ohne Herausforderung fragt: „Hat man hierzulande / Denn keine Heimat, keinen Herd und Kirche?“ (WT, V. 303 f.) Aber gegen diese „Fremde des Lebens“, die Heimatlosigkeit, ein Hauptthema des *Lagers*, spricht nicht nur

Wrangel, sondern vor allem auch Max. Im Gegensatz zu Terzky, Illo und der Gräfin wird für ihn nicht jedes Mittel durch den Zweck geheiligt; er orientiert sich vielmehr an verpflichtenden inneren Wertmaßstäben, von denen sich Wallenstein gerade lösen muß, um seine ehrgeizigen Ziele verwirklichen, oder auch nur, um seine Machtstellung gegenüber dem Kaiser behaupten zu können. Nichtsdestoweniger wäre Max (und mit ihm die Pappenheimer) bereit, gegen die Absetzungspläne des Wiener Hofes für Wallenstein eine Lanze zu brechen, jedoch nicht um den Preis des Verrates, der für ihn „schwarz, / Schwarz wie die Hölle!" (WT, V. 778) ist. Man sollte Max deswegen aber nicht gleich einen „reaktionären Brutus"[30] nennen, zumal er politisch nie auf der Seite des *status quo* steht. Er setzt nur seinem idealistischen Programm getreu innere Werte gegen äußere, private Tugenden gegen politische Interessen. Selbst der unheroische, tatsächlich reaktionäre und subalterne Gordon möchte noch mit Wallenstein gegen die Schweden kämpfen, um diesen vor dem Verrat, den „Pakt mit der Hölle" zu bewahren. Wenn Max sich und seine Kürassiere auch sinnlos im Kampf gegen die Schweden aufzuopfern scheint, so fällt er ja weder für die politischen Interessen des Kaisers noch für die Wallensteins, sondern nur, um sich selbst und seinen Überzeugungen treu zu bleiben. Er scheint seinerseits die Rolle des Tugendhelden zu spielen, die Wallenstein im Gespräch mit der Gräfin (WT, I, 7) für sich abgelehnt und die Max einst für diesen als guten Ausweg aus dem Dilemma projektiert hat (P, III, 4). Max fällt auch genau so, wie es Wallenstein von sich geträumt hatte: unter dem Hufschlag der Pferde;[31] nicht von ungefähr wird deshalb auch Max von Wallenstein später als Opfer verstanden (WT, V, 4), das den „liebsten Freund" an seiner Statt „zerschmetterte"; daß er überdies seinen Stern (Jupiter) mit dem von Max (Venus) verwechselt, ist nur ein weiterer Beleg dafür, daß Max vor allen anderen Nebenfiguren ein besonderer Stellenwert im Hinblick auf die dramatische Hauptperson zukommt.

IX Der Problemzusammenhang im Überblick

Folgende Ausführungen Schillers in dem 5. Brief *Ueber die ästhetische Erziehung* scheinen Aspekte des Lagers zu kommentieren: „In den niedern und zahlreichern Klassen stellen sich uns rohe gesetzlose Triebe dar, die sich nach aufgelöstem Band der bürgerlichen Ordnung entfesseln und mit unlenksamer Wut zu ihrer tierischen Befriedigung eilen ... Aus dem Natur-Sohne wird, wenn er ausschweift, ein Rasender; aus dem Zögling der Kunst ein Nichtswürdiger." Im *Lager* taucht mit dem falsch spielenden Bauer bereits das Thema des betrogenen Betrügers (Wallenstein, Kaiser) auf und zeigt sich schon die Gefahr der Anarchie und politischen Willkür (L, V. 212–230). Nichtsdestoweniger wirft es auch ein Licht auf die Führungsqualitäten Wallensteins, daß er eben Ordnung und Form, durch „die er, weltzerstörend, selbst besteht" (P, I, 2), in dieses offensichtliche Chaos zu bringen vermag, wie selbst Questenberg bewundernd anerkennt. Der Gegensatz zwischen Kaiser und Wallenstein drückt sich nicht einfach in der Antithese Ordnung und Anarchie aus, wie das mit dem Kapuzinerpater die kaiserliche Partei glauben machen möchte, sondern in dem Versuch einer neuen Ordnung von Gesellschaft. So wie freilich beim Kaiser hinter dem Religionskrieg und der Ideologie der Tradition Machtinteressen stecken, sind auch Wallensteins pazifistische und nationale Intentionen überschattet von egoistischen Herrschaftswünschen, die sich in erster Linie auf die Gewinnung der böhmischen Krone zu richten scheinen. Hätte „Wallensteins Königstreue" bloß „eine Restauration des alten böhmischen Staatsrechts bedeutet",[1] wie es der Kellermeister in den *Piccolomini* (IV, 5) erläutert, oder waren seine Träume vom Friedensstifter doch ernst zu nehmen? Auch Schiller formuliert in seinem Drama diese Fragen nur als Fragen, ohne eine eindeutige Antwort zu geben. In der Unterhandlung mit Wrangel ist zwar von der böhmischen Krone die Rede, aber Wallenstein betreibt seine Königshoffnungen ebenso auch durch entsprechende Heiratspläne für Thekla. Andererseits träumt er von einer neuen Ordnung, die auf Frieden und Humanität basiert, aber er selbst ist bewußtseinsmäßig noch allzusehr im Wertsystem der Tradition befangen.[2] Auch für den fiktionalisierten Wallenstein gilt, was Schiller über den historischen schrieb: er fiel „nicht weil er Rebell war, sondern er rebellierte, weil er fiel" (Ha 4, 688). Die politische Praxis des dramatisierten Wallenstein ist nicht geeignet, wie Karl-Heinz Hahn[3] näher ausführt, einen wirklichen politischen Fortschritt herbeizuführen: zuerst schwächt er für den Kaiser die Macht der Fürsten, dann versucht er (nach der Absetzung durch den Kaiser auf Betreiben eben dieser Fürsten) seine persönliche Machtstellung gegenüber dem Kaiser auszubauen. Neben seinen eigenen politischen Interessen erklärt zu einem großen Teil das Trauma der Absetzung zu Regensburg und die Enttäuschung über den Vertrauensbruch des Kaisers, also ein psychologisches Problem, den Wallenstein der Trilogie und seine Handlungen. Das Temporisieren, der Sternenglaube, der bloße Genuß der Machtstellung, die er durch die bedingungslose Loyalität der Truppen und die „gespielten" Verhandlungen mit dem Feind schuf, das politische Gedankenspiel (das eben nicht Realität werden sollte) verweisen auf jene Unsicherheit, welche die Herzogin als Verlust des Selbstvertrauens (WT, III, 3) interpretiert.

Gemessen an den historischen Erfordernissen der Zeit, läßt sich an Schillers Wallensteindarstellung ablesen, daß der Fürst zwar die Fähigkeiten besaß, aber nicht die Person, um das, was die historische Situation forderte, auszuführen. Überdies verdankt Wallenstein, wie Schiller in seiner *Geschichte des Dreißigjährigen Kriegs* näher begründet (Ha 4, 673 f.), seine *auctoritas* recht eigentlich nicht der „persönlichen Größe", vielmehr dem Amt und der Würde, die ihm der Kaiser verlieh; es ist also eigentlich „die *legale* Größe", die ihm „Ehrfurcht und Unterwerfung" erzwingt (Ha 4, 674). Mit Max und der Gräfin[4] stellt aber auch Wallenstein (WT, I, 4) charismatische über traditionale Herrschaft; allerdings zeigt sich dann, daß die letztere sich als stärker erweist: „an dem Pflichtgefühl seiner Truppen scheiterten alle seine Berechnungen" (Ha 4, 673), kommentiert der Historiker Schiller. Man mag hier einwenden, daß die Peripetie im Drama weniger durch die Macht des „ewig Gestrigen" (WT, I, 4) als durch die Verschlagenheit Octavios und durch entscheidende stategische Fehler Wallensteins herbeigeführt wird; aber man kann andererseits nicht hinwegdiskutieren, daß die Frage nach der Legitimität der Macht auch im Drama ein nicht zu überschätzender Faktor bleibt. Selbst Wallenstein würde lieber auf der Seite des Kaisers als auf der des Feindes kämpfen; denn es ist letzten Endes erst die Erfahrung von Regensburg, die ihn zu dem gefährlichen politischen Spiel treibt und in seinem Bewußtsein den Gedanken an charismatische Herrschaft auszubilden beginnt. Gewiß kultiviert er von Jugend an und bis zu seiner Ermordung ein Gefühl des Auserwähltseins, verführt ihn der politische Ehrgeiz zu seinen Handlungen, kämpft er nur am Schluß für seine nackte Existenz, fürs bloße Überleben. Trotzdem bleibt in seinem Leben eine Diskrepanz zwischen Geschichte und Person bestehen, kommt es auch, nachdem er sich von dem Zusammenhang der legetimen Herrschaft gelöst hat, nur zu einer scheinbaren Synthese im Zustand des Abwartens; danach bestimmt nicht mehr seine (allerdings nicht freie) Person die Geschichte (wie noch zur Zeit, als er im Dienst des Kaisers stand), sondern er wird ein Produkt der Geschichte. Bei aller Blindheit durchschaut Wallenstein diese Wendung der Dinge, und er kommentiert seine Situation: „Notwendigkeit ist da, der Zweifel flieht, / Jetzt fecht ich für mein Haupt und für mein Leben" (WT, III, 10). Er weiß sich, das ehemalige Werkzeug der Herrschsucht des Kaisers, dem Schicksal und der Rache ausgesetzt (WT, I, 7), er versteht sich aber andererseits auch als strafende Gewalt gegenüber den kaiserlichen Verfehlungen. Das politische Spiel und Gegenspiel zwischen Wallenstein und dem Kaiser, das seine Wellen bis in die untersten Ränge des Heeres schlägt, erhält hier eine moralische Interpretation, wie andererseits Wallenstein auch moralische Vorwürfe (wie etwa die von Max Piccolomini) durchaus mit pragmatischen Hinweisen auf politische Notwendigkeiten zu entkräften sucht. Wallenstein ist eben nicht nur politischer Phantast und Träumer, sondern er ist gleichzeitig ein raffinierter und listenreicher Ränkeschmied, dem es nicht schwerfällt, Freund und Feind gleichermaßen zu täuschen, Schein als Sein auszugeben, die Unterschiede zwischen Rolle und wahrer Existenz zu verwischen oder gar aufzuheben. Nichtsdestoweniger sind in ihm höhere Tendenzen als politische angelegt: man kann sie geistig, idealisch oder moralisch nennen. Es ist nicht nur List, wenn er zu den Pappenheimern sagt, daß ihn „der Jammer dieses deutschen Volkes erbarme" (WT, III, 15), oder dem Bürgermeister gegenüber von der „Erfüllung der Zeiten" und einer „neuen Ordnung der Dinge" (WT, IV, 3) schwärmt, sondern er meint es teilweise wirklich. Sein Charakter steckt in der Tat voller Widersprüche wie die Realität selbst.

Auch in Wallensteins historischer Umwelt löst Schiller solche Widersprüche nicht auf, sondern stellt sie dar: so scheitert der Herzog beispielsweise einerseits an der Kaisertreue der Truppen, andererseits zeigen das *Lager* wie die *Piccolomini* seine charismatische Ausstrahlung – Soldaten wie Offiziere und Generäle stehen gleichermaßen in seinem Bann (wobei freilich noch das Motiv der ökonomischen Abhängigkeit dazukommt). Zu den dramatischen Mitteln, die Schiller zur Darstellung solcher Vieldimensionalität benützt, gehören neben der Konfrontation von Gesinnungen und Meinungen der Nebenpersonen über die Hauptfigur mit den Gesinnungen, Meinungen und Handlungen der Hauptperson selbst: Elemente des Epischen,[5] des Satirischen[6] und des realistischen Dramas. In der *Wallenstein*-Trilogie fällt nicht mehr wie im klassizistischen (idealistischen) Dramentyp „Sein und Bewußtsein, Erscheinung und Bedeutung"[7] zusammen, sondern wird bereits das „Ideelle aufs Psychologische, Soziologische, Historische"[8] hin relativiert, geht es nicht mehr um Realisierung einer Idee oder um Idealisierung einer Realität, sondern um den Versuch, eine historische Realität in ihrer Rätselhaftigkeit vorzuführen. Im Hinblick auf Wallenstein durchläuft nicht nur Max, sondern auch der Rezipient der Trilogie einen Lernprozeß: die Illusionen, die sich über die Hauptperson auf Grund der Mythenbildung und deren Wirkung auf andere entwickelt hatten, werden ständig desillusioniert und die Erwartungen, die von Anfang an durch die Gesinnungen und Meinungen ausgelöst wurden, enttäuscht.

Die kritische Funktion von Desillusionierung und Enttäuschung von Erwartungen inszeniert Schiller durch eine Reihe von Ironiesignalen,[9] mit denen er auch dem Rezipienten die Verblendung des Helden enthüllt. Wallenstein wartet auf Zeichen der Sterne, vertraut seinen Ahnungen, wenn er handeln und realistische Sachverhalte bewerten sollte, und erklärt alle Zeichen und Ahnungen für wertlos, wenn er alle Ursache hätte, auf sie zu hören. Doch genaugenommen zögert er selbst dann noch, als endlich die glückliche Sternenkonstellation eintrifft (und ironischerweise bereits das Gegenspiel gegen ihn eingesetzt hat, ohne daß er es freilich weiß: die Gefangennahme Sesins und die Gegenmaßnahmen des Kaisers), so daß sich der Rezipient mit Recht fragt, wie ernst Wallenstein die Sterne eigentlich nimmt, ob der Glaube an sie nicht eher die erwähnte *reservatio mentalis*[10] oder eine tiefergehende Unsicherheit (auch gegenüber einer politischen Entscheidung) veranschaulicht. Als Wallenstein von den Gegebenheiten her dank seiner Persönlichkeit im wahrsten Sinne des Wortes hätte Geschichte machen können, lauschte er auf Signale von oben,[11] entzog er bewußt seine Persönlichkeit der Möglichkeit realer Wirkung; als seine Person nicht mehr Herr der Geschichte, sondern schon ihr (oder der Gegenseite) Opfer war, nährte er umso ausdauernder seinen Glauben an die geschichtsverändernde Kraft seines Genies, obwohl seine Niederlage jedem außer ihm selbst offenkundig sein mußte. Man kann auch zusammenfassend sagen: die satirisch-ironische Struktur der *Wallenstein*-Trilogie liegt einerseits in der Diskrepanz zwischen dem, was die Hauptfigur zu sein scheint (fiktional präsentierter Wallensteinmythos), und dem, als was sie beim Auftritt erscheint (fiktional präsentierte Realität), andererseits in dem Gegensatz zwischen dem, was Wallenstein für wirklich und möglich hält, was er für seine Ziele und Interessen angibt, und dem, was wirklich und möglich (d. h. der Fall) ist, was seine eigentlichen Ziele und Interessen sind. Die Skala der Täuschungen reicht auf der Seite Wallensteins von harmlosen politischen Strategien bis zu schweren Fällen des Betrugs (etwa an Buttler). Wenn er Thekla mit der Herzogin angeblich auf die Reise schickt, um die Tochter dem potentiellen Bräutigam zuzuführen, so will Wallenstein damit den Wiener Hof täuschen, während er ironischerweise nur die Gräfin Terzky und Octavio täuscht, die beide die Begleiterrolle von Max Piccolomini – wie sich herausstellt, fälschlicherweise – als politisches Manöver verstehen (P, I, 5; WT, III, 4). Dieses harmlose Täuschungsmanöver führt schließlich zu der ebenso überheblichen wie folgenschweren Herabsetzung von Max. Was im Falle Buttlers (WT, II, 6) eindeutig kriminelle Züge zeigt, erweist sich in der Questenbergszene (P, II, 7), die er als politisches Schauspiel inszeniert, und in dem Auftritt mit Wrangel (WT, I, 5) als überlegene Manipulation einer hochkarätigen politischen Begabung. Im Gegensatz zur Gräfin Terzky, die nicht selten ihre Fähigkeiten zur Ironie demonstriert, gebraucht Wallenstein Ironie nie als Mittel; sie wird vielmehr in seinem Fall vom Autor nur als Mittel gebraucht, um ihn als betrogenen Betrüger, getäuschten Täuscher und verratenen Verräter zu entlarven.

Im Gegensatz zur klassizisitischen Tragödie und dem Illusionstheater ist der Rezipient der *Wallenstein*-Trilogie ähnlich wie in der Komödie dem Helden im Wissen voraus, oder er wird durch dessen kontradiktorische Äußerungen zu eigenen Deutungen angehalten. Wenn beispielsweise Wallenstein zu Wrangel sagt, er sei im Herzen stets auch gut schwedisch gewesen (WT, V. 248), so widerspricht diese Aussage einer negativen Äußerung, die er gegenüber Terzky (WT, I, 6) und vor allem gegenüber den Pappenheimern (WT, V. 1933 ff.) macht; andererseits lassen gewisse Winke von Octavio, Questenberg und ihm selbst (WT, IV,3; V,5) durchaus den Schluß zu, daß er die Schweden nicht gerade haßt „wie den Pfuhl der Hölle". Seine Äußerungen sind auf den Gesprächspartner hin formuliert: was er meint, sagt er nicht, und was er sagt, meint er nicht. Durch den Widerspruch der Aussagen in verschiedenen Redesituationen enthüllt Schiller Wallensteins linguistische Strategie der Täuschung, die oft einfach darin besteht, mit und durch Sprache Gedanken zu verbergen.[12] Aber indem „hinter dem (gesagten) Lügensatz ein (ungesagter) Wahrheitssatz steht, der von jenem kontradiktorisch, d. h. um das Assertionsmorphem ja/nein abweicht",[13] läßt sich auch von der Linguistik her der Tatbestand der Lüge nachweisen, den freilich Wallenstein so durch Worte zu verschleiern versteht, daß der Gefreite ihn ermahnt: „Brauch nicht viel Worte. Sprich / Ja oder nein, so sind wir schon zufrieden" (WT, V. 1889 f.).

Diese Strategie der Täuschung gehört allerdings zum politischen Spiel überhaupt, zur Staatskunst; und von Masken, Rollen, Schauspiel, dem traditionellen Bündel der Theatermetaphern[14] ist sowohl bei der Partei Wallensteins als auch bei der des Kaisers oft genug die Rede. Die Handlung der Trilogie wird von den gegenseitigen Täuschungsmanövern dieser beiden Parteien bestimmt,[15] wobei zweifelsohne die Kaiserpartei über den geschickteren Intriganten[16] (Octavio) verfügt. Wie sehr die Intrige selbst bereits eine „geschichtliche Kraft" darstellt, indem sie als „Notwehr gegen arge List" (P, V. 2450 ff.) beginnt und in den „Fluch böser Tat" einmündet, erkennt Wallenstein erst, als es schon zu spät ist. Selbst die als Spiel und zum Schein inszenierte Intrige fordert die Kaiserpartei dergestalt zu Gegenmaßnahmen heraus, daß diese schließlich Wallenstein zu einem Handeln nötigen, das er eben zu vermeiden suchte. Das macht ihn jedoch nur insofern zu einem „Mann der Nemesis",[17] als das Schicksal, das Wallenstein erleidet, selbstverschuldet ist.[18]

Aber wie steht es eigentlich mit seiner Schuld? Heißt es nicht eindeutig im *Prolog* (V. 109 f.), daß „die größre Hälfte seiner Schuld / Den unglückseligen Gestirnen" zugewälzt wird, wovon wir auch ein Echo bei Buttler in *Wallensteins Tod* hören (WT, IV, 9), der vorgibt, daß ihn des Helden „böses Schicksal" zum Mörder mache und nicht Haß. Dieser Ansicht zufolge wäre also Wallenstein nur zu einem kleineren Teil für seinen Untergang verantwortlich, das andere wäre der historischen Konstellation, den Umständen und dem Schicksal zuzuschreiben. Doch bringt Wallenstein nicht eben durch sein Zögern (Temporisieren) jene verhängnisvolle Konstellation zustande? Wilhelm Dilthey legt beispielsweise dieses „Zaudern und Passen auf den Moment"[19] als durchaus zeitgemäße Kriegsstrategie aus, was ja auch Questenberg (P, V. 1044ff.) anzuerkennen scheint. Gehört dieses „Manövrieren, Zaudern" samt dem Versuch, die Astrologie für die eigenen Zwecke zu nützen, nicht doch zu Wallensteins „politisch-militärischer Genialität",[20] zu seinem schöpferischen Vermögen („schaffende Gewalt"; WT, V. 1793), das ihn nicht nur aus dem Nichts ein Heer erschaffen, sondern ihn auch jeden Teil für seine Zwecke einsetzen läßt („Eine Lust ists, wie er alles weckt"; P,V. 424)? Das Temporisieren ist in diesem Fall, so läßt sich schnell der Unterschied bezeichnen, keine militärische Strategie, sondern Manifestation eines Zustandes der politischen Unentschiedenheit. Gewiß, „er will in seinem Heer eine Macht etablieren, welche selbständig zwischen den kämpfenden Monarchen steht, und den Frieden herbeiführen",[21] er will zwischen Schweden und Österreich, zwischen Protestantismus und Katholizismus eine neutrale Position bewahren und dadurch dem Kaiser den Frieden aufzwingen, was durchaus nicht seinen persönlichen Intentionen, nämlich Reichsfürst und König von Böhmen zu werden, widerspricht. Aber gerade dieser für die kaiserliche Seite nur scheinbar neutraler Zustand, in dem Wallenstein an Böhmen festhält, mit Schweden und Sachsen verhandelt, dem Bayern Hilfe versagt, sich auf sein *Lager* zurückzieht, gleichsam wähnt, alle politischen Fäden in der Hand zu haben, löst nicht nur das Mißtrauen Wiens (und auch das der Schweden) aus, sondern motiviert die Gegenaktion (die Entlassung Wallensteins). Es kann keine Frage sein, daß dieses Temporisieren und Warten auf die glückliche Konstellation der Sterne nicht der Taktik zuzuschlagen ist, sondern der Unentschlossenheit, das Äußerste zu wagen (WT, V. 140ff.; 483ff.; 764ff.). Auf der anderen Seite ist die Stimmung im Lager gegenüber dem Wiener Hof keineswegs neutral; auch die Unterhandlungen Terzkys mit den Schweden sind es nicht. Es sollte den Politiker Wallenstein eigentlich nicht überraschen, daß ihn der Kaiser nach Sesins Gefangennahme „zum Äußersten" zwingt. Dem Heer fehlt die menschliche Basis[22] wie seinem Führer die eindeutige Entschlossenheit, sich für die „Idee der Menschheit" (Frieden, Einheit der Nation) einzusetzen. Selbst Max hätte noch verstehen können, wenn Wallenstein dem Kaiser in „offener Empörung" (WT, V. 769f.) als Antwort auf die Absetzung entgegengetreten wäre; er lehnt nur den Verrat ab. Wallenstein denkt zwar an die höheren Ziele, die Max in ihm anspricht, aber er scheut davor zurück, sie zu verwirklichen. Ein Motiv dafür ist sicher, daß es ihm schwerfällt, das Äußerste zu wagen, d. h. vom Kaiser, der traditionellen Macht abzufallen. Man kann das mit konservativer Befangenheit erklären oder aber mit der im Monolog (WT, I, 4) eingestandenen Furcht vor dem „unsichtbaren Feind", den solch „verjährt geheiligter Besitz" darstellt; der Angelpunkt aller Probleme Wallensteins liegt nichtsdestoweniger im Regensburger Kurfürstentag, bei dem Wallensteins Vertrauen in den Kaiser, in sich und die Welt traumatisch erschüttert worden war.

Sowohl im *Lager* als auch in den *Piccolomini* führt Schiller differenziert die historischen Möglichkeiten vor, die Wallenstein hätte verwirklichen können. Daß er sie nicht verwirklicht, verweist eben auf Bedingungen und Besonderheiten von Wallensteins Charakter: Situation und Charakter sind also schon dergestalt exponiert. Das Heerlager außerhalb der Stadt und der Kommandostab in Pilsen demonstrieren ebenso den Mythos des erfolgreichen Heerführers wie dessen Machtstellung, erzeugen eine Erwartung von Größe, die dann durch einen zwar viel redenden, aber nicht handelnden Wallenstein enttäuscht wird. Nun hat Schiller selbst dem historischen Wallenstein Größe abgesprochen[23] und sein Planen als „phantastisch und excentrisch" abgewertet, so daß Alfons Glück[24] mit Recht auch im Hinblick auf den dramatisierten Wallenstein von einer „optischen Täuschung der *Größe*" redet. Man könnte den Sachverhalt auch mit folgender Bemerkung Jakob Burckhardts über das Phänomen *historischer Größe* erläutern: „Schwierig ist es oft, Größe zu unterscheiden von bloßer Macht, welche gewaltig blendet, wenn sie neu erworben oder stark vermehrt wird."[25] Nicht von ungefähr stellt Wallenstein erst dann seine Größe unter Beweis, als er nicht mehr im Besitz dieser „blendenden" Macht, sondern ganz auf sich selbst angewiesen ist („ein entlaubter Stamm"; WT, III, 13, V. 1792). Doch auch diese Art von Entschlossenheit aus der Zwangslage der Situation heraus nötigt höchstens Respekt ab: was Schiller seinen Helden in den letzten Szenen von *Wallensteins Tod* erreichen läßt, ist eben nicht *historische*, sondern *menschliche* Größe; daran knüpft wohl auch Goethes berühmte Feststellung an, daß im letzten Teil der Trilogie „alles [aufhöre] politisch zu sein und bloß menschlich [werde]" (Brief an Schiller, vom 18. März 1799).

Daß sich das Historische nur noch als ein „leichter Schleier" erweist, „wodurch das rein menschliche durchblickt", daran sind die Nebenpersonen (der Tod von Max und die elegische Klage um ihn, die Favoritisierung einfacher menschlicher Qualitäten gegenüber der historischen Größe durch Gordon, die unmenschliche Entschlossenheit des Mörders Buttler, die ahnungsvollen Träume der Gräfin) ebenso beteiligt wie die Hauptfigur (die als blindes, aber innerlich gefaßtes Opfer erscheint) und die Affektregie.[26] Schon unter diesem Aspekt läßt sich wohl kaum die Behauptung von Gerhard Storz[27] zur Gänze stützen, daß aus der Trilogie „die wertsetzende Parteinahme“ verschwunden sei. Wie in den Jugenddramen wird das Politische (vgl. WT, V. 784–809; P, V.2447ff.) auch in der *Wallenstein*-Trilogie prononciert gegenüber der „Idee der Menschheit“ (Max-Thekla-Episode), die berechnende Staatskunst gegenüber der Sprache des Herzens (z. B. P, V. 1727f.; WT, V.2093f.; 3659f.) abgewertet. Noch der geniale Schlußsatz „Dem *Fürsten* Piccolomini“ konfrontiert den Sieg der Staatskunst mit dem menschlichen Verlust, mit dem er erkauft wurde, in einer schrillen Dissonanz,[28] die rückwirkend den Problemzusammenhang der ganzen Trilogie erhellt.

Die „Sinnstruktur“[29] der Trilogie ließe sich durchaus mit der verhaltenen Parteinahme Schillers für das klassische Humanitätsideal identifizieren; denn, wie schon der *Prolog* (V. 65ff.) signalisiert, kommt bereits dem historischen Stoff ein Erkenntniswert im Hinblick auf die Gegenwart, auf eine notwendige politische Neuordnung nach einhundertfünfzig Jahren (*Prolog*, V. 70ff.) zu. Aber triumphieren hier politisch nicht bloß die „mäßigen bis minderwertigen Leute“, wird der „Blick in die Zukunft der Geschichte“ nicht verfinstert, wie Kurt May[30] mit guten Gründen fragt? Zweifelsohne läßt sich das Ideal (das Schöne) auf Erden (WT, V. 3180) nicht realisieren, siegt die Reaktion, die alte Herrschaft, nicht die Freiheit, und rückt keine neue, menschlichere Ordnung in den Gesichtskreis. Von einer optimistischen Geschichtsauffassung läßt sich so wenig wie vom Gegenteil sprechen:[31] nach der Enttäuschung über die Französische Revolution hatte Schiller nur den Akzent vom Politisch-Historischen aufs Anthropologisch-Ästhetische verlegt; statt einer politischen Veränderung steuerte er nun gemäß den philosophischen Tendenzen seiner Zeit eine Veränderung des Bewußtseins an. Diese Einsicht und die Lösung enthalten folgende Strophen des bereits erwähnten Gedichts *Der Antritt des neuen Jahrhunderts* (Ha 1, 459):

> Ach umsonst auf allen Länderkarten
> Spähst du nach dem seligen Gebiet,
> Wo der Freiheit ewig grüner Garten,
> Wo der Menschheit schöne Jugend blüht.
> [. . .]
> In des Herzens heilig stille Räume
> Mußt du fliehen aus des Lebens Drang,
> Freiheit ist nur in dem Reich der Träume,
> Und das Schöne blüht nur im Gesang.

Doch gerade die Geschichte Wallensteins, wie sie das *Lager* und die *Piccolomini* entwerfen, deutet die Möglichkeiten zu einem Epochenwandel im Hinblick auf einen gewaltigen Fortschritt innerhalb der Entwicklung der Menschheit an. Im Umkreis des Dreißigjährigen Krieges zeigte nach Schiller eigentlich nur König Gustav Adolf von Schweden historische Größe; nichtsdestoweniger war Wallenstein eine historische Gestalt, an die sich viele Hoffnungen knüpften und die auch selbst Hoffnungszeichen setzte, ohne sie jedoch erfüllen zu können. Er verkörperte eine Welt (wie Max früh erkennt: P, V. 2640), einen Staat außerhalb der legalen Ordnung, der ein Anfang zu etwas Neuem hätte werden können: zu einer neuen Ordnung zugunsten der menschlichen Freiheit. Daß es nicht dazu kam, lag sowohl an den Umständen (den „unglückseligen Gestirnen") als auch an Mängeln der Person Wallensteins. Der Fürst, von der Gunst der historischen Stunde an die Spitze der Macht gestellt, verabsolutiert seine eigene Person in der Manier Fiescos.[32] Er steht zwischen der fragwürdigen traditionalen Herrschaft (Kaiser), die u. a. Octavio Piccolomini repräsentiert und die von der Mehrzahl der Soldaten und Offiziere (u. a. von Max Piccolomini) negiert wird, und der Möglichkeit einer neuen Herrschaft (auf Grund seines Charismas), die den Soldaten (gegen die Bauern und Bürger) als den Menschen schlechthin ausruft, wie es das Lager wünscht, oder den Frieden (wo der Soldat wieder Bürger und Mensch wird) in Deutschland herbeiführt, wie es Max und Wallenstein andeuten. Im Augenblick regiert der Krieg, d. h. Mars, die Stunde, aber Wallenstein spekuliert auf Frieden (den Max utopisch-idyllisch gegenüber Questenberg beschwört), den der Kaiser offensichtlich im Moment so wenig will wie die Herrschaft des Soldatenkönigs Wallenstein und dessen Soldatenstaat.

Das utopische Modell des Friedens, das in der Trilogie aufscheint, kommt dem, was Schiller über das Phänomen der Idylle[33] ausführt, sehr nahe; es enthält auch Züge des ästhetischen Staates, der recht eigentlich eine Herrschaft der Freiheit ist. Nun läßt Schiller in der Tat nicht nur in *Wallensteins Tod*, wie Hellmut Diwald[34] anmerkt, „viel Raum für die Vermutung, daß Wallenstein der einzige gewesen war, dem es hätte gelingen können", unter einem oder ohne einen deutschen Kaiser „schon damals ‚Deutsches Reich' und ‚Deutsche Nation' zur Deckung zu bringen", sondern er arbeitet auch heraus, inwiefern dem Friedländer für die Gründung eines Staates der Freiheit die „moralischen"[35] Voraussetzungen fehlten. Er bringt es nicht von ungefähr nur bis zum Soldatenstaat, bei dem das oberste Prinzip unbedingter Gehorsam ist, obwohl sich die Mitglieder irrtümlicherweise frei dünken (sie verwechseln Freiheit von bürgerlichen Zwängen, Pflichten und Sorgen mit menschlicher Unabhängigkeit). Das, was dem Soldaten Freiheit heißt, beruht im Grunde auf Mißachtung und Ausbeutung der bürgerlichen und bäuerlichen Existenzform (Nährstand), und die persönliche Freiheit Wallensteins stützt sich auf nichts anderes als auf Macht und despotische Unterdrückung. Nur Max und Thekla signalisieren eine ideale Existenzform; hier herrschen Werte wie Vertrauen, Glaube, Hoffnung, die Voraussetzungen für einen Staat der Freiheit. Aber diese Existenzform läßt sich nicht realisieren, denn in der bestehenden Welt sind es andere Werte, die herrschen (vgl. L, V. 1062f.). So wie Max und Thekla auf ihre Liebe zurückgeworfen werden, sieht sich schließlich Wallenstein mit seinem Selbst allein.

Schiller kritisiert die vorgestellten Herrschaftsformen, die historische Zeitkonstellation und die persönlichen Mängel der Herrschenden nicht nur direkt von den Nebenfiguren her, sondern auch indirekt durch die Handlung und die Technik der Darstellung. Das *Lager* demonstriert eben nicht nur die enormen historischen Möglichkeiten, über die Wallenstein gebieten konnte, sondern ebenso das Ausmaß seines Versäumnisses. Dieses Versäumnis ist nicht zuletzt die Unentschiedenheit, die in der Trilogie die beiden ersten Teile auch in der Zeitstruktur zum Ausdruck bringen.[36] Sie stellen einen Zustand dar; erst in *Wallensteins Tod* kommt es zur Handlung. Die Teile der Trilogie führen in der Form einer Pyramide die Totalität des Heeres von der Basis (Soldaten) und der Führung (Offiziere) bis zur Spitze vor, wobei das *Lager* und die *Piccolomini* sicher als Expositionen[37] zu *Wallensteins Tod* und nicht als selbständige Stücke zu verstehen sind. Das beweist die dichte Verfugung des von Schiller nicht ursprünglich als Trilogie geplanten Werkes. So wenig wie sich die Tragödie von *Wallensteins Tod* ohne das Schauspiel *Piccolomini* und die Komödie *Das Lager* verstehen läßt,[38] so wenig kann man die beiden ersten Teile ohne den Schlußteil interpretieren. Symbole, Metaphern, Motive und Themen erhalten erst ihren Bedeutungszusammenhang durch die jeweiligen Verweise und Verbindungsstellen in den Teilen.[39] Es ist auch bezeichnend, daß das Ende der *Piccolomini* und der Anfang von *Wallensteins Tod* zeitlich zusammenfallen. Auf die von Schiller verwandten und zum Teil in den Briefen mit Goethe, Humboldt und Körner diskutierten formalen Elementen (wie prägnanter Moment, punctum saliens, Schürzung des Knotens, aufbrechende Knospe) wurde bereits ausführlich in der Forschung hingewiesen; ebenso auf die vielen Entsprechungen, Spiegelungen, Wiederholungen und Verknüpfungen.[40]

Von der Komposition her stellt die *Wallenstein*-Trilogie eine beachtliche Leistung innerhalb der Geschichte des historischen Dramas in Deutschland[41] dar; hier wird das historische Material nicht durch eine vorgegebene Idee stilisiert, sondern wie im realistischem Drama in seinen Widersprüchen dargestellt. Weder idealisiert Schiller, wie er Goethe am 5. Januar 1798 ankündigte, das Realistische noch macht er „seinen Helden zum Vertreter einer historischen Idee";[42] er vermittelt vielmehr die vieldimensionale Perspektive einer historischen Wirklichkeit, die gleichzeitig die „Fundamentalsituation des Menschen“[43] durchscheinen läßt oder – in Goethes Worten – einen vollkommenen „Kreis der Menschheit“[44] ausdrückt. Dieser vollkommene Kreis impliziert nach Goethe die Behandlung zweier Gegenstände, nämlich des *phantastischen Geistes* und des *gemeinen wirklichen Lebens,* wozu noch die Liebe als dritte, in der Mitte liegende Erscheinung tritt. Die Trilogie stellt in und durch die Personen die „Menschheit“ in ihrer Totalität vor dem Hintergrund ihrer zeitgeschichtlichen Bedingungen dar, also sowohl nach Charakter als nach Situation. Aber die personae dramatis lassen sich auch nach dem in *Ueber naive und sentimentalische Dichtung* beschriebenen „psychologischen Antagonism unter den Menschen“ einordnen, in „einen Gegensatz, welcher Schuld ist, daß kein Werk des Geistes und keine Handlung des Herzens bey Einer Klasse ein entscheidendes Glück machen kann, ohne eben dadurch bey der andern sich einen Verdammungsspruch zuzuziehen“ (Na 20, 491 f.). Dieser Gegensatz von Realist und Idealist,[45] bzw. deren „beyderseitige Karrikaturen“ (Na 20, 502) oder deren gegenseitige Verschränkung wird nicht zuletzt gerade an den personae dramatis Wallenstein und Max vorgeführt; denn weder ist Wallenstein der reine Realist noch Max der reine Idealist. So wie Wallenstein phantastische und exzentrische Züge zeigt, so läßt sich Max auch auf realistische Weise zuweilen „durch die Notwendigkeit der Natur“ (Na 20, 493) bestimmen.

Wie den Idealisten befriedigt Wallenstein zuzeiten „nur die philosophische Einsicht, welche alles bedingte Wissen auf ein unbedingtes zurückführt“ (Na 20, 495), ja, indem er „überall auf die *obersten* Gründe dringt . . ., kann er die *nächsten* Gründe . . . leicht versäumen“ (Na 20, 495). Kennzeichnet den Charakter des Idealisten „moralische Selbständigkeit und Freyheit“ (Na 20, 496), so trifft das mit dem Merkmal des „idealistischen Schwungs“ zwar auf Max zu, aber er entwickelt sich dazu erst in einem Prozeß der Mündigkeit. Wie Schiller bereits in seiner Schrift ausführt, leiden beide Systeme an Einseitigkeit und bedürfen dringend der gegenseitigen Ergänzung. Das „Ideal der menschlichen Natur“ ist eben „unter beyde vertheilt“, ohne daß es einer der Typen erreicht (Na 20, 500). Folgender Abschnitt ließe sich deshalb ohne weiteres als Kritik auf Wallenstein und Max anwenden: „Maßen wir uns nun an, mit unserer bloßen Vernunft über das äußere Daseyn der Dinge etwas ausmachen zu wollen, so treiben wir bloß ein leeres Spiel und das Resultat wird auf Nichts hinauslaufen; denn alles Daseyn steht unter Bedingungen und die Vernunft bestimmt unbedingt. Lassen wir aber ein zufälliges Ereigniß über dasjenige entscheiden, was schon der bloße Begriff unsers eigenen Seyns mit sich bringt, so machen wir uns selber zu einem leeren Spiele des Zufalls[46] und unsere Persönlichkeit wird auf

Nichts hinauslaufen. In dem ersten Fall ist es also um den *Werth* (den zeitlichen Gehalt) unsers Lebens, in dem zweyten um die *Würde* (den moralischen Gehalt) unsers Lebens gethan." (Na 20, 501). Statt ein „Schöpfer des Menschenglücks" (*Briefe über Don Carlos*; Ha 2, 255) zu werden, erzeugt Wallensteins politischer und häuslicher Despotismus bloß „Elend" (Max und Thekla); er verletzt dauernd „fremde Freiheit" (Ha 2, 259) aus Egoismus und Herrschsucht, zeigt aber andererseits durchaus auch menschenfreundliche Züge (Großzügigkeit gegenüber seinen Untergebenen, Sorge um Max, Vertrauen zu Octavio). Im Gegenzug läßt Schiller gerade den schwachen Subalternen Gordon den „Lieblingsgegenstand" seines Jahrzehnts, „reinere, sanftere Humanität" (Ha 2, 251), verbreiten, von der sich auch Wallenstein am Ende etwas mitzuteilen scheint. Wenn bei Wallenstein vom *Lager* über die *Piccolomini* bis zu *Wallensteins Tod* Schritt für Schritt ein Rangverlust[47] zu beobachten ist, so tritt mit der elegischen Trauer um den Freund Max deutlich eine Wendung ein: er ist nicht mehr der Phantast, der „allen Charakter" verleugnet, „völlig ohne Gesetz, . . . also gar nichts" ist und „zu gar nichts" dient (Na 20, 503), sondern er scheint den „moralischen Gehalt" von Maxens Leben, d. h. das ihm verwandte Gegenteil in sich aufgenommen zu haben. Wallensteins letzte Handlung ist deshalb nicht von ungefähr ein Akt der Menschlichkeit: er entläßt seinen ängstlichen Kammerdiener, weil dieser um sein „kleines Gut" besorgt ist, und fügt den für ihn beachtenswerten Satz an: „Ich will niemand zwingen" (WT, V.3672).

Es ist ein weiter Weg, den Wallenstein zurücklegt: von der Forderung „Unbedingt/Muß ich sie haben. Nichts von Vorbehalt!" (P, V.901 f.) bis zu den Regungen des Herzens am Schluß (WT, V.3659), der Achtung und Schonung fremder Freiheit und Person.[48] Wallenstein selbst gewinnt auch im letzten Teil jene Freiheit zurück, die ihn den Umständen („Naturnotwendigkeiten") gegenüber überlegen erscheinen läßt. Die Analyse der Geschichte wird hier zu einer Darstellung der Person: In *Wallensteins Tod* übernimmt Wallenstein „die Führung der Handlung, seine Pläne und Entscheidungen bestimmen die Atmosphäre und Gedankenwelt des Dramas",[49] während vorher die Bedingungen seiner Macht im Vordergrund gestanden waren. So, wie das Personal im gleichen Verhältnis zur vorgeführten soziologischen Stellung reduziert, d. h. konzentriert wird,[50] beschleunigt sich nun auch das Tempo und nimmt die eigentliche dramatische Handlung ihren Lauf. Doch obwohl der Held von der Handlung, die er zu vermeiden versucht hatte, übereilt und in sie wie in einen Strudel hineingezogen wird, eben nicht mehr als Herr, sondern als Knecht oder besser: Opfer der Geschichte erscheint, obwohl ihn also die sich überstürzenden Ereignisse jagen, findet Wallenstein zu seinem Selbst (WT, III, 13) und seiner Person (WT, V, 3) als dem eigentlichen Ruhepunkt zurück. Doch vorher muß er noch erfahren, wie er seine charismatische Wirkung auf seine Soldaten einbüßt (WT, III, 20, 22) und ihn sein treuester Anhänger, Max, der „Bringer irgendeiner schönen Freude" (P, II, 4, V. 756), verläßt; dann erst findet dieser Umschlag von der Extraversion in die Introversion statt.[51] Wallenstein kehrt, bereits „blind mit sehenden Augen" (WT, V. 890), hierin durchaus Max ähnlich (P, V, 1, V. 2301 f.), der politischen Wirklichkeit, des „Lebens Drang" (*Prolog*, V. 108) den Rücken und wendet sich „des Herzens heilig stillen Räumen", seiner „Selbstständigkeit" (vgl. Na 20, 395) zu.

Diese Transzendierung der Geschichte ist von Schiller in der *Wallenstein*-Trilogie ebenso idealistisch wie realistisch gemeint: das Ziel der neuen politischen Ordnung, nämlich „*Freiheit zu geben durch Freiheit*" (Na 20, 410), ließ sich angesichts der realen historischen Verhältnisse nur im Vorschein des Ästhetischen andeuten, im Bereich der Liebe und des Schönen. Was Schiller am 13. Juli 1793 an den Herzog Friedrich Christian von Augustenburg schrieb, erklärt auch ganz gut den Problemzusammenhang im Hinblick auf den Charakter und die Situation des fiktionalisierten Wallenstein: „Der Moment war der günstigste, aber er fand eine verderbte Generation, die ihn nicht werth war, und weder zu würdigen noch zu benutzen wußte. Der Gebrauch, den sie von diesem großen Geschenk des Zufalls macht und gemacht hat, beweist unwidersprechlich, daß das Menschengeschlecht der vormundschaftlichen Gewalt noch nicht entwachsen ist, daß das liberale Regiment der Vernunft da noch zu frühe kommt, wo man kaum damit fertig wird, sich der brutalen Gewalt der Thierheit zu erwehren, und daß derjenige noch nicht reif ist zur *bürgerlichen* Freiheit, dem noch so vieles zur *menschlichen* fehlt" (Jonas 3, 333). Es besteht auch in dieser Hinsicht kein Grund zur Annahme, daß Schillers Lehrstück aus dem 16. Jahrhundert für ein Publikum des 18. Jahrhunderts heute veraltet sei.

Anmerkungen

Die Belegstellen zu Schillers Werken werden in der Regel in Klammern im Text nachgewiesen. Dabei wurden folgende Abkürzungen verwendet: L = Wallensteins Lager; P = Die Piccolomini; WT = Wallensteins Tod; Sä: Schillers Sämtliche Werke. Säkular-Ausgabe. 16 Bde. Stuttgart 1904/05; Na: Schillers Werke. Nationalausgabe. Weimar 1943ff.; Ha: Schiller. Sämtliche Werke. Hrsg. v. G. Fricke; H. G. Göpfert u. H. Stubenrauch. 5 Bde. München^2 1960. Die Textstellen werden entweder durch Akt- und Szenenangabe oder Verszifffern belegt. Der Hinweis auf die Werke (nach Sä, Na oder Ha) erfolgt jeweils mit Angabe des Bandes und der Seite. Die Briefe werden zitiert nach: Schillers Briefe. Hrsg. u. mit Anm. verseh. v. F. Jonas. Krit. Gesamtausgabe. 7 Bde. Stuttgart 1892/96.

Die Anmerkungen sind jeweils kapitelweise durchnumeriert. Da die Bibliographie am Schluß des Bandes die Literatur über Schiller ausführlich dokumentiert, sind die Angaben im Anmerkungsteil teilweise vereinfacht und beschränken sich nach der ersten Nennung auf Verfassername, abgekürzten Titel und Seitenzahl.

Präambel

1 Brief an Körner vom 4. Sept. 1794.
2 In: Heuer/Keller (Hg.): Schillers *Wallenstein*. Darmstadt 1977. S. 139–156.
3 Ebd.
4 Vgl. dazu die Beobachtungen von Wolfgang Paulsen: Goethes Kritik am *Wallenstein*. In: DVJ 28 (1954) S. 61–83 (80ff.).
5 Vgl. Schillers Briefe an Goethe vom 24. Nov. 1797, 1. Dez. 1797 und 12. Dez. 1797.
6 In: Heuer/Keller, S. 8f.
7 Wie u. a. H. A. Korff (in: Heuer/Keller, S. 104–112) und E. Staiger (Schiller. Zürich 1967. S. 31ff.); vgl. auch J. Barnouw (in: Heuer/Keller, S. 396–421).
8 Wie u. a. Oskar Seidlin (in: O. S.: Von Goethe zu Thomas Mann. Göttingen 1963. S. 120–135) und Gert Sautermeister (Idyllik und Dramatik im Werk Schillers. Stuttgart 1971); Karl S. Guthke (Struktur und Charakter in Schillers ‚Wallenstein'. In: K.S.G.: Wege zur Literatur. Bern/München 1967) sieht zwar die idealistischen Züge Wallensteins, versteht ihn aber im Grunde als „Fall des Realisten".
9 Vgl. dazu auch Schillers Brief an W. v. Humboldt vom 21. März 1797.
10 Vgl. z. B. Schillers Brief an Goethe vom 7. April 1797.
11 Vgl. Schillers Brief an Körner vom 3. Juni 1797, an Goethe vom 24. Nov. 1797 und vom 24. Aug. 1798; außerdem die materialreiche Studie von Hartmut Reinhardt: Schillers *Wallenstein* und Aristoteles. In: Schillerjahrbuch 20 (1976) S. 278–337.
12 Vgl. Schillers Briefe an Goethe v. 4., 7. und 11. Dez. 1798.
13 Vgl. Schillers Brief an Goethe v. 5. Okt. 1798.

14 Vgl. Schillers Brief an Goethe v. 9. Nov. 1798.
15 Eintrag in Schillers Kalender am 4. Nov. 1797 (in: Dichter über ihre Dichtungen: Friedrich Schiller. Hrsg. v. B. Lecke. Bd. 2. München 1970. S. 275).
16 Schillers Brief an Körner v. 30. Sept. 1798.
17 Schillers Brief an Körner v. 8. Jan. 1798.

I. Fragen der Textrezeption

1 Brief Schillers an Reinwald v. 5. Mai 1784.
2 In: Julius W. Braun (Hg.): Schiller im Urtheile seiner Zeitgenossen, Bd. 2, S. 343. (Fortan zitiert als Braun).
3 Ebd., S. 348.
4 Ebd., S. 353.
5 Ebd., S. 379.
6 Ebd., S. 390.
7 Ebd., S. 348.
8 Der genaue Titel seiner Schrift lautet: Über Schillers *Wallenstein* in Hinsicht auf griechische Tragödie. Berlin 1800.
9 Schillers Brief an Goethe v. 12. Dez. 1797.
10 In: Heuer/Keller, S. 16.
11 Neue Würzburger gelehrte Anzeigen, Würzburg 1801, 24. Januar. In: Braun, Bd. 3, S. 2–4.
12 Ebd., S. 17–33.
13 Ebd., S. 33–49.
14 Ebd., S. 49–84.
15 Zum Begriff „Argumentationsmuster" siehe Dieter Breuer: Einführung in die pragmatische Texttheorie. München 1974. S. 167f.
16 In: Heuer/Keller, S. 38. Madame de Staël dagegen bezeichnet in *De l'Allemagne* (1810) den *Wallenstein* als „die nationalste Tragödie, die je auf der deutschen Bühne dargestellt worden ist".
17 Heuer/Keller, S. 35.
18 Ebd., S. 31.
19 Ebd., S. 27f.
20 Ebd., S. 26.
21 Ebd., S. 28f.
22 Ebd., S. 47–52.
23 Auch Reinhold Schneider (Ebd., S. 119–138), der sich eigens auf Ludwig beruft, ist da weitaus zurückhaltender.
24 Ebd., S. 119–138.

II. Positionen der Schillerforschung

1 Alfons Glück: Schillers *Wallenstein*. München 1976. S. 143.
2 In: Heuer/Keller, S. 27.
3 Wilhelm Dilthey: Schiller. Mit einem Vorwort von Hermann Nohl. Göttingen 1959. S. 49.

4 In: Schiller. Reden im Gedenkjahr 1959. Stuttgart 1961. S. 103.
5 Herbert Cysarz: Schiller. Halle a.d.S. 1934. S. 334.
6 Ebd., S. 310.
7 Hans August Vowinckel: Schiller, der Dichter der Geschichte. Berlin 1938. S. 126.
8 In: H. D.: Schiller. *Wallenstein.* Dokumentation. Berlin 1972. S. 5–98.
9 Ebd., S. 55.
10 In: K. M.: Form und Bedeutung. Stuttgart 1957. S. 178–242.
11 Hellmut Diwald: Schiller. *Wallenstein* Dokumentation. S. 68.
12 Ebd., S. 69.
13 Ebd., S. 89f.
14 Ebd., S. 94ff.
15 Dazu gehören die Arbeiten von Georg Lukács (1947), Edith Braemer/Ursula Wertheim (1953), Hans Mayer (1954), Alexander Abusch (1955), Joachim Müller (1955), Hans-Günther Thalheim (1959), Hans-Jürgen Geerdts (1959), Siegfried Seidel (1959), Siegfried Streller (1960), Horst Hartmann (1965). Vgl. dazu auch Glück, S. 211–232.
16 In: Braemer/Wertheim: Studien zur deutschen Klassik. Berlin 1960. S. 189–214.
17 Wallenstein. In: H.-G. Th.: Zur Literatur der Goethezeit. Berlin 1969. S. 96–106.
18 Theorie und Praxis in Schillers Schaffen, dargestellt am *Wallenstein* In: Weimarer Beiträge 5 (1959). Sonderheft. S. 45–64.
19 In: Weimarer Beiträge 11 (1965) S. 29–54. Vgl. auch Horst Hartmann: *Wallenstein.* Geschichte und Dichtung. Berlin 1969. S. 61ff., S. 103ff.
20 Die Bewertung der historischen Rolle Wallensteins durch Schiller. In: Weimarer Beiträge 5 (1959). Sonderheft. S. 205–208.
21 Ebenso zit. bei Glück, S. 213f.
22 In: Heuer/Keller, S. 24f.
23 Ebd., S. 371.
24 Ebd., S. 379.
25 Ebd., S. 384. Vgl. dazu auch Müller-Seidel: Deutsche Klassik und Französische Revolution. In: Deutsche Literatur und Französische Revolution. Göttingen 1974. S. 39–62 (Bes. S. 52ff.).
26 Idyllik und Dramatik im Werk Friedrich Schillers. Stuttgart 1971. S. 67.
27 Friedrich Sengle (Das historische Drama in Deutschland. Stuttgart [3]1974. S. 96) notiert sowohl im *Egmont* als auch im *Wallenstein* „die Spannung zwischen historischer Realität und idealer Humanität". Ähnlich vor ihm Benno von Wiese: Die Deutsche Tragödie von Lessing bis Hebbel. Hamburg [7]1967. S. 224.
28 Sautermeister: Idyllik und Dramatik, S. 99ff.
29 Ebd., S. 103ff.
30 Ebd., S. 208.
31 In: Heuer/Keller, S. 106.
32 Schiller. Oberlin 1942. S. 129.
33 In: May: Form und Bedeutung. S. 241.

34 Ernest Ludwig Stahl: Schiller's dramas. Oxford 1954. S. 88–105.
35 Benno von Wiese: Schiller. Stuttgart 1959. S. 650.
36 Für den Kontext vgl. auch Jeffrey Barnouw: Über den Realismus Wallensteins und Schillers. In: Heuer/Keller, S. 396–422.
37 *Wallenstein.* Sein und Zeit. In: O.S.: Von Goethe zu Thomas Mann. S. 120–135.
38 Deutsche Übers. von: Schiller. A Master of the Tragic Form. His Theory in His Practice. Pittsburgh 1975. Deutsche Ausg.: Darmstadt 1974. S. 124ff.
39 Ebd., S. 174; vgl. dort Anm. 5.
40 Ästhetik und Dichtung in Schillers Werk. In: Schiller. Reden im Gedenkjahr 1955. Stuttgart 1955. S. 27.
41 Vergötterung und Tod. Stuttgart 1967. S. 14.
42 Binder: Ästhetik und Dichtung. In: Reden 1955, S. 32f.
43 In: Schillerjahrbuch 16 (1972) S. 331.
44 Die Sprachanalyse im Beitrag zur Sinnauslegung des *Wallenstein.* In: K. M.: Friedrich Schiller. Idee und Wirklichkeit im Drama. Göttingen 1948. S. 169–188.
45 Formen der Dialogführung in Schillers klassischen Dramen. Münster 1970.
46 Die Sprache von Schillers *Wallenstein.* Berlin/New York 1973.
47 Storz: Schiller, S. 14ff.
48 Ebd., S. 255.
49 Ebd., S. 262.
50 Ebd., S. 294ff.
51 Ebd., S. 297, 299.
52 Staiger: Schiller, S. 312, 339; vgl. auch die Kritik von Glück, S. 235ff.
53 Vgl. auch Glück, S. 238.
54 Staiger: Schiller, S. 31ff., 302ff.
55 Ebd., S. 35, 307.
56 Vgl. Glück, S. 236.
57 Staiger: Schiller, S. 310.
58 Ebd., S. 314f.
59 Ebd., S. 315, 367.
60 Ebd., S. 169.
61 Böckmann: Gedanke, Wort und Tat. In: Grimm/Berghahn (Hg.): Schiller. Zur Theorie und Praxis der Dramen. Darmstadt 1972. S. 274–324.
62 In: Heuer/Keller, S. 274–289.
63 Ebd., S. 286.
64 Zusätzlich ließe sich noch eine *ethisch-moralische Position* konstituieren, die in der Art und Weise von Otto Ludwig (1857/58) und Reinhold Schneider (Wallensteins Verrat) an der Trilogie tadelt, daß hier „das Schlimme" ästhetisiert wird.

III. Grundzüge von Schillers ästhetischer Anthropologie und Geschichtsauffassung

1 Vgl. meinen Aufsatz „Freiheit und Gesellschaft beim jungen Schiller". In: Walter Hinck (Hg.): Sturm und Drang. Kronberg/Ts. 1978. S. 234.
2 Zum Begriff „Universalgeschichte" vgl. Karl-Heinz Hahn: Schiller und die Geschichte. In: Klaus L. Berghahn (Hg.): Friedrich Schiller. Zur Geschichtlichkeit seines Werkes. Kronberg/Ts. 1975. S. 40ff.
3 Theodor Schieder: Schiller als Historiker. In: Th. Sch.: Begegnungen mit der Geschichte. Göttingen 1962. S. 61f.; ebenso Hahn: Schiller und die Geschichte, S. 45; und Fricke: Die Problematik des Tragischen. In: Heuer/Keller, S. 113ff.
4 Wie beispielsweise Fricke, S. 114.
5 „Die Weltgeschichte ist das Weltgericht". In: Schillerjahrbuch 20 (1976) S. 264.
6 Schiller und die Geschichte. S. 46.
7 Die Reihenfolge wurde von mir hier sinngemäß verändert.
8 Vgl. Hart-Nibbrig: „Die Weltgeschichte ist das Weltgericht". S. 266.
9 Wie im 11. Brief über die ästhetische Erziehung.
10 Schieder: Schiller als Historiker, S. 62, 68.
11 So in dem Gedicht *Worte des Wahns.*
12 Vgl. dazu auch Diwald: *Wallenstein.* Dokumentation. S. 42.

IV. Der Prolog als historische und dramatischen Exposition

1 Karl-Heinz Hahn: Die Begriffe Bürgerfreiheit und nationale Unabhängigkeit in Schillers historischen Schriften. In: Weimarer Beiträge 5 (1959). Sonderheft. S. 190f.
2 Vgl. dazu auch Schieder: Schiller als Historiker, S. 68ff.
3 Vgl. Karl-Heinz Hahn: Schiller und die Geschichte, S. 33.
4 Schieder, S. 70; ebenso Hellmut Diwald: *Wallenstein.* Dokumentation. S. 49ff.; Benno von Wiese, Schiller S. 384ff.
5 Vgl. Schieder, S. 71ff.; von Wiese, Schiller, S. 386f.; Diwald, S. 52ff.
6 Vgl. v. Wiese, Schiller, S. 387.
7 Ebd., S. 389.
8 Golo Mann: Schiller als Historiker. In: Schiller. Reden im Gedenkjahr 1959. Stuttgart 1961. S. 102–123; Schieder, S. 56–79; Diwald: *Wallenstein.* Dokumentation. S. 5–98; Hahn: Die Begriffe Bürgerfreiheit und nationale Unabhängigkeit, S. 180–195.
9 Schieder, S. 75.
10 Zit. ebd., S. 77.
11 Vgl. dazu Volker Meid: Im Zeitalter des Barock. In: Walter Hinderer (Hg.): Geschichte der politischen Lyrik in Deutschland. Stuttgart 1978. S. 90ff.
12 Kurt May: Schillers *Wallenstein.* In: K. M.: Form und Bedeutung Stuttgart 1957. S. 178–181 (bes. S. 180).
13 Vgl. meinen Aufsatz: „Ein Augenblick Fürst hat das Mark des ganzen Da-

seins verschlungen". Zum Problem der Person und Existenz in Schillers *Fiesco*. In: W. H.: Elemente der Literaturkritik. Kronberg/Ts. 1976. S. 73f.

14 May, S. 178f.; er begründet allerdings diese Aussage nicht näher.

15 Journal des Luxus und der Moden. Weimar. Bd. 13, (November 1798) S. 645; zitiert bei Nandakishore Banerjee: Der Prolog im Drama der deutschen Klassik. München 1970. S. 54.

16 Wie die Säkular-, National- und Hanser-Ausgabe der Werke Schillers. Man zitiert für diese Ansicht Goethes Brief vom 6. Juli 1797 an Meyer. Vgl. dazu Banerjee, S. 66ff.; ebenso Hans-Günther Thalheim: Volk und Held im Drama Schillers. In: H.-G. T.: Zur Literatur der Goethe-Zeit. Berlin 1969. S. 99f.

17 Hermann August Korff: Geist der Goethezeit. Leipzig ^{2}1955. S. 230; ebenso May: Schillers *Wallenstein*. S. 178f.

18 Jonas 3, S. 330.

19 Ebd., S. 332.

20 Die Ereignisse, so führt er aus, nehmen ihm „alle Hoffnungen dazu auf Jahrhunderte", und es erfolgt die bekannte Kritik an der Französischen Revolution (Jonas 3, S. 333). Vgl. für diesen Zusammenhang auch Walter Müller-Seidel: Deutsche Klassik und Französische Revolution. In: Deutsche Literatur und Französische Revolution. Göttingen 1974. S. 52ff.

21 Jonas 3, S. 333.

22 Ebd., S. 335.

23 Schiller in einem Brief vom 26. Februar 1801 an Göschen: „Auch fürchte ich werden wir Deutsche eine so schändliche Rolle in *diesem* Frieden spielen, daß sich die Ode unter den Händen des Poeten in eine Satire auf das Deutsche Reich verwandeln müßte."

24 Schiller setzt diese Gedanken in dem Fragment *Deutsche Größe* fort (Ha 1, S. 473ff.).

25 Vgl. Jonas 3, S. 336.

26 Na 20, S. 219.

27 Jonas 3, S. 333.

28 Vgl. dazu Schillers Brief an Goethe vom 31. August 1798.

29 Vgl. auch Banerjee, S. 82.

30 Dazu Müller-Seidel: Deutsche Klassik und Französische Revolution. S. 54f.

31 Ebd., S. 55.

32 Herbert Singer (Dem ‚Fürsten' Piccolomini. In: Heuer/Keller, S. 180–212) interpretiert diesen Schlußsatz nur formalistisch. Banerjee (S. 82ff.) trifft hier den Sachverhalt besser.

33 Vgl. dazu die anregenden Ausführungen von Walter Müller-Seidel: Episches im Theater der deutschen Klassik. In: Schillerjahrbuch 20 (1976). Vor allem S. 348ff. Diese Tendenz radikalisierte die bekannte *Wallenstein*-Inszenierung von Hansgünther Heyme am 15. 9. 1969 in Köln (vgl. Schiller/Heyme: Wallenstein. Regiebuch der Kölner Inszenierung. Frankfurt a. M. 1970).

34 Vgl. Goethes Bemerkungen, abgedruckt bei Heuer/Keller, S. 3.

35 Vgl. auch Henry B. Garland (Schiller. London 1949, S. 198): „As *Wallenstein's Lager* serves as prelude to the vast ten-act tragedy, so is *Piccolomini*, within that tragedy, a prelude to the sudden decision, swift climax, and headlong collapse of *Wallensteins Tod*."

36 Vgl. Banerjee, S. 91; außer Banerjee behandeln den *Prolog:* May: Schillers *Wallenstein.* S. 178–181; Müller-Seidel: Episches im Theater. S. 348ff.; ebenso Vertreter der marxistischen Literaturkritik, die sich allerdings auf die Verse 61 – 78 beschränken (z. B. Siegfried Seidel: Neue Positionen in der Theorie Schillers während der Arbeit am *Wallenstein.* In: Weimarer Beiträge 5 [1959]. Sonderheft. S. 76; Edith Braemer/Ursula Wertheim: Einige Hauptprobleme in Schillers *Wallenstein.* In: E. B./U. W.: Studien zur deutschen Klassik. Berlin 1960. S. 192, 213; Horst Hartmann: Schillers *Wallenstein*-Trilogie. In: Weimarer Beiträge 11 [1965]. S. 54.)

V. Das ‚Lager' als prägnanter Zustand

1 Karl Berger: Schiller. Bd. 2. München [11]1916. S. 403; vgl. auch Hans August Vowinckel: Schiller, der Dichter der Geschichte. Eine Auslegung des *Wallenstein.* Berlin 1938. S. 63.
2 Herbert Cysarz: Schiller. Halle 1934. S. 314.
3 Für den thematischen Zusammenhang vgl. Gerhard Kaiser: *Wallensteins Lager.* Schiller als Dichter und Theoretiker der Komödie. In: Heuer/Keller. Bes. S. 353; ebenso Müller-Seidel: Episches im Theater, S. 351f.
4 Nach Thalheim sind dies vor allem die Pappenheimer; siehe auch Braemer/Wertheim, S. 198.
5 Über die Korrelation vgl. auch Vowinckel, S. 64.
6 Vgl. die Ausführungen von Banerjee, S. 96ff.
7 Auch Benno von Wiese (Schiller, S. 638) betont den „prägnanten Zeitmoment" des *Lagers.*
8 Vgl. Kaiser: *Wallensteins Lager.* S. 352.
9 Banerjee (S. 93) spricht fälschlicherweise den Soldaten die Funktion von Zuschauern zu.
10 Kurt Partl: Friedrich Schillers *Wallenstein* und Franz Grillparzers *König Ottokars Glück und Ende.* Bonn [2]1969. S. 161ff.
11 Kurt Mays (Schillers *Wallenstein.* S. 182) Behauptung, daß Wallensteins Bild wegen Parteiengunst und -haß schwanke, wäre also zu modifizieren.
12 Banerjee, S. 108ff.
13 Vgl. z. B. Braemer/Wertheim, S. 201.
14 Für den Zusammenhang siehe auch Wolfgang Clemen: Kommentar zu Shakespeares *Richard III.* Interpretation eines Dramas. Göttingen 1957. S. 31ff.
15 Vgl. Banerjee, S. 98.
16 Siehe auch Paul Böckmann: Gedanke, Wort und Tat in Schillers Dramen. In: Klaus L. Berghahn/Reinhold Grimm (Hg.): Schiller. Zur Theorie und Praxis der Dramen. Darmstadt 1972. S. 322f.; ebenso Hans Schwerte: Simultaneität und Differenz des Wortes in Schillers *Wallenstein.* In: Heuer/Keller, S. 283f., 268f.
17 Für den Zusammenhang vgl. Müller-Seidel: Episches Theater. S. 352.
18 Alfons Glück: Schillers *Wallenstein.* München 1976. (Zum Thema „Ironie" und „tragische Satire" bes. S. 159–164).

19 Vgl. Kaiser: *Wallensteins Lager.* S. 338.
20 Vgl. May: Schillers *Wallenstein.* S. 183.
21 Vgl. dazu die differenzierenden Ausführungen bei Kaiser: *Wallensteins Lager.* S. 340–357.
22 Glück, S. 163.
23 Kaiser (S. 340) führt dazu u. a. aus: „Der Soldat, ‚der Reiter und sein geschwindes Roß' (1084) erscheint hier in der Gegenüberstellung zum Bürger und Bauern als Repräsentant der Menschheit und des Menschenloses, und im ersten Kürassier erreicht diese Repräsentation ihre höchste Erscheinung ...".
24 Braemer/Wertheim, S. 202 (zum Konflikt Bauern – Bürger / Soldaten, S. 201 ff.).
25 Vgl. meinen Aufsatz: „Ein Augenblick Fürst hat das Mark des ganzen Daseins verschlungen", S. 97 ff.
26 Zit. in Na 8, S. 423: „Auf des Degens Spitze die Welt jetzt lieget / Drum froh, wer den Degen jetzt führet! ... Es sitzt keine Krone so fest, so hoch, / Der mutige Springer erreicht sie doch." Nach Braemer/Wertheim (S. 202) hat Schiller diese Ergänzung im Hinblick auf den Aufstieg Napoleons eingefügt; sie bleiben allerdings den Beweis dafür schuldig.
27 Im Sinne der alten Bedeutung von „Elend". Zum Begriff vgl. Emil Staiger: Friedrich Schiller. Zürich 1967. S. 13–43; ebenso Kaiser: *Wallensteins Lager.* S. 339 ff.
28 Im 11. Brief *Ueber die ästhetische Erziehung* stellt Schiller den Zustand als Prinzip der Veränderung der Person, dem unveränderlichen Sein gegenüber. Zustand ist die Bedingung der Zeit und nicht der Freiheit, wie die Soldaten glauben.
29 Kaiser (*Wallensteins Lager,* S. 342) deutet diesen Sachverhalt positiv.
30 Es handelt sich hier um einen Anachronismus: „Regensburg fällt im November 1633, die Handlung spielt etwa am 20. Februar 1734." (Na 8, S. 475).
31 Vgl. Müller-Seidel: Episches im Theater. S. 354.
32 Vgl. dazu auch Kaiser, S. 335.
33 Ebd., S. 361 f.
34 Ebd.
35 Ebd., S. 351 f.
36 Ebd., S. 335.
37 Ebd., S. 350.
38 Zum Thema vgl. Ralf Dahrendorf: Homo Sociologicus. Ein Versuch zur Geschichte, Bedeutung und Kritik der Kategorie der sozialen Rolle. Köln – Opladen [5]1965. S. 24 ff.
39 Schiller geht hier von der Bestimmung des Menschen zur Gottähnlichkeit aus. Von der Totalitätsforderung zieht die Soldatenideologie ab.
40 Vgl. Müller-Seidel: Episches im Theater. S. 353.
41 Es ist das unbestreitbare Verdienst von Oskar Seidlin, in einer subtilen Studie darauf aufmerksam gemacht zu haben (*Wallenstein.* Sein und Zeit. In: O. S.: Von Goethe zu Thomas Mann. Göttingen 1963. S. 136–147).
42 Vgl. Hartmann. Schillers *Wallenstein*-Trilogie. S. 38; Banerjee, S. 99 ff.

43 Kaiser (S. 363) formuliert es so: „In diesem Sinne mündet nicht nur die Komödie des *Lagers* in die Tragödie des ‚Todes', sondern auch umgekehrt die Tragödie des ‚Todes' in die Komödie des *Lagers* ein ..."

44 Vgl. dazu die zutreffenden Beobachtungen von Müller-Seidel: Episches im Theater. S. 355 ff.

45 Helmut Koopmann: Schillers *Wallenstein.* Antiker Mythos und moderne Geschichte. In: Teilnahme und Spiegelung. Festschrift für Horst Rüdiger. Berlin – New York 1975. S. 271 ff.

VI. Meinungen und Gesinnungen über Wallenstein

1 Vgl. Brief an Goethe vom 24. August 1798; für den Zusammenhang siehe Hartmut Reinhardt: Schillers *Wallenstein* und Aristoteles. In: Schillerjahrbuch 20 (1976) S. 282 ff.

2 Vgl. Diwald: *Wallenstein.* Dokumentation. S. 6.

3 Siehe dazu Schillers *Geschichte des Dreißigjährigen Kriegs* (Ha 4, S. 589 ff.)

4 Vgl. Koopmann, S. 270 ff.

5 Den dann Max Weber begrifflich analysieren wird; vgl. Max Weber: Politik als Beruf. In: Über Politik. Deutsche Texte aus zwei Jahrhunderten. Hrsg. v. Martin Greiffenhagen [u. a.] Stuttgart 1968. S. 14–30.

6 Ebd., S. 16.

VII. Wallensteins Selbstverständnis

1 Vgl. dazu Herbert Meyer: Heinrich IV. von Frankreich im Werk Schillers. Ein Beitrag zum Verständnis der Wallenstein-Figur. In: Schillerjahrbuch 3 (1959) S. 94–101.

2 In *Ueber naive und sentimentalische Dichtung* nennt Schiller Heinrich IV. in einer Reihe mit Caesar, Epaminondas, Gustav Adolf und Peter dem Großen (Na 20, S. 425).

3 Vgl. auch Meyer, S. 100, Anm. 25. Meyer hebt ebenfalls das naive Genie Heinrich IV. von dem „naturfernen, zwiespältigen Verstandesmenschen Wallenstein" ab.

4 Max Kommerell: Schiller als Psychologe. In: M. K.: Geist und Buchstabe der Dichtung. Frankfurt/M. 1940. S. 152.

5 Ein überzeugendes Beispiel liefert dafür die Szene mit den Pappenheimern, in der sich Wallenstein mit nahezu „herablassender Herzlichkeit" der Namen einzelner Kürassiere erinnert (siehe auch Kommerell, S. 152).

6 Karl Philipp Moritz: Götterlehre oder mythologische Dichtungen der Alten. Wien 1809. S. 79.

7 Goethe. In: Heuer/Keller, S. 7.

8 Ebd., S. 8.

9 Ebd.

10 Kommerell, S. 152.

11 Vgl. etwa Wolfgang Binder: Ästhetik und Dichtung in Schillers Werk. In: Schiller. Reden im Gedenkjahr 1959. Stuttgart 1961. S. 32 f.

12 Max Kommerell: Schiller als Gestalter des handelnden Menschen. Frankfurt/M. 1934. S. 14.
13 Ebd., S. 15.
14 Böckmann: Gedanke, Wort und Tat. S. 296 ff.
15 Schwerte: Simultaneität und Differenz, S. 283 f.
16 Kommerell: Schiller als Psychologe. S. 152.
17 Goethe. In: Heuer/Keller, S. 8.
18 Wie Glück, S. 74 ff.
19 Die Formulierung Max Webers (Politik als Beruf, S. 16) wurde vermutlich von dieser Stelle in *Wallensteins Tod* angeregt.
20 Zum Sachverhalt vgl. Hans Albert: Plädoyer für kritischen Rationalismus. München [2]1971. S. 32 ff.
21 Vgl. dazu auch Clemens Heselhaus: Wallensteinisches Welttheater. In: Heuer/Keller, S. 227 ff.
22 Vgl. dazu Heselhaus, ebd., S. 230.
23 Goethe. In: Heuer/Keller, S. 9.
24 Vgl. Cysarz: Schiller. S. 318 f.; ebenso Vowinckel: Schiller, der Dichter der Geschichte. S. 91; Staiger: Schiller. S. 34; Ilse Graham: Schiller, ein Meister der tragischen Form. Darmstadt 1974. S. 78 f., Anm. 7.
25 Eduard Spranger: Schillers Geistesart, gespiegelt in seinen philosophischen Schriften und Gedichten. Berlin 1941. S. 44 f.
26 Ebd., S. 67.
27 Goethe. In: Heuer/Keller, S. 8.
28 Dazu Seidlin: *Wallenstein.* Sein und Zeit. S. 123 ff.
29 Ebd., S. 123.

VIII. Die Funktion der Nebenpersonen

1 Wie es Volker Klotz (Geschlossene und offene Form im Drama. München [6]1972) für die klassisch-klassizistische Form nachweist (z. B. S. 90 f.). Für den Zusammenhang vgl. auch Kurt Partl: Schillers *Wallenstein* und Grillparzers *König Ottokar.* S. 155–166.
2 Vgl. Glück, S. 129, Anm. 4.
3 Vgl. dazu auch die vorzügliche Studie von Seidlin: *Wallenstein.* Sein und Zeit. S. 122 ff.
4 Vgl. dazu auch Sautermeister: Idyllik und Dramatik. S. 67–84.
5 Dazu vor allem Seidlin, S. 124 ff., und Sautermeister, S. 70 ff.
6 Vgl. Hinderer: Freiheit und Gesellschaft beim jungen Schiller. S. 240 ff.
7 Vgl. Sautermeister, S. 70 f., 80 ff.
8 Vgl. dazu auch Nandakishore Banerjee: Der Prolog im Drama der deutschen Klassik. München 1970. S. 109.
9 Dazu auch Seidlin, S. 124 f., und Sautermeister, S. 70 ff.
10 So Kurt May: Schillers *Wallenstein.* S. 210. Helmut H. Krausse (Die Schwägerin. Marginalien zu Schillers ‚Wallenstein'. In: Modern Language Notes 85 [1970] S. 333) bezeichnet die Gräfin als *alter ego* Wallensteins und verweist wenig überzeugend auf Parallelen mit Schillers Schwägerin Caroline von Wolzogen. In seiner Kölner Inszenierung verzichtete Heyme auf die Gräfin; diese und andere Veränderungen von Schillers Text konstituierten eine andere Wallensteinfigur.

11 Vgl. dazu den wichtigen Brief Schillers an Humboldt vom 21. März 1796; ebenso den Hinweis bei Michael Mann: Zur Charakterologie in Schillers *Wallenstein.* S. 330f. Für den Zusammenhang auch Jeffrey Barnouw: Über den Realismus Wallensteins. S. 401 ff.

12 Ähnlich wie „die Liebesszenen zu einer Humanisierung der Dramenhandlung" beitragen (Klaus Berghahn: „Doch eine Sprache braucht das Herz". In: Heuer/Keller, S. 386–395), hat auch die Gestalt Gordons eine humanisierende Funktion (Gordon steht mit seiner menschlichen Fürbitte deutlich im Gegensatz zu dem dogmatisch entschlossenen Buttler).

13 Vgl. dazu Walter Silz: Charakter und Funktion von Buttler in Schillers *Wallenstein.* In: Heuer/Keller, S. 254–273.

14 Dazu auch Clemens Heselhaus: Die Nemesis-Tragödie: *Fiesco – Wallenstein – Demetrius.* In: Der Deutschunterricht 4 (1952). H. 5. S. 40–59. Ebenso auch Benno von Wiese: Schiller S. 632 ff., 675 f.

15 Die sich auch von Max als einzige (außer Thekla) verabschiedet.

16 Vgl. Heselhaus: Wallensteinisches Welttheater. In: Heuer/Keller, S. 232 ff.

17 Wolfgang Wittkowski (Octavio Piccolomini. In: Berghahn/Grimm, S. 436) versteht in seiner differenzierten Studie selbst Octavio als einen Hüter des Humanen, was meines Erachtens schon insofern problematisch ist, als gerade durch Max der „krumme Weg" des alten Piccolomini der Kritik ausgesetzt wird.

18 Michael Mann (Zur Charakterologie in Schillers *Wallenstein,* S. 330f.) sieht es gerade umgekehrt.

19 Wallenstein erinnert Max in III, 18 daran: „Sie alle waren Fremdlinge, *du* warst / Das Kind des Hauses . . ." (V. 2159f.).

20 Vgl. zu diesem Thema auch die Ausführungen von Wieses (Schiller. S. 664–674).

21 Vgl. dazu Sautermeister: Idyllik und Dramatik. S. 82 ff., 102 f.; ebenso Manfred Schunicht: Intrigen und Intriganten in Schillers Dramen. In: Zeitschrift für deutsche Philologie 82 (1963) S. 288.

22 Vgl. Müller-Seidel: Idee des neuen Lebens. S. 364–385; ebenso O. J. Matthijs Jolles: Das Bild des Weges und die Sprache des Herzens. In: Deutsche Beiträge zur geistigen Überlieferung 5 (1965) S. 128–135, und Karl S. Guthke: Die Sinnstruktur des *Wallenstein.* S. 79.

23 Vgl. dazu auch Heselhaus: Die Nemesis-Tragödie. S. 54 f.

24 Vgl. dazu die Ausführungen von Jolles: Das Bild des Weges und die Sprache des Herzens. S. 134 f.

25 So Guthke: Die Sinnstruktur des *Wallenstein.* S. 76 ff.

26 Ebd., S. 82 ff.

27 Cysarz: Schiller. S. 315.

28 Horst Hartmann: Schillers *Wallenstein*-Trilogie. S. 52 ff.; vgl. auch Edith Braemer/Ursula Wertheim: Einige Hauptprobleme in Schillers *Wallenstein.* In: B./W.: Studien zur deutschen Klassik. Berlin 1960. S. 196 f. Ebenso Hans-Jürgen Geerdts: Theorie und Praxis in Schillers Schaffen, dargestellt am *Wallenstein.* In: Weimarer Beiträge 5 (1959). Sonderheft S. 61 f.

29 Hartmann. S. 53.

30 Michael Mann: Zur Charakterologie in Schillers *Wallenstein.* S. 337.

31 Vgl. dazu Seidlin, S. 128.

IX. Der Problemzusammenhang im Überblick

1 So meint Golo Mann (Wallenstein. Sein Leben erzählt. Frankfurt/M. 1971. S. 1050) im Hinblick auf den historischen Wallenstein.
2 Joachim Müller (Schillers *Wallenstein.* In: J. M.: Das Edle in der Freiheit. Leipzig 1959. S. 136) nennt ihn deshalb einen „Politiker mit der reservatio mentalis, ein Revolutionär mit schlechtem Gewissen".
3 Karl-Heinz Hahn: Die Bewertung der historischen Rolle Wallensteins durch Schiller. In: Weimarer Beiträge 5 (1959). Sonderheft S. 205–208.
4 Wrangel überliefert die Ansicht des Schwedenkönigs, nach der „stets der Herrschverständigste . . . sollte Herrscher sein und König" (WT, V. 245f).
5 Vgl. dazu Müller-Seidel, Episches im Theater, S. 344ff.; ebenso Gerhard Storz: Der Dichter Friedrich Schiller. Stuttgart [3]1963. S. 308–314.
6 Glück, bes. S. 159–173.
7 Klaus Ziegler: Stiltypen des deutschen Dramas im 19. Jahrhundert. In: Formkräfte der deutschen Dichtung von Barock bis zu Gegenwart. Hrsg. v. Hans Steffen. Göttingen [2]1967. S. 147f.
8 Ebd., S. 155ff.
9 Vgl. dazu auch die Beobachtungen von Wolfgang Clemen: Kommentar zu Shakespeares *Richard III.*. Göttingen 1957. S. 31ff.
10 Siehe Anm. 2.
11 Was man ebenso als Hybris wie als Verblendung deuten kann. Vgl. etwa Peter André Bloch: Schiller und die französische klassische Tragödie. Düsseldorf 1968. S. 268ff.
12 Vgl. Harald Weinrich: Linguistik der Lüge. Kann Sprache die Gedanken verbergen. Heidelberg [4]1970. S. 10.
13 Ebd., S. 40.
14 Vgl. dazu meinen Aufsatz über *Fiesco,* S. 97ff.
15 Dazu auch Benno von Wiese: Die deutsche Tragödie von Lessing bis Hebbel. Hamburg [7]1967. S. 224; ebenso Diwald: Schiller. *Wallenstein.* Dokumentation. S. 75f., 78f.
16 Zum Thema siehe Manfred Schunicht: Intrigen und Intriganten in Schillers Dramen. In: Zeitschrift f. deutsche Philologie 82 (1963). S. 271–292.
17 Vgl. Heselhaus: Die Nemesis-Tragödie. S. 50–55; ebenso v. Wiese: Schiller. S. 652; Glück, S. 128–141.
18 Dazu Glück, S. 131ff.; vgl. auch Ronald Duncan Miller: The Drama of Schiller. Harrogate 1963. S. 98; Partl. S. 76f.
19 Wilhelm Dilthey: Schiller. Göttingen 1959. S. 62f.
20 Ebd., S. 66f.
21 Ebd., S. 66f.
22 „Der Österreicher *hat* ein Vaterland, und liebts . . . / Doch dieses Heer, das kaiserlich sich nennt, / . . . das hat keins" (WT, I, 5) und passim im *Lager.*
23 Im Brief an Böttiger vom 1. März 1799 meint er etwa: „Der historische Wallenstein *war* nicht groß, der poetische *sollte* es nie seyn . . ."
24 Glück, S. 148ff.

25 Jakob Burckhardt: Die historische Größe. Über Glück und Unglück in der Weltgeschichte. Calw 1947. S. 38.

26 Vgl. dazu auch Müller-Seidel: Episches im Theater. S. 376 ff.; v. Wiese: Schiller. S. 663, 674 ff.; May: Schillers *Wallenstein.* S. 235 f.

27 Storz: Schiller. S. 294.

28 Vgl. Singer: Dem „Fürsten" Piccolomini. S. 209 f; vor allem May: Schillers *Wallenstein.* S. 240.

29 Karl S. Guthke (Struktur und Charakter in Schillers *Wallenstein.* S. 85) sieht sie in der Entgegensetzung von Max und Wallenstein.

30 May: Schillers *Wallenstein.* S. 240.

31 Vgl. Klaus L. Bergham: Schiller und die Tradition. In: K. L. B. (Hg.): Friedrich Schiller. Zur Geschichtlichkeit seines Werkes. Kronberg/ Ts. 1975. S. 16 ff.

32 Peter André Bloch (Schiller und die französische klassische Tragödie, S. 283) bemerkt zu diesem Zug Wallensteins: „Er steigert seine eigene Person ins Absolute; sie wird für ihn zum Symbol, an das er glaubt und das er feierlich verkündet." Vgl. auch meinen Aufsatz über *Fiesco.* In: W. H.: Elemente der Literaturkritik. S. 95ff.

33 Dazu Gert Sautermeister: Idyllik und Dramatik. Bes. S. 67–84.

34 Diwald: Schiller. *Wallenstein.* Dokumentation. S. 89.

35 Im Sinne der höheren menschlichen Vermögen.

36 Vgl. dazu Storz: Schiller. S. 276–285; Horst Steinmetz: Die Trilogie. Entstehung und Struktur einer Großform des deutschen Dramas nach 1800. Heidelberg 1968. S. 56–71; Glück, S. 174–188.

37 Auch dem Umfang nach entsprechen *Prolog, Lager* und *Piccolomini* zusammengenommen in etwa *Wallensteins Tod.*

38 Vgl. auch Schillers Brief an Goethe vom 29. September 1798.

39 Beispiele dafür sind: a) Motivreihe „Geist": L, V. 308 ff.; P. 220ff., 233 f., 255 ff., 426 ff., 451 ff.; WT, V. 1813 f. b) Motiv „Tod unter dem Hufschlag der Pferde": L, V. 979 ff.; P, V. 360 ff.; WT, V. 927 ff., 3050 ff., 3178 ff., 3583 ff.

40 Diesem Zusammenhang widmet sich vor allem Storz (Schiller. S. 255–314) unter Auswertung von Schillers Briefwechsel. Vgl. auch das Kapitel „Dramatische Struktur" bei Glück (Schillers *Wallenstein.* S. 189–210) und Barbara Lange: Die Sprache von Schillers *Wallenstein.* Berlin–New York 1973. Bes. S. 83–209.

41 Friedrich Sengle: Das historische Drama in Deutschland. Stuttgart ^{3}1974. S. 56 f.

42 Ebd., S. 55.

43 Diwald: Schiller. *Wallenstein.* Dokumentation. S. 74.

44 Goethe. In: Heuer/Keller, S. 9.

45 Vgl. Guthke: Struktur und Charakter in Schillers *Wallenstein.* S. 85.

46 Vgl. Wallensteins betonte Ablehnung des Zufalls (WT, V. 943).

47 Vgl. Werner Spanner: Schillers *Wallenstein.* Ein Beitrag zur Gestaltinterpretation. In: Wirkendes Wort 13 (1963) S. 94 (Wallenstein „verliert Schritt für Schritt an Überlegenheit, Sicherheit und Selbstachtung").

48 Darüber gibt der 4. Brief *Ueber die ästhetische Erziehung des Menschen* Auskunft.

49 Steinmetz: Die Trilogie. S. 64.

50 Ebd., S. 68 f.

51 Steinmetz (ebd., S. 69) dagegen reklamiert dies für den ganzen Teil von *Wallensteins Tod.*

Helmut G. Hermann

Bibliographie zu *Wallenstein*

Grundlage einer systematischen, nach sachlichen Gesichtspunkten gegliederten Gesamtbibliographie

Abkürzungen für aufgeschlüsselte Sammelwerke

Berghahn/Grimm	Schiller. Zur Theorie und Praxis der Dramen. Hrsg. von Klaus L. Berghahn und Reinhold Grimm. Darmstadt: Wissenschaftliche Buchgesellschaft 1972.
Braun II, III	Schiller im Urtheile seiner Zeitgenossen. [. . .] Ges. und hrsg. von Julius W. Braun. Bd. 2. Leipzig: Schlicke 1882. Bd. 3. Berlin: Luckhardt 1882.
Heuer/Keller	Schillers *Wallenstein*. Hrsg. von Fritz Heuer und Werner Keller. Darmstadt: Wissenschaftliche Buchgesellschaft 1977.
Reden 1955	Schiller. Reden im Gedenkjahr 1955. Im Auftrag der Deutschen Schillergesellschaft hrsg. von Bernhard Zeller. Stuttgart: Klett 1955.
Reden 1959	Schiller. Reden im Gedenkjahr 1959. Im Auftrag [. . .] hrsg. von Bernhard Zeller. Stuttgart: Klett 1961.
Schiller-Konferenz	Weimarer Beiträge 5 (1959). Sonderheft: Wissenschaftliche Konferenz über das Schaffen Friedrich Schillers [. . .] in Weimar. Referate und Diskussionen.

Monographische Darstellungen sind, was ihre Abschnitte und Kapitel zu *Wallenstein* betrifft, wie Sammelwerke aufgeschlüsselt worden. Die aufgeschlüsselten Werke werden nicht an anderer Stelle der Bibliographie wiederholt. Werke, die für diese Aufschlüsselung nicht zur Verfügung standen, werden mit der ergänzenden Literatur verzeichnet.

STOFFGESCHICHTE

Der historische Stoff

Wallenstein's Ende. Ungedruckte Briefe und Acten. Von Hermann Hallwich. 2 Bde. Leipzig: Duncker & Humblot 1879.

Die Verhandlungen Schwedens und seiner Verbündeten mit Wallenstein und dem Kaiser von 1631 bis 1634. Von Georg Irmer. 3 Bde. Leipzig: Hirzel 1888–91 / Reprogr. Osnabrück: Zeller 1965–68.

Fünf Bücher Geschichte Wallensteins. Von Hermann Hallwich. 3 Bde. Leipzig: Duncker & Humblot 1910.

Briefe und Akten zur Geschichte Wallensteins (1630–1634). Hrsg. von Hermann Hallwich. 4 Bde. Wien: Hölder 1912.

Der Schwedische Krieg und Wallensteins Ende. Quellen zur Geschichte der Kriegsereignisse der Jahre 1630–1635. Hrsg. von Miroslav Toegel [u. a.]. Praha: Academia 1977.

Herchenhahn, Johann Christian von: Geschichte Albrechts von Wallenstein, des Friedländers. 3 Tle. Altenburg: [Akademische Buchhandlung in Jena] 1790/91.

Schiller, Friedrich: Geschichte des dreyßigjährigen Krieges. Aus dem Calender für Damen 1791 abgedruckt. 2 Bde. Frankfurt a. M./ Leipzig 1791/92. – Verm. Neuaufl. Aus dem Calender für Damen 1791, 1792, 1793 abgedruckt. 3 Bde. Leipzig: Göschen 1793. U. a. auch als: Schillers Werke. Nationalausgabe. Bd. 18. Weimar: Böhlau 1976.

Mitchell, John: The life of Wallenstein, Duke of Friedland. London: Fraser 1837, ^{2}1841; Frankfurt a. M.: [gedr. für C. Jugel] 1841. – New Ed. London: Bosworth 1853. – Repr. New York: Greenwood Press 1968.

Helbig, Karl Gustav: Der Kaiser Ferdinand und der Herzog von Friedland während des Winters 1633–34. [. . .] Mit Wallenstein's Horoscope von Keppler. Dresden: Adler und Dietze 1852.

Heß, Johann Eduard: Biographien und Autographen zu Schiller's *Wallenstein.* Nach geschichtlichen Quellen bearb. und mit Abbildung der Unterschriften versehen. Jena: Mauke 1859, ^{2}1867.

Ranke, Leopold von: Geschichte Wallensteins. Leipzig: Duncker & Humblot 1869, ^{6}1910. – Neuausg. u. a.: [. . .] Hrsg. und eingel. von Hellmut Diwald. Düsseldorf: Droste Verlag 1967.

Weyhe-Eimke, Arnold von: Die historische Persönlichkeit des Max Piccolomini im Schiller'schen *Wallenstein* und dessen Ende in der Schlacht bei Jankau am 6. März 1645. Eine geschichtliche Quellenstudie aus dem Schloßarchiv zu Nachod. Pilsen: Steinhauser & Korb 1870.

Paur, Theodor: Die geschichtliche Grundlage des Max Piccolomini in Schiller's *Wallenstein.* In: Neues Lausitzisches Magazin Bd. 51 (1874) S. 248–258. Auch in: Th. P.: Zur Litteratur- und Kulturgeschichte. Leipzig: Leuckart 1876. S. 335 ff.

Pekař, Josef: Dějiny valdštejnského spiknutí, 1630–1634. V Praze: Česke Akademie pro Vědy 1895. Verm. Neuaufl. u. d. T.: Valdštejn, 1630–1634. Dějiny valdštejnského spiknutí. 2 Bde. V Praze: Nakl. Melantrica 1933/34. – Dt., der Aufl. 1933/34: Wallenstein 1630–1634. Tragödie einer Verschwörung. 2 Bde. Berlin: Metzner 1937.

Ritter, Moriz: Deutsche Geschichte im Zeitalter der Gegenreformation und des Dreißigjährigen Krieges. Bd. 3: Geschichte des Dreißigjährigen Krieges. Stuttgart: Cotta 1901.

Elster, Otto: Die Piccolomini-Regimenter während des 30jährigen Krieges, besonders das Kürassier-Regiment Alt-Piccolomini [. . .] Nach den Akten des Archivs zu Schloß Nachod. Wien: Seidel & Sohn 1903.

– –: Piccolomini-Studien. Leipzig: Müller-Mann 1911.

Huch, Ricarda: Wallenstein. Eine Charakterstudie. Leipzig: Insel-Verlag 1915. Auch in: R. H.: Gesammelte Werke. Bd. 9. Köln: Kiepenheuer & Witsch 1968. S. 519–657.

Srbik, Heinrich von: Wallensteins Ende. Wien: Seidel 1920; Salzburg: O. Müller ^{2}1952.

Wallenstein. Geschichte eines Herrscherlebens. Nach den Urkunden dargestellt und eingel. von Paul Wiegler. Berlin: Ullstein 1920. [Überwiegend Korrespondenz.]

Boehn, Max von: Wallenstein. Wien: K. König 1926.

Liddell Hart, Basil Henry: Wallenstein – The enigma of history. In: B. H. L. H.: Great captains unveiled. Edinburgh/London: Blackwood 1927; Boston: Little, Brown & Co. 1928. S. 153–203.

Siegl, Karl: Denkschrift aus Anlaß des 300. Todestags Wallensteins. Eger: Gschihay 1934.

Görlitz, Walter: Wallenstein. Frankfurt a. M.: Verlag der Frankfurter Hefte 1948.

Wagner, Leopold: Wallenstein, der böhmische Condottiere. Ein Lebensbild mit zeitgenössischen Dokumenten. Wien: Bergland Verlag 1958.

Suvanto, Pekka: Wallenstein und seine Anhänger am Wiener Hof zur Zeit des zweiten Generalats, 1631–1634. Helsinki: [Suomen Historiallinen Seura] 1963.

Diwald, Hellmut: Wallenstein. Eine Biographie. München: Bechtle 1969.

Janáček, Josef: Valdštejnova smrt [Wallensteins Tod]. Praha: MF 1970, ²1974.
Mann, Golo: Wallenstein. Sein Leben erzählt von G. M. Frankfurt a. M.: S. Fischer 1971.
Mann, Golo / Bliggenstorfer, Ruedi: Wallenstein. Bilder zu seinem Leben. Frankfurt a. M.: S. Fischer 1973.

Wallenstein als literarischer Stoff

Irmer, Georg: Die dramatische Behandlung des Wallensteinstoffes vor Schiller. In: Nord und Süd Bd. 57 (1891) S. 248–261.
Vetter, Theodor: Wallenstein in der dramatischen Dichtung des Jahrzehnts seines Todes: Micraelius – Glapthorne – Fulvio Testi. Frauenfeld: Huber 1894.
Harzen-Müller, A. Nikolaus: Wallenstein-Dramen und -Aufführungen vor Schiller. In: Mitteilungen des Vereins für die Geschichte der Deutschen in Böhmen 38 (1899/1900) S. 57–59.
Schweizer, Paul: Die Wallenstein-Frage in der Geschichte und im Drama. Zürich: Faesi & Beer 1899.
Kohlrausch, Robert: Wallensteins Tod in Geschichte und Dichtung. In: Bühne und Welt 7 (1904/05) S. 307–319.
Widmann, Wilhelm: Wallenstein in der dramatischen Dichtung. In: Die deutsche Bühne 6 (1914) S. 603–606.
Sommer, Charlotte: Die dichterische Gestaltung des Wallensteinstoffes seit Schiller. Diss. Breslau 1923. [Masch.]
Rippl, Eugen: Wallenstein in der tschechischen Literatur. In: Germanoslavica 2 (1932/33) S. 521–544.
Wallenstein, Paul Robert: Die dichterische Gestaltung der historischen Persönlichkeit, gezeigt an der Wallensteinfigur. Ein Versuch zur Beleuchtung der Problematik von Dichtung und Geschichte unter dem Gesichtspunkt der Wertbegegnung. Würzburg: Triltsch 1934. [S. 50–62: Schiller.]
Fraser, Ralph S.: The treatment of Wallenstein in German literature of the twentieth century. Diss. University of Illinois 1958. [Masch.]

SCHILLERS WALLENSTEIN-TRILOGIE

Entstehungsgeschichte

Die Hauptquellen zu Schillers *Wallenstein.* Hrsg. von Albert Leitzmann. Halle a. d. S.: Niemeyer 1915.

Freiligrath, Ferdinand: Coleridge's manuscript of Schiller's *Wallenstein.* In: The Athenaeum (London) Jg. 1861, vol I. S. 797 f. – Wiederabdr. in: Alexander Gillman: The Gillmans of Highgate. London: Elliot Stock 1895. S. 42–45. [Zu der auf Grund seiner Initiative im Besitz Gillmans aufgespürten Handschrift von *Wallensteins Tod,* seit 1930 im Besitz der Widener Memorial Library, Harvard University.]

– –: Coleridge's manuscript of Schiller's *Wallenstein.* In: The Athenaeum (London) Jg. 1861, vol. II. S. 284 f. [Zu der auf Grund seiner Initiative im Besitz von Henry R. Mark aufgespürten Handschrift der *Piccolomini.*]

Boxberger, Robert: Zur Quellenforschung über Schillers *Wallenstein* und *Geschichte des dreissigjährigen Krieges.* In: Archiv für Litteraturgeschichte 2 (1871/72) S. 159–178.

Repta, Stefan von: Zu Schiller's *Wallenstein.* Abraham's a S. Clara Antheil an der Kapuzinerpredigt in *Wallenstein's Lager.* Progr. Suczawa 1877.

Fielitz, Wilhelm: Zur Entstehungsgeschichte von Schillers *Wallenstein.* In: Archiv für Litteraturgeschichte 8 (1878/79) S. 545–547.

Kühnemann, Eugen: Die Kantischen Studien Schillers und die Komposition des *Wallenstein.* Marburg i. H.: Ehrhardt's Universitäts-Buchhandlung 1889.

Gresky, Walter: Schillers Garten in Jena. Zur Entstehungsgeschichte des *Wallenstein.* Sondershausen: Eupel 1935.

Hecker, Max: Goethes Anteil an Schillers *Wallenstein.* In: Mitteilungen des deutschen Schillerbundes Nr. 80 (1938) S. 1–14.

Buchwald, Reinhard: Zur Entstehung von Schillers *Wallenstein.* Vortrag. In: Chronik des Wiener Goethe-Vereins 59 (1955) S. 6–16.

Grossmann, Walter: The Gillman-Harvard manuscript of Schiller's *Wallensteins Tod.* In: Harvard Library Bulletin 11 (1957) S. 319–345. – Dt. in: Euphorion 53 (1959) S. 303–312.

Guthke, Karl S.: Die Hamburger Bühnenfassung des *Wallenstein.* In: Jahrbuch der Deutschen Schillergesellschaft 2 (1958) S. 68–82.

Seidel, Siegfried: Neue Positionen in der Theorie Schillers während der Arbeit am *Wallenstein.* In: Schiller-Konferenz. S. 74–97.

Streller, Siegfried: Entwurf und Gestaltung in Schillers *Wallenstein.* Wandlungen in Schillers Wallensteinbild. In: Weimarer Beiträge 6 (1960) S. 221–239.

Buchwald, Reinhard: Schaffensstufen und Einheit der *Wallenstein*-Dramen. In: R. B.: Das Vermächtnis der deutschen Klassiker. Neue, verm. Aufl. Frankfurt a. M.: Insel-Verlag 1962. S. 242–268.

Stock, Fritjof: Schillers Lektüre der *Dialoghi d'amore* von Leone Ebreo [als Anregung astrologischer Szenen im *Wallenstein*]. In: Zeitschrift für deutsche Philologie 96 (1976) S. 539–550.

Gesamtdarstellungen und Detailinterpretationen

Schiller, Friedrich: [Äußerungen zum *Wallenstein* aus den Jahren 1791–1805.] Chronologisch zusammengestellt in: Dichter über ihre Dichtungen. Friedrich Schiller. Hrsg. von Bodo Lecke. Bd. 2 München: Heimeran 1970. S. 243–372.

Humboldt, Wilhelm von: [Über *Wallenstein.*] Undatierter Brief vom September 1800 an Schiller. U. a. in: Der Briefwechsel zwischen Friedrich Schiller und Wilhelm von Humboldt. Hrsg. von Siegfried Seidel. Bd. 2. Berlin: Aufbau-Verlag 1962. S. 189–212. Auszugsweise in: W. v. H.: Studienausgabe in 3 Bänden. Bd. 1. Frankfurt a. M.: Fischer-Bücherei 1970. S. 124–141. Ferner in: Heuer/Keller. S. 10–14.

Süvern, Wilhelm: Ueber Schillers *Wallenstein* in Hinsicht auf griechische Tragödie. Berlin: Buchhandlung der Königl. Realschule 1800. Teilabdr. in: Heuer/Keller. S. 17–20.

Hegel, Georg Wilhelm Friedrich: Ueber *Wallenstein.* [Ca. 1800/01?] In: G. W. F. H.: Werke. Bd. 17. Berlin: Duncker und Humblot 1835. S. 411–413. U. a. auch in: G. W. F. H.: Werke. Auf der Grundlage der Werke von 1832–1845 neu editierte Ausgabe. Bd. 1. Frankfurt a. M.: Suhrkamp 1971. S. 618–620. Wiederabdr. u. a. in: Heuer/Keller. S. 15f. [Angebl. Erstabdr. in Saphirs Berliner Schnellpost 4 (1829/30) nicht verifiziert.]

[Rez.; sign. A.]: Kritische Bemerkungen über Schillers *Wallenstein.* In: Eunomia. Eine Zeitschrift des neunzehnten Jahrhunderts 1, I (1801) S. 18–65. Wiederabdr. in: Braun III. S. 49–84.

[Rez.]: Tübingen, in der J. G. Cotta'schen Buchhandlung. *Wallenstein,* ein dramatisches Gedicht von Schiller 1800 [. . .] In: Neue Würzburger gelehrte Anzeigen (1801) vom 24. Januar. Wiederabdr. in: Braun III. S. 1–4.

[Rez.]: Tübingen, b. Cotta: *Wallenstein*, ein dramatisches Gedicht von Schiller. Zwey Theile. [. . .] In: Leipziger Jahrbuch der neuesten Literatur 1 (1800/01) vom 26./27. Januar 1801. Wiederabdr. in: Braun III. S. 5–17.

[Rez.]: Tübingen, b. Cotta: *Wallenstein* ein dramatisches Gedicht von Schiller. Erster Theil. *Wallensteins Lager; die Piccolomini*, in fünf Aufzügen. 238 S. Zweiter Theil. *Wallensteins Tod*, ein Trauerspiel, in fünf Aufzügen. 1800. In: Allgemeine Literaturzeitung (Jena) vom 30./31. Januar 1801. Wiederabdr. in: Braun III. S. 33–49.

[Rez.; sign. Kw.]: *Wallenstein*, ein dramatisches Gedicht. Erster Theil. [. . .] Zweyter Theil. [. . .] Tübingen, in der Cotta'schen Buchhandlung. In: Neue allgemeine deutsche Bibliothek Bd. 60 (1801) S. 113–128. Wiederabdr. in: Braun III. S. 123–139.

Merkel, Garlieb: Ein und zwanzigster Brief. *Wallenstein*, ein dramatisches Gedicht von Schiller. In: G. M.: Briefe an ein Frauenzimmer über die wichtigsten Produkte der schönen Litteratur. Berlin: Quien 1801. S. 333–348. Wiederabdr. in: Braun III. S. 17–25.

Constant, Benjamin: Quelques réflexions sur la tragédie de *Wallstein* et sur le théatre allemand. In: B. C.: *Wallstein*, tragédie en cinq actes et en vers, précédée de Quelques réflexions [. . .], et suivie de notes historiques. Paris/Genève: Paschoud 1809. S. [v]-lii. U. a. auch in: B. C.: *Wallstein* [. . .] Edition critique publiée avec de nombreuses variantes et des documents inédits, par Jean-René Derré. Paris: Les Belles Lettres 1965. S. 47–67. – Veränd. u. d. T.: De la Guerre de Trente Ans, de la tragédie de *Wallstein*, par Schiller, et du théatre allemand. In: B. C.: Melanges de littérature et de politique. Paris: Pichon et Didier 1829. S. 255–321. U. a. auch in: B. C.: Oeuvres. Texte presenté et annoté par Alfred Roulin. Paris: Gallimard 1957. S. 894–931. – Dt.: Schillers Trauerspiel *Wallenstein* und das deutsche Theater. In: B. C.: Werke. Bd. 1. Berlin: Propyläen Verlag 1970. S.343–380.

Tieck, Ludwig: *Die Piccolomini. Wallenstein's Tod*. In: Abend-Zeitung (Dresden) Nrn. 22–28 vom 25. Januar und vom 27. Januar – 1. Februar 1823. U. a. auch in: L. T.: Kritische Schriften. Bd. 3. Leipzig: Brockhaus 1852. S. 37–62. Ferner in: L. T.: Ausgewählte Werke. Hrsg. von Georg Witkowski. Bd. 4. Leipzig: Hesse 1903. S. 55–77. Wiederabdr. u. a. in: Heuer/Keller. S. 21–40.

Schink, Johann Friedrich: Friedrich Schiller's *Don Karlos*, *Wallenstein*, *Maria Stuart*, die *Jungfrau von Orleans*, die *Braut von Messina*, und *Wilhelm Tell*, ästhetisch, kritisch und psychologisch entwikkelt. Dresden: Arnold 1827.

[Moir, George?]: *Walstein*. Tragédie en cinq Actes. Par P.[ierre]

Ch.[aumont] Liadières; representée sur le Théâtre Français le 22 Octobre, 1828. Paris 1829. In: The Foreign Quarterly Review (London) vol. 5 (1829/30) S. 41–73. [Das frz. Stück nur Anlaß zu ausführlicher Behandlung von *Wallensteins Lager,* mit ca. 700 Zeilen versgetreuer Übersetzung (Vorabdr. aus Moirs 1834 erschienener Übersetzung).]

Hoffmeister, Karl: Ueber die *Piccolomini* und *Wallenstein's Tod.* In: K. H.: Schiller's Leben, Geistesentwicklung und Werke im Zusammenhang. T. 4. Stuttgart: Balz 1840. S. 3–73.

Ludwig, Otto: *Wallenstein* von Schiller. [Ca. 1851/55?] In: O. L.: Shakespeare-Studien. Aus dem Nachlasse des Dichters hrsg. von Moritz Heydrich. Halle a. d. S.: Gesenius / Leipzig: Cnobloch 1874. S. 56–61; Halle a. d. S.: Gesenius ²1901. S. 42–46. U. a. auch in: Ludwigs Werke. Hrsg. von Arthur Eloesser. T. 4. Leipzig: Bong 1908. S. 207–212.

Diethe, Wilhelm Julius: Ueber *Wallenstein's Lager,* mit Rücksicht auf die Lektüre dieser Dichtung mit den Schülern einer höheren Unterrichtsanstalt. Progr. Dresden 1852.

Rönnefahrt, J. G.: Schiller's dramatisches Gedicht *Wallenstein,* aus seinem Inhalt erklärt. Leipzig: Dyck 1855, ²1886.

Ludwig, Otto: Schillers Wallenstein. [Ca. 1857/58?] In: O. L.: Shakespeare-Studien. Halle a. d. S.: Gesenius 1871 / Leipzig: Cnobloch 1874. S. 222–230; Halle a. d. S.: Gesenius ²1901. S. 165–171. U. a. auch in: Ludwigs Werke T. 4. Leipzig: Bong 1908. S. 212–217. Wiederabdr. in: Heuer/Keller. S. 47–52.

– –: Naiv und Sentimental im Unterschied von Realistisch und Idealistisch. [Dargestellt am Beispiel von *Wallenstein.* Ca. 1858/60?] In: O. L.: Shakespeare-Studien. [In der Aufl.-Folge des Voreintrags:] S. 343–347; 255–257; 192–195.

Tomaschek, Karl: Schiller's *Wallenstein.* Ein Vortrag, gehalten am 31. März 1858 in Wien. Wien: Gerold 1858, ²1886.

Schmidt, Julian: *Wallenstein.* In: J. Sch.: Schiller und seine Zeitgenossen. Eine Gabe für den 10. November 1859. Leipzig: Herbig 1859. S. 377–427.

Bayer, Josef: Die *Wallenstein*-Trilogie. In: J. B.: Von Gottsched bis Schiller. Vorträge über die classische Zeit des deutschen Drama's. T. 3. Prag: Mercy 1863, ²1869. S. 181–221.

Henke, Wilhelm: Anatomie der Tragödie mit Anwendung auf Schiller's *Wallenstein.* In: Morgenblatt für gebildete Leser 58 (1864) Nrn. 35–37. Auch in: W. H.: Vorträge über Plastik, Mimik und Drama. Rostock: Werther 1892. S. 189–226.

Hohenwarter, Theodor: Ueber Schiller's *Wallenstein.* Progr. Görz 1865.

Rötscher, Heinrich Theodor: Wallenstein. In: H. Th. R.: Entwickelung dramatischer Charaktere aus Lessing's, Schiller's und Goethe's Werken, mit steter Beziehung auf ihre Darstellung. Hannover: Rümpler 1869. S.[165]–170.

Hettner, Hermann: Schiller's *Wallenstein.* In: H. H.: Geschichte der deutschen Literatur im achtzehnten Jahrhundert. Drittes Buch. Zweite Abth. Braunschweig: Vieweg 1870. S. 244–265; ^{7}1926. S. 193–210. [Ausg. 1870 = 2 Bde.; Ausg. 1926 = 3 Bde. i. 4 Tln.] – U. a. Neuausg. in 2 Bdn. (Textrevision Gotthard Erler.) Bd. 2. Berlin: Aufbau-Verlag 1961, ^{2}1979. S. 499–515. – Wiederabdr. in: Heuer/Keller. S. 58–73.

Rothert, Eduard: Zur Entwickelung in Schillers *Wallenstein.* Progr. Düsseldorf 1870.

Spach, Louis: Schiller. *Wallenstein.* In: L. Sp.: Oeuvres choisies. Paris/Straßburg: Berger-Levrault 1870. S. 511–553.

Düntzer, Heinrich: Schillers *Wallenstein.* Erläutert. Leipzig: Wartig 1871, ^{6}1895; neubearb. von Alfred Heil, ^{7}1908, ^{8}1924.

Boxberger, Robert: Schiller's Kapuziner-Predigt aus *Wallenstein's Lager.* In: Archiv für Litteraturgeschichte 2 (1871/72) S. 402–430.

Hölscher, Bernhard: Einige Textbemerkungen zu Schillers *Wallenstein.* Progr. Recklinghausen 1872.

Schindhelm, Friedrich: Ueber Schiller's *Wallenstein.* Progr. Coburg 1873.

Ungedrucktes aus dem Nachlasse von David Friedrich Strauß. II: Gedanken über Schillers *Wallenstein.* In: Deutsche Revue 19, II (1894) S. 103–110. [Entstehungszeit nicht ermittelt; als spätestens im Todesjahr von Strauß eingeordnet.]

Fielitz, Wilhelm: *Wallenstein.* In: W. F.: Studien zu Schillers Dramen. Leipzig: Teubner 1876. S. 7–43, 95–111.

Semler, Christian: *Wallenstein's Lager,* von Friedrich von Schiller. Eine Festrede. Leipzig: Wartig 1879.

Bulthaupt, Heinrich: *Wallenstein.* In: H. B.: Dramaturgie der Classiker [ab ^{4}1891: Dramaturgie des Schauspiels]. Bd. 1. Oldenburg: Bernd & Schwartze 1882, ^{14}1924. [Fundstelle m. d. Aufl. wechselnd.] U. a.: ^{5}1893. S. 283–321; ^{9}1902. S. 315–356; ^{12}1908. S. 326–367.

Hann, Franz Gustav: Die Schicksalsidee in Schiller's *Wallenstein.* Eine ästhetische Abhandlung. Progr. Klagenfurt 1884.

Koch, Karl: Bemerkungen zu Schillers Dramen. I: *Wallenstein.* Progr. Münstereifel 1884.

Werder, Karl: Vorlesungen über Schiller's *Wallenstein,* gehalten an der Universität zu Berlin (zuerst im Winter 1860/61 und später wiederholt). Berlin: Hertz 1889.

Bellermann, Ludwig: *Wallenstein.* In: L. B.: Schillers Dramen. Beiträge zu ihrem Verständnis. Bd. 2. Berlin: Weidmann 1891. S. 1–173; [5]1914. S. 1–182.

Denecke, Arthur: Über *Wallensteins Lager.* In: Zeitschrift für den deutschen Unterricht 5 (1891) S. 44–49.

Kettner, Gustav: Kritisch-Exegetisches zu Schiller und Goethe. 1. *Wallensteins tod,* act IV scene 10. In: Neue Jahrbücher für Philologie und Pädagogik Bd. 144 (1891) S. 566–569. [Zur Zeitberechnung in Bellermanns „Schillers Dramen" (1891); für B.'s Replik s. Eintragsjahr 1893.]

Beckhaus, Hubert: Zu Schillers *Wallenstein.* Leipzig: Fock 1892. Zugl. Progr. Ostrowo 1892.

Bellermann, Ludwig: Zur Zeitberechnung in Schillers Dramen. [*Wallenstein.*] In: Neue Jahrbücher für Philologie und Pädagogik Bd. 148 (1893) S. 239–247.

Heide, Gustav: Schillers *Wallenstein* und die historische Forschung. In: Zeitschrift für den deutschen Unterricht 8 (1894) S. 497–517.

Riedl, Franz: Schillers Wallenstein als tragischer Charakter. Progr. Laibach 1894.

Dilthey, Wilhelm: *Wallenstein.* [Ca. 1895.] In: W. D.: Von deutscher Dichtung und Musik. Berlin: Teubner 1933; Stuttgart: Teubner [2]1957. S. 380–412. Auch in W. D.: Schiller. [D. i. Buchaus. d. Schiller-Abschnitts aus Von deutscher Dichtung und Musik.] Göttingen: Vandenhoeck & Ruprecht 1959. S. 47–71.

Fraedrich, Friedrich: Untersuchungen über Schillers *Wallenstein.* Progr. Berlin 1895.

Liliencron, Rochus von: Der Wallenstein der Schiller'schen Tragödie im Lichte der neuesten Geschichtsforschung. In: Deutsche Rundschau Bd. 83 (1895) S. 212–235.

Warnecke, Albert: Schillers *Wallenstein.* In: Monatsblätter für deutsche Literatur 1 (1896/97) S. 78–87.

Weitbrecht, Carl: *Wallenstein.* In: C. W.: Schiller in seinen Dramen. Stuttgart: Frommann 1897. S. 157–208.

Wislicenus, Walter Friedrich: Die Astronomie in Schillers *Wallenstein.* In: Deutsche Revue 22, IV (1897) S. 351–361.

Zernical, Unico: Zu Schillers *Wallenstein.* In: Neue Jahrbücher für Philologie und Pädagogik Bd. 156 (1897) S. 532–547.

Harnack, Otto: *Wallenstein.* In: O. H.: Schiller. Berlin: Hoffmann 1898, [3]1905. S. 279–309.

– –: Schillers *Wallenstein.* Zum hundertjährigen Jubiläum. In: Bühne und Welt 1 (1898/99) S. 355–359. Auch in: O. H.: Aufsätze und Vorträge. Tübingen: Mohr 1911. S. 197–203.

Sütterlin, Adolf: Der Buttlerbrief in Schillers *Wallenstein.* In: Zeitschrift für den deutschen Unterricht 13 (1899) S. 119–130.

Walther, Kuno: Die *Wallenstein*-Trilogie. Zur Centenarfeier der erstmaligen Aufführung von Schillers *Piccolomini* in Weimar am 30. 1. 1799. Weimar: Böhlau 1899.

Chuquet, Arthur M.: *Le camp de Wallenstein.* In: A. M. Ch.: Etudes de littérature allemande. Bd. 1. Paris: Plon-Nourrit 1900. S. 288–321.

Thimme, Adolf: *Wallensteins Lager,* eine Sinfonie über den Krieg. In: Zeitschrift für den deutschen Unterricht 16 (1902) S. 492–498.

Evers, M.[ax?]: Der Gegensatz des Realismus und Idealismus in Schillers *Wallenstein.* In: Zeitschrift für den deutschen Unterricht 19 (1905) S. 162–186.

Kühnemann, Eugen: *Wallenstein.* In: E. K.: Schiller. München: Beck 1905, [7]1927. S.418–492.

Petsch, Robert: *Wallenstein.* In: R. P.: Freiheit und Notwendigkeit in Schillers Dramen. München: Beck 1905. S. 140–208.

Berger, Karl: *Wallenstein.* In: K. B.: Schiller. Sein Leben und seine Werke. Bd. 2. München: Beck 1909, [11]1924 / Reprogr. New York: AMS Press 1971. S. 378–446.

Strich, Fritz: *Wallenstein.* In: F. St.: Schiller. Sein Leben und sein Werk. Leipzig: Tempel 1912; Berlin: Deutsche Buch-Gemeinschaft 1928. S. 340–365.

Bergmann, Ernst: Studien zu Schillers *Wallenstein.* 1. Die Bedeutung des Gesprächs zwischen Wallenstein und Max, *Wallensteins Tod* III, 2. Progr. Blankenburg 1915.

Weis, Carl: Die tragische Idee in Schillers *Wallenstein* und das Verhältnis des Max-Thekla-Dramas zur Gesamttragödie. In: Zeitschrift für den deutschen Unterricht 29 (1915) S. 126–140.

Scherrer, Max: *Wallenstein.* In: M. Sch.: Kampf und Krieg im deutschen Drama von Gottsched bis Kleist. Zürich: Rascher 1919. S. 260–292.

Hohenstein, Friedrich August: Der Wallensteinkomplex. [1:] *Wallenstein.* In: F. A. H.: Schiller. Die Metaphysik seiner Tragödie. Weimar: Böhlau 1927. S. 17–46.

Günther, Albrecht E.: Die Armada und ihr Herzog. Bemerkungen zu Schillers *Wallenstein.* In: Deutsches Volkstum 11 (1929) S. 102–111.

Korff, Hermann August: Schillers Helden- und Tragödienideal. 7. *Wallenstein.* In: H. A. K.: Geist der Goethezeit. T. 2: Klassik. Leipzig: Weber 1930. S. 238–263. Zweite, durchges. Aufl. ebd.: Koehler & Amelang 1955 / Reprogr. Darmstadt: Wissenschaftliche

Buchgesellschaft [11]1979. S. 226–249. Teilabdr. in: Heuer/Keller. S. 104–112.

Cysarz, Herbert: *Wallenstein.* In: H. C.: Schiller. Halle a. d. S.: Niemeyer 1934 / Reprogr., mit neuem krit. Nachw. Tübingen: Niemeyer / Darmstadt: Wissenschaftliche Buchgesellschaft 1967. S. 309–334, 451 f.

Waldecker, Ludwig: Wallensteins Verrat. In: L. W.: Schillerstudien. Bonn: Röhrscheid 1934. S. 16–36.

Buchwald, Reinhard: Die *Wallenstein*-Dramen. Goethes und Schillers gemeinsames Schaffen [daran]. In: R. B.: Schiller. Bd. 2. Leipzig: Insel-Verlag 1937. S. 344–385. – Überarb. und erw. zu 3 Kapiteln u. d. T.: Die Anfänge der *Wallenstein*-Dichtung. Die entscheidende Krisis der *Wallenstein*-Dichtung. Vollendung und Aufführungen des *Wallenstein.* Ebd. Neue, bearb. Aufl. Bd. 2. Wiesbaden: Insel-Verlag 1954, [3]1956. S. 314–335, 336–357, 358–372. – Erneut überarb. und vereinigt zu 1 Kapitel u. d. T.: Die *Wallenstein*-Dramen. Ebd. 4., neu bearb. Aufl. [in 1 Bd.]. Wiesbaden/Frankfurt a. M.: Insel-Verlag 1959, [5]1966. S. 668–716.

Storz, Gerhard: Ironie und Drama. Ein Versuch [am Beispiel des *Wallenstein*]. In: Die Literatur 40 (1937/38) S. 645–648.

– –: *Wallenstein.* In: G. St.: Das Drama Friedrich Schillers. Frankfurt a. M.: Societäts Verlag 1938. S. 119–149.

Vowinckel, Hans August: Schiller, der Dichter der Geschichte. Eine Auslegung des *Wallenstein.* Berlin: Junker & Dünnhaupt 1938.

Wiese, Benno von: *Wallenstein.* In: B. v. W.: Die Dramen Schillers. Politik und Tragödie. Leipzig: Bibliographisches Institut 1938. S. 64–91.

Müller, Erich: Schillers Wallenstein und die Wirklichkeit. In: Deutsches Volkstum 22 (1940) S. 264–270.

Müller, Joachim: Schillers *Wallenstein.* Berlin: Matthiesen 1940, [2]1941.

Potthoff, Ossip D.: Wallensteins historische Gestalt und Schillers Trilogie. [Einleitung mit eigenständiger Paginierung.] In: Friedrich Schiller: *Wallenstein.* Mit einer Einführung [. . .] von O. D. P. Berlin: Askanischer Verlag 1940.

Baeumler, Alfred: Schillers *Wallenstein.* In: Weltanschauung und Schule 5 (1941) S. 234–241. Auch in: A. B.: Bildung und Gemeinschaft. Berlin: Junker & Dünnhaupt 1942. S. 263 ff.

Coulmas, Peter: Wallenstein contra Schiller. Versuch einer Neudeutung. In: Zeitschrift für Deutschkunde 55 (1941) S. 310–322.

Kaufmann, Friedrich Wilhelm: *Wallenstein.* In: F. W. K.: Schiller. Poet of philosophical idealism. Oberlin: The Academy Press 1942. S. 122–137.

Müller, Joachim: Die Tragödie der Macht. Bemerkungen zu Schillers *Wallenstein*-Drama. In: Die Sammlung 2 (1946/47) S. 514–526.

Schneider, Reinhold: Wallensteins Verrat. In: R. Sch.: Dämonie und Verklärung. Vaduz: Liechtenstein / Wien: Bergland Verlag 1947. S. 43–67; Freiburg i. Br.: Herder 1965. S. 19–40. Wiederabdr. in: Heuer/Keller. S. 119–138.

May, Kurt: *Wallenstein* als Tragödie. In: K. M.: Friedrich Schiller. Idee und Wirklichkeit im Drama. Göttingen: Vandenhoeck & Ruprecht 1948. S. 99–168. Überarb. u. d. T.: Schillers *Wallenstein*. In: K. M.: Form und Bedeutung. Stuttgart: Klett 1957, ³1972. S. 178–242.

Siebenschein, Hugo: Valdštejn. In: H. S.: Kdo jsou [Wer sie sind]. Praha: Práze 1948. S. 17–23.

Wiese, Benno von: *Wallenstein*. In: B. v. W.: Die deutsche Tragödie von Lessing bis Hebbel. Bd. 1. Hamburg: Hoffmann und Campe 1948. S. 257–284; ab ²1952, ⁸1973 [Ausg. in 1 Bd.] S. 213–235, 684–686.

Gerhard, Melitta: Neue Schaffensart. [*Wallenstein*.] In: G. M.: Schiller. Bern: Francke 1950. S. 341–359.

Heselhaus, Clemens: Die Nemesis-Tragödie: *Fiesco – Wallenstein – Demetrius*. In: Der Deutschunterricht 4 (1952) H. 5. S. 40–59.

Nohl, Hermann: *Wallenstein*. In: H. N.: Friedrich Schiller. Frankfurt a. M.: Schulte-Bulmke 1954. S. 67–76.

Paulsen, Wolfgang: Goethes Kritik am *Wallenstein*. Zum Problem des Geschichtsdramas in der deutschen Klassik. In: Deutsche Vierteljahrsschrift für Literaturwissenschaft und Geistesgeschichte 28 (1954) S. 61–83.

Stahl, Ernest Ludwig: The realist as hero (Wallenstein). In: E. L. St.: Friedrich Schiller's dramas. Theory and practice. Oxford: Clarendon Press 1954, repr. 1961, 1966. S. 88–105.

Abusch, Alexander: Schillers *Wallenstein*. Geschichte und Gestaltung. In: Neue deutsche Literatur 3 (1955) H. 3. S. 78–96.

– –: *Wallenstein*. In: A. A.: Schiller. Größe und Tragik eines deutschen Genius. Berlin: Aufbau-Verlag 1955, ⁴1965. S. 225–250; ab ⁵1975, ⁶1977. S. 226–252.

Barnasch, Hellmuth: Die Charakteristik Wallensteins als unterrichtliche Aufgabe. Hinweise zur Behandlung von *Wallensteins Tod*. In: Deutschunterricht (Berlin) 8 (1955) S. 192–201.

Mann, Thomas: Schillers Wallenstein. In: Die neue Rundschau 66 (1955) S. 278–293. Wiederabdr. in: Heuer/Keller. S. 139–156.

Mainland, William F.: *Wallensteins Tod:* Life's ambiguity. Observations on a stage-direction. In: W. F. M.: Schiller and the changing past. London: Heinemann 1957. S. 32–56.

Müller, Joachim: Schillers *Wallenstein*. In: Daß die Zeit sich wende!

Almanach hrsg. vom Deutschen PEN-Zentrum Ost und West. Berlin: Verlag der Nation 1957. S. 415–422. Auch in: J. M.: Das Edle in der Freiheit. Leipzig: Koehler & Amelang 1959. S. 129–137.
Šibanov, J. P.: Trilogija Šillera *Vallenštejn.* (K voprosu o narodnosti dramaturgii Šillera.) [Sch.s *Wallenstein*-Trilogie. Zur Frage von Sch.s nationaler Dramatik]. In: Izvestija Voronežskogo gosud. ped. inst. T. 23 (1957) S. 3–23.
Geerdts, Hans-Jürgen: Theorie und Praxis in Schillers Schaffen, dargestellt am *Wallenstein.* In: Schiller-Konferenz. S. 45–74.
Linn, Rolf N.: Wallenstein's innocence. In: The Germanic Review 34 (1959) S. 200–208.
Meyer, Herbert: Heinrich IV. von Frankreich im Werk Schillers. Ein Beitrag zum Verständnis der Wallenstein-Figur. In: Jahrbuch der Deutschen Schillergesellschaft 3 (1959) S. 94–101.
Rieder, Heinz: Schillers *Wallenstein.* In: Die Pforte 9 (1959) S. 30 ff., 81–93.
Storz, Gerhard: *Wallenstein.* In: G. St.: Der Dichter Friedrich Schiller. Stuttgart: Klett 1959, [4]1968. S. 255–314.
Wiese, Benno von: *Wallenstein.* In: B. v. W.: Friedrich Schiller. Stuttgart: Metzler 1959, [4]1978. S. 625–677.
Böckmann, Paul: Gedanke, Wort und Tat in Schillers Dramen. [*Wallenstein, Maria Stuart, Die Jungfrau von Orleans, Wilhelm Tell.*] In: Jahrbuch der Deutschen Schillergesellschaft 4 (1960) S. 2–41. Wiederabdr. in: Berghahn/Grimm. S. 274–324.
Braemer, Edith / Wertheim, Ursula: Einige Hauptprobleme in Schillers *Wallenstein.* In: E. B. / U. W.: Studien zur deutschen Klassik. Berlin: Rütten & Loening 1960. S. 189–214.
Heselhaus, Clemens: Wallensteinisches Welttheater. In: Der Deutschunterricht 12 (1960) H. 2. S. 42–71. Wiederabdr. in: Heuer/Keller. S. 213–236.
Klausnitzer, Heinz: Friedrich von Schillers *Wallenstein* und I. Kants Ethik. In: Bühnen-Genossenschaft 12 (1960/61) S. 44 ff.
Vincenti, Leonello: Il *Wallenstein* di F. Schiller. In: Atti dell'Accademia delle Scienze di Torino. Classe di Scienze morali, storiche e filologiche 95 (1960/61) S. 29–86. Auch in: L. V.: Nuovi saggi di letteratura tedesca. Milano: Mursia 1968. S. 73–136.
Werner, Hans-Georg: Ein Beitrag zur Deutung der *Wallenstein*-Trilogie Friedrich Schillers. Das Verhältnis des Dichters zur Geschichte. In: Wissenschaftliche Zeitschrift der Martin-Luther-Universität Halle-Wittenberg. Gesellschafts- und sprachwiss. Reihe 10 (1961) S. 1043–57.
Burkart, Carl J.: Die dritte Welt. Die mystische des Wallenstein von

Friedrich von Schiller. In: Natur und Kultur 54 (1962) S. 158–163. Auch in: Das edle Leben (Stuttgart) 12 (1963) S. 6–13.

Koševela, G. S.: Boŕba napravlenij v nemeckoj dramaturgii 90-ch godov 18 veka i tragedija Šillera *Vallenštejn* [Kampfbewegungen in der deutschen Dramaturgie der 90er Jahre des 18. Jahrhunderts und Sch.s Tragödie *Wallenstein*]. In: Učenye zapiski Čeljabinskogo ped inst. T. 7 (1962) S. 171–209.

– –: *Vallenštejn* Šillera. Problematika i ee chudož voploščnie [Sch.s *Wallenstein*. Die Problematik und ihre künstlerische Bewältigung]. In: Učenye zapiski Permskogo universiteta T. 23 (1962) S. 54–83.

Prokaev, Fedor I.: Dramatičeskaja trilogija Fridricha Šillera *Vallenštejn* [F. Sch.s dramatische Trilogie *Wallenstein*]. In: Trudy Prželval'skogo gosud. ped. inst. Serija filologičeskaja 9 (1962) S. 3–133.

Miller, Ronald D.: *Wallenstein*. In: R. D. M.: The drama of Schiller. Harrogate: Duchy Press 1963. S. 78–101.

Seidlin, Oskar: Wallenstein: Sein und Zeit. In: Der Monat H. 177 (1963) S. 28–32. U. a. auch in: O. S.: Von Goethe zu Thomas Mann. Göttingen: Vandenhoeck & Ruprecht 1963, [2]1969. S. 120–135. Wiederabdr. in: Heuer/Keller. S. 237–253.

Spanner, Werner: Schillers Wallenstein. Ein Beitrag zur Gestaltinterpretation. In: Wirkendes Wort 13 (1963) S. 87–96.

Wentzlaff-Eggebert, Friedrich Wilhelm: Die poetische Wahrheit in Schillers *Wallenstein*. In: Germanistik in Forschung und Lehre. Vorträge und Diskussionen des Germanistentages [. . .] 1964. Berlin: E. Schmidt 1965. S. 135–142. Auch in: F. W. W.-E.: Belehrung und Verkündigung. Berlin: de Gruyter 1975. S. 268–277.

Hartmann, Horst: Schillers *Wallenstein*-Trilogie. Eine Analyse. In: Weimarer Beiträge 11 (1965) S. 29–54.

Linn, Rolf N.: Wallenstein's third superstition. In: Monatshefte 58 (1966) S. 20–24.

Rieder, Heinz: Der Mensch als Charakter: Wallenstein. In: H. R.: Schiller. Religion und Menschenbild. Wien: Braumüller 1966. S. 93–110.

Suvanto, Pekka: Schillerin *Wallenstein*-trilogia historialissen todellisuuden välittäjänä [Sch.s *Wallenstein*-Trilogie als Vermittlerin historischer Wahrheit]. In: Juhlakirja Kauko Kyyrön täyttäessä 60 vuotta, 24. 11. 1967. Tampere: Tampereen yliopisto 1967. S. 240–252.

Pasi, Isak: Čovekut v istorijata. Siler – Valenščajn [Der Mensch in der Geschichte. Sch.s Wallenstein]. In: I. P.: Filosofski-literaturni etjudi. Sofija: Nauk i izkusstvo 1968. S. 121–150.

Berger, Hans: Der Mensch und die Macht in der Welt Schillers. [Wallenstein.] In: Germanistische Studien. Hrsg. von Johannes Erben und Eugen Thurnher. Innsbruck: Selbstverlag des Sprachwissenschaftlichen Seminars der Universität 1969. S. 179–197.

Hartmann, Horst: Wallenstein. Geschichte und Dichtung. (Interpretation. Dokumentation.) Berlin: Verlag Volk und Wissen 1969, [2]1977. Teilabdr. in: Heuer/Keller. S. 311–327.

Müller, Joachim: Schillers Wallenstein als Beispiel eines historisch-literarischen Porträts. In: Wissenschaftliche Zeitschrift der Friedrich-Schiller-Universität Jena. Gesellschafts- und sprachwiss. Reihe 18 (1969) S. 165–168. Erw. auch in: J. M.: Von Schiller bis Heine. Halle a. d. S.: Niemeyer 1972. S. 83–91.

Pongs, Hermann: Schillers *Wallenstein*-Trilogie. In: H. P.: Das Bild in der Dichtung. Bd. 3. Marburg a. d. L.: Elwert 1969. S. 537–586.

Wells, George A.: Astrology in Schiller's *Wallenstein.* In: The Journal of English and Germanic Philology 68 (1969) S. 100–115. – Dt. in: Heuer/Keller. S. 290–310.

Kaiser, Gerhard: *Wallensteins Lager.* Schiller als Dichter und Theoretiker der Komödie. In: Jahrbuch der Deutschen Schillergesellschaft 14 (1970) S. 323–346. Auch in: G. K.: Von Arkadien nach Elysium. Schiller-Studien. Göttingen: Vandenhoeck & Ruprecht 1978. S. 79–103. Wiederabdr. in: Heuer/Keller. S. 333–363.

Müller-Seidel, Walter: Die Idee des neuen Lebens. Eine Betrachtung über Schillers *Wallenstein.* In: The discontinous tradition. Studies in honour of Ernest L. Stahl. Ed. by P. F. Ganz. Oxford: Clarendon Press 1971. S. 79–98. Wiederabdr. in: Heuer/Keller. S. 364–385.

Sautermeister, Gert: *Wallenstein.* In: G. S.: Idyllik und Dramatik im Werk Friedrich Schillers. Zum geschichtlichen Ort seiner klassischen Dramen. Stuttgart: Kohlhammer 1971. S. 67–84, 99–110, 130–139, 155–158, 201–208.

Barnouw, Jeffrey: Das Problem der Aktion und Wallenstein. In: Jahrbuch der Deutschen Schillergesellschaft 16 (1972) S. 330–408.

Diwald, Hellmut: Friedrich Schiller: *Wallenstein.* Text von *Wallensteins Tod.* Dokumentation. Frankfurt a. M.: Ullstein 1972.

Gille, Klaus F.: Das astrologische Motiv in Schillers *Wallenstein.* In: Amsterdamer Beiträge zur neueren Germanistik 1 (1972) S. 103–118.

Libinzon, Zinovi E.: O charaktere Vallenštejna v trilogii Šillera [Über den Charakter Wallensteins in Sch.s Trilogie]. In: Učenye zapiski Gorkovskogo ped. inst. Vyp. 129 (1972) S. 148–164.

Neubauer, John: The idea of history in Schiller's *Wallenstein.* In: Neophilologus 56 (1972) S. 451–463.

Wells, George A.: Villainy and guilt in Schiller's *Wallenstein* and *Maria Stuart*. In: Deutung und Bedeutung. Studies in German and comparative literature presented to Karl-Werner Maurer. The Hague: Mouton 1973. S. 100–117.

Graham, Ilse: Wallenstein's poodle: an essay in elusion and commitment. In: I. G.: Schiller's drama. Talent and integrity. London: Methuen / New York: Barnes & Noble 1974. S. 120–145, 363–366.

Hell, Victor: La trilogie de *Wallenstein*. In: V. H.: Schiller. Théories esthétiques et structures dramatiques. Liberté et culture à l'époque de la Révolution française et de l'idéalisme allemand. Paris: Aubier-Montaigne 1974. S. 251–306.

Jantz, Harold: Schillers *Wallenstein*-Brief vom 1. März 1799. Seine Beziehungen zu Böttiger. In: Jahrbuch der Deutschen Schillergesellschaft 18 (1974) S. 3–22. [S. 5–10: Abdr. der Böttiger-Rezension; S. 12f.: Abdr. von Schillers Brief.]

Kraft, Herbert: *Wallenstein*. In: H. K.: Das Schicksalsdrama. Interpretation und Kritik einer literarischen Reihe: Tübingen: Niemeyer 1974. S. 19–23.

Boehm, Rudolf: Eine Tragödie: Wallenstein und unser aller Geist. In: Phenomenological perspectives. Historical and systematic essays in honor of Herbert Spiegelberg. The Hague: Nijhoff 1975. S. 154–167.

Koopmann, Helmut: Schillers *Wallenstein*. Antiker Mythos und moderne Geschichte. Zur Begründung der klassischen Tragödie um 1800. In: Teilnahme und Spiegelung. Festschr. für Horst Rüdiger. [. . .] hrsg. von Bella Allemann und Erwin Koppen. Berlin: de Gruyter 1975. S. 263–274.

Glück, Alfons: Schillers *Wallenstein*. Illusion und Schicksal. München: Fink 1976.

Hill, Harold C.: Astrology and friendship. The net of commitment in *Wallenstein*. In: Modern Language Notes 91 (1976) S. 467–477.

Lennert, Rudolf: Beobachtungen zum dichterischen Realismus Schillers [in *Wallenstein* und *Maria Stuart*]. In: Neue Sammlung 16 (1976) S. 529–540.

Müller-Seidel, Walter: Episches im Theater der deutschen Klassik. Eine Betrachtung über Schillers *Wallenstein*. In: Jahrbuch der Deutschen Schillergesellschaft 20 (1976) S. 338–386.

Barnouw, Jeffrey: Über den Realismus Wallensteins und Schillers. Mit einer Kritik der Hegelschen Deutung. In: Heuer/Keller. S. 396–422.

Rothmann, Kurt (Hrsg.): Friedrich Schiller. *Wallenstein*. Erläuterungen und Dokumente. Stuttgart: Reclam 1977.

Kraft, Herbert: Die Wahrheit der Vorstellung und die Lüge der Wirklichkeit: *Wallenstein.* Ein dramatisches Gedicht. In: H. K.: Um Schiller betrogen. Pfullingen: Neske 1978. S. 214–225.

Hinderer, Walter: *Wallenstein.* In: Schillers Dramen. Neue Interpretationen. Hrsg. von W. H. Stuttgart: Reclam 1979. S. 126–173.

Formale und sprachliche Aspekte

Freytag, Gustav: [Der Bau der Doppeltragödie *Wallenstein.*] In: G. F.: Die Technik des Dramas. Leipzig: Hirzel 1863. S. 174–181; ebd. [13]1922 / Reprogr. Darmstadt: Wissenschaftliche Buchgesellschaft 1965 [u. ö.]. S. 177–184. Teilabdr. [ohne Aufbauskizze] in: Heuer/Keller. S. 53–57.

Bormann, Walter: Der dramatische Plan im *Wallenstein.* In: Lehrproben und Lehrgänge H. 104 (1910) S. 53–77.

Feise, Ernst: Der Knittelvers in *Wallensteins Lager.* Ein Beitrag zur Geschichte des Knittelverses. In: Euphorion 17 (1910) S. 583–605.

Rieder, Rudolf: Stilistische Untersuchungen zur Kapuzinerpredigt in Schillers *Wallensteins Lager.* In: Washington University Studies (St. Louis) Pt. II. Vol. 1 (1913/14) S. 283–297.

Marguth, Georg: Der bildliche Ausdruck in Schillers *Wallenstein.* Ein Beitrag zum Studium der Sprache Schillers. Diss. Gießen 1928. [Masch.]

Wälchli, Robert: Schillers *Wallenstein.* Innere Entstehung und innere Form. Mulhouse: Editions Alsatia 1925.

Schneider, Hermann: *Wallenstein.* In: H. Sch.: Vom *Wallenstein* zum *Demetrius.* Untersuchungen zur stilgeschichtlichen Stellung und Entwickelung von Schillers Drama. Stuttgart: Kohlhammer 1933. S. 36–52.

Storz, Gerhard: Die Bauform der *Wallenstein*-Trilogie. Ein Weg zum Verständnis der Dichtung. In: Zeitschrift für deutsche Bildung 16 (1940) S. 17–25.

May, Kurt: Die Sprachanalyse im Beitrag zur Sinnauslegung des *Wallenstein.* In: K. M.: Friedrich Schiller. Idee und Wirklichkeit im Drama. Göttingen: Vandenhoeck & Ruprecht 1948. S. 169–188.

Marleyn, Roland: *Wallenstein* and the structure of Schiller's tragedies. In: The Germanic Review 32 (1957) S. 186–199.

Guthke, Karl S.: Die Sinnstruktur des *Wallenstein.* In: Neophilologus 42 (1958) S. 109–127. Leicht veränd. u. d. T.: Struktur und Charakter in Schillers *Wallenstein.* In: K. S. G.: Wege zur Literatur. Bern/München: Francke 1967. S. 72–91.

Singer, Herbert: Dem Fürsten Piccolomini. In: Euphorion 53 (1959) S. 281–302. Wiederabdr. in: Heuer/Keller. S. 180–212.

Blocher, Konrad F.: Schillers *Wallenstein* als dramatisches Gedicht. Ein Beitrag zur Untersuchung der dichterischen Sprache. Diss. Stuttgart 1963.

Wells, George A.: Poetry and politics: An aspect of Schiller's diction [in *Wallenstein* and *Maria Stuart*]. In: German Life and Letters N. S. 18 (1964/65) S. 101–110.

Jolles, O. J. Matthijs: Das Bild des Weges und die Sprache des Herzens. Zur strukturellen Funktion der sprachlichen Bilder in Schillers *Wallenstein.* In: Deutsche Beiträge zur geistigen Überlieferung 5 (1965) S. 109–142.

Schwerte, Hans: Simultaneität und Differenz des Wortes in Schillers *Wallenstein.* In: Germanisch-Romanische Monatsschrift N. F. 15 (1965) S. 15–25. Wiederabdr. in: Heuer/Keller. S. 274–289.

Steinmetz, Horst: *Wallenstein.* In: H. St.: Die Trilogie. Heidelberg: Winter 1968. S. 56–71.

Almási, Miklós: Widersprüche bei der Entstehung eines Dramenmodells: *Don Carlos, Wallenstein, Tell, Demetrius.* In: M. A.: Entwicklungswege des Dramas. [D. i. A drámafejlödes útjai (1969), dt.] Budapest: Akadémiai Kiadó 1977. S. 93–146.

Garland, Henry B.: *Wallenstein.* In: H. B. G.: Schiller. The dramatic writer. A study of style in the plays. Oxford: Clarendon Press 1969. S. 138–189.

Mann, Michael: Zur Charakterologie in Schillers *Wallenstein* [im Hinblick auf ihre ‚Situationsfunktion']. In: Euphorion 63 (1969) S. 329–339.

Banerjee, Nandakishore: Der *Wallenstein*-Prolog. In: N. B.: Der Prolog im Drama der deutschen Klassik. Studien zu seiner Poetik. München: UNI-Druck 1970. S. 54–113.

South, Marion-Luise: Der Doppelsinn des Lebens. Dialektische Rhetorik als Strukturprinzip in Schillers *Wallenstein.* Diss. University of California, Berkeley 1970. [Masch.]

Bohn, William J.: Style and function of the monologue in three plays by Friedrich Schiller: *Die Räuber, Wallenstein, Wilhelm Tell.* Diss. Michigan State University 1971. [Masch.]

Berghahn, Klaus L.: „Doch eine Sprache braucht das Herz." Beobachtungen zu den Liebesdialogen in Schillers *Wallenstein.* In: Monatshefte 64 (1972) S. 25–32. Wiederabdr. in: Heuer/Keller. S. 386–395.

Storz, Gerhard: Klassik der *Wallenstein*- Trilogie. In: G. St.: Klassik und Romantik. Eine stilgeschichtliche Darstellung. Mannheim: Bibliographisches Institut 1972. S. 62–71.

Lange, Barbara: Die Sprache von Schillers *Wallenstein.* Berlin: de Gruyter 1973.

Graham, Ilse: The pregnant moment: *Wallenstein's* debt to [Goethe's] *Laocoon.* In: I. G.: Schiller's drama. Talent and integrity. London: Methuen/New York: Barnes & Noble 1974. S. 245–283, 388–393.

Reinhardt, Hartmut: Schillers *Wallenstein* und Aristoteles. In: Jahrbuch der Deutschen Schillergesellschaft 20 (1976) S. 278–337.

Vöpel, Isolde: Sprachregie in Schillers *Wallenstein.* In: I. V.: Der Satzduktus in Schillers dramatischer Versrede. Stuttgart: Heinz 1976. S. 109–153.

Personae dramatis

Merkel, Garlieb: Vier und zwanzigster Brief. [Über die Charaktere in *Wallenstein.*] In: G. M.: Briefe an ein Frauenzimmer über die wichtigsten Produkte der schönen Litteratur. Berlin: Quien 1801. S. 381–396. Wiederabdr. in: Braun III. S. 26–33.

Hiecke, Robert Heinrich: Charaktere aus Schiller's *Wallenstein.* In: Jahrbücher für dramatische Kunst und Literatur 1 (1847) S. 289–309; 3 (1849) S. 168–173, 237–246. Auch in: R. H. H.: Gesammelte Aufsätze zur deutschen Litteratur. Hamm: Grote 1864; Berlin: Grote [2]1885. S. 256–300.

Rötscher, Heinrich Theodor: Ein Wink für die Darsteller des schwedischen Hauptmanns in Schiller's Tragödie *Wallensteins Tod.* In: H. Th. R.: Kritiken und dramaturgische Abhandlungen. Leipzig: Engelmann 1859. Auch in: H. Th. R.: Entwicklung dramatischer Charaktere aus Lessings's, Schiller's und Goethe's Werken, mit steter Beziehung auf ihre Darstellung. Hannover: Rümpler 1869. S. 171–173.

Bülau, Franz Adolf: Schillers Gräfin Terzky, ein merkwürdiges Doppelwesen. Ein historisch-kritischer Beitrag zu Schillers *Wallenstein.* Hamburg: Oncken 1867.

Genée, Rudolph: Thekla. In: R. G.: Klassische Frauenbilder. Aus dramatischen Dichtungen von Shakespeare, Lessing, Goethe und Schiller. Berlin: Gaertner 1884. S. 169–188.

Reuß, Karl: Die Stellung des Max Piccolomini in der Wallensteindichtung. Progr. Pforzheim 1889.

Burggraf, Julius: *Wallenstein.:* Die Marketenderin. Herzogin Elisabeth. Gräfin Terzky. Thekla. In: J. B.: Schiller's Frauengestalten. Stuttgart: Krabbe 1897, [2]1900. S. 291–311.

W.[idmann], W.[ilhelm]: Seni in Schillers *Wallenstein.* In: Bühne und Welt 4 (1901/02) S. 1011.

Hörtnagl, Johann: Die Figur des Oktavio Piccolomini in Schillers *Wallenstein.* In: Progr. Feldkirch 1903. S. 3–23.

Kohlrausch, Robert: Die Piccolomini. In: Bühne und Welt 6 (1903/04) S. 141–148, 197–204.

Kümmel, Johann: Thekla im dritten Aufzug der *Piccolomini.* In: Zeitschrift für den deutschen Unterricht 26 (1912) S. 332–335.

Bab, Julius: Der zweite Jäger. In: Der neue Weg 42 (1913) S. 428f.

Kümmel, Johann: Buttler in *Wallensteins Tod.* In: Zeitschrift für den deutschen Unterricht 28 (1914) S. 430–435.

Schwartze, Emil: Buttler und Wallenstein. In: Sokrates 70 (1916) S. 595–598.

Raff, Helene: Wallensteins Max. In: Westermanns Monatshefte Bd. 146 (1929) S. 173–178.

Rösch, Hermann: Thekla und Wallenstein im Unterricht der Oberklassen. In: Aus Unterricht und Forschung 2 (1930) S. 157–164.

Scherz, K. E.: Die Gustel aus Blasewitz. In: Mitteilungen des Landesvereins Sächsischer Heimatschutz 27 (1938) S. 269–277.

Rothman, John: Octavio and Buttler in Schiller's *Wallenstein.* In: The German Quarterly 27 (1954) S. 110–115.

Wittkowski, Wolfgang: Octavio Piccolomini. Zur Schaffensweise des Wallensteindichters. In: Jahrbuch der Deutschen Schillergesellschaft 5 (1961) S. 10–57. Wiederabdr. in: Berghahn/Grimm. S. 407–465.

Silz, Walter: The character and function of Buttler in Schiller's *Wallenstein.* In: Studies in Germanic languages and literatures. In memory of Fred O. Nolte. Ed. by Erich Hofacker and Lieselotte Dieckmann. St. Louis: Washington University Press 1963. S. 77–91. – Dt. in: Heuer/Keller. S. 254–273.

Koševela, G. S.: Social'no-tipičeskie obrazy v *Vallenštejn* F. Šillera [Die sozialtypischen Gestalten in F. Sch.s *Wallenstein*]. In: Voprosy Istorii i Teorii Literatury (Čeljabinsk) 1 (1966) S. 208–219.

Krausse, Helmut K.: Die Schwägerin. Marginalien zu Schillers *Wallenstein.* In: Modern Language Notes 85 (1970) S. 332–344.

Linn, Rolf N.: Max Piccolomini, der zarte Soldat. In: R. N. L.: Schillers junge Idealisten. Berkeley: University of California Press 1973. S. 55–66.

Finger, Ellis: The role of Gordon in *Wallensteins Tod.* In: The German Quarterly 51 (1978) S. 305–319.

Köhnke, Klaus: Max Piccolomini und die Ethik des Herzens. In: Acta Germanica 11 (1979) S. 97–112.

Vergleiche mit anderen Werken u. ä.

Bratranek, Franz Th.: Goethes *Egmont* und Schillers *Wallenstein.* Eine Parallele der Dichter. Stuttgart: Cotta 1862.

Feldtmeyer, Eugen: Schiller's Wallenstein und Shakespeare's Macbeth. Eine Abhandlung. Progr. Krotoschin 1865.

Boxberger, Robert: Ewald von Kleist und Max Piccolomini. In: Archiv für Litteraturgeschichte 9 (1879/80) S. 560–567. [Der Bericht über Kleists Begräbnis und der Bericht über das Begräbnis von Max Piccolomini.]

Jacoby, Daniel: *Egmont* und Schillers *Wallenstein.* In: Goethe-Jahrbuch 12 (1891) S. 253–256. [Parallelen der Volksszenen.]

Imelmann, Johann: Herder und Schillers *Wallenstein.* Progr. Berlin 1893. [Parallelen zu Herders Aufsatz „Das eigene Schicksal" (1795).]

Albrecht, K.: Halems und Schillers *Wallenstein.* In: Euphorion 6 (1899) S. 290–295.

Warnatsch, Otto: Anklänge an Racines *Britannicus* in Schillers *Wallenstein.* In: Studien zur vergleichenden Literaturgeschichte 5 (1905) S. 180–194.

Westenholz, Friedrich von: Wallenstein und Macbeth. In: Marbacher Schillerbuch Bd. 1 (1905) S. 132–143.

Finmann, Eduard: Zu Schillers *Wallenstein* [und Christine Nauberts *Geschichte der Gräfin Thekla von Thurn* (1789).] In: Euphorion 15 (1908) S. 165–168.

Meyer, Richard M.: Goethe in *Wallensteins Lager.* In: Goethe-Jahrbuch 30 (1909) S. 209f. [Parallelen zu *Egmont.*]

Sturtevant, Albert M.: A new trace of Shakespeare's influence upon Schiller's *Wallenstein.* In: Modern Language Notes 24 (1909) S. 129–132. [*Die Piccolomini / Julius Caesar.*]

Heller, Bernát: *Wallenstein, Macbeth, Julius Caesar.* In: Ungarische Rundschau 3 (1914) S. 905–923.

Brömse, Heinrich: *Wallensteins Lager* und *Egmont.* In: Euphorion 22 (1915) S. 303–307.

Schwartze, Emil: [Hebbels] Kandaules und Wallenstein. In: Sokrates 72 (1918) S. 234–238.

Blankenagel, John C.: Schiller's *Wallenstein* and Kleist's *Prinz Friedrich von Homburg.* In: The Germanic Review 2 (1927) S. 1–11.

Zucker, Adolf E.: An *Ahnfrau* scene in Schiller's *Wallenstein.* In: Modern Language Notes 51 (1936) S. 97f.

Golz, Bruno: Wallenstein und der Prinz von Homburg. In: Deutsches Volkstum 20 (1938) S. 614–620.

May, Kurt: Schiller und Kleist im Vergleich des *Wallenstein* und *Robert Guiskard*. In: K. M.: Friedrich Schiller. Idee und Wirklichkeit im Drama. Göttingen: Vandenhoeck & Ruprecht 1948. S. 189–222.

Witte, William: Time in *Wallenstein* and *Macbeth*. In: Aberdeen University Review 34 (1952) S. 217–224. Auch in: W. W.: Schiller and Burns, and other essays. Oxford: Blackwell 1959. S. 38–47.

Partl, Kurt: Friedrich Schillers *Wallenstein* und Franz Grillparzers *König Ottokars Glück und Ende*. Eine vergleichende Interpretation auf geschichtlicher Grundlage. Bonn: Bouvier 1960, [2]1969.

Bühnengeschichte

Gliederung: Allgemeine Darstellungen – Regionale Aufführungen (Weimar – Berlin – andere Orte, in alphabetischer Folge).
Im Gegensatz zu der Gesamtbibliographie ist der regionale Teil nach der inneren Chronologie der Aufführungen gegliedert.

Kilian, Eugen: Der einteilige Theater-*Wallenstein*. Ein Beitrag zur Bühnengeschichte von Schillers *Wallenstein*. Berlin: Duncker 1901. – Reprogr. Hildesheim: Gerstenberg 1977.

– –: *Wallenstein* als fünfaktiges Trauerspiel. In: Bühne und Welt 9 (1906/07) S. 353–362. Auch in: Die Schaubühne 3, II (1907) S. 253–259.

– –: Schillers *Wallenstein* auf der Bühne. Beiträge zum Problem der Aufführung und Inszenierung des Gedichts. München/Leipzig: G. Müller 1908.

Potthoff, Ernst: Zur Frage des einteiligen Theater-*Wallensteins*. In: Der neue Weg 38 (1909) S. 667–671, 694–697. [Im Hinblick auf die eigene einteilige Bühnenbearbeitung (Leipzig: Reform-Verlag 1909).]

Wallenstein. In: Deutsche Schauspiel-Kunst. Zeugnisse zur Bühnengeschichte klassischer Rollen, gesammelt von Monty Jacobs. Leipzig: Insel-Verlag 1913. – Neuausg., bearb. von Eva Stahl. Berlin: Henschelverlag 1954. S. 214–245.

Kilian, Eugen: Schillers *Wallenstein* als Bühnenstück. In: E. K.: Aus der Praxis der modernen Dramaturgie. Der dramaturgischen Blätter zweite Reihe. München: G. Müller 1914. S. 173–185.

Modes, Theo: Die Urfassung und einteiligen Bühnenbearbeitungen von Schillers *Wallenstein*. Reichenberg: Stiepel 1931.

Hicks, William Charles: A Weimar actor under Goethe and Schiller. [Johann Jakob Graff, der erste Wallenstein-Darsteller.] In: Publications of the English Goethe Society N. S. 11 (1935) S. 60–85.

Zucker, Adolf E.: Goethe and Schiller stage *Wallenstein.* In: Monatshefte 30 (1938) S. 1–12. [Zur Zusammenarbeit für die Weimarer und Berliner Aufführungen.]

Versuche am großen Klassiker. Schillers *Wallenstein.* [Beiträge von A. Priewe, F. Bennewitz und M. Nössig.] In: Theater der Zeit 20 (1965) Nr. 3. S. 13–19.

WEIMAR

[Goethe, Johann Wolfgang]: Weimarischer neudecorirter Theater-Saal. Dramatische Bearbeitung der Wallensteinischen Geschichte durch Schiller. (Auszug eines Briefes aus Weimar.) In: Allgemeine Zeitung (Tübingen) vom 12. Oktober 1798. U. a. auch in: Goethes Werke. Hrsg. im Auftrage der Großherzogin Sophie von Sachsen. Abt. I. Bd. 40. Weimar: Böhlau 1901. S. 3–8. Wiederabdr. (gekürzt) in: Heuer/Keller.S. 1f. [Vorankündigung.]

Böttiger, Karl August: Nachrichten von dem Weimarischen Hof-Theater. In: Journal des Luxus und der Moden 13 (1798) S. 640–651. Wiederabdr. in: Oscar Fambach: Schiller und sein Kreis in der Kritik ihrer Zeit. Berlin: Akademie-Verlag 1957. S. 401–405. [Überwiegend Vorbesprechung von *Wallensteins Lager.*]

– –: Ueber die erste Aufführung der *Piccolomini* auf dem Weimarischen Hof-Theater [am 30. Januar 1799]. In: Journal des Luxus und der Moden 14 (1799) S. 89–97. – Hierzu:

Schiller, Friedrich: [Meine Konzeption des *Wallenstein.*] Brief an Böttiger vom 1. März 1799. U. a. in: Schillers Briefe. Hrsg. und mit Anm. versehen von Fritz Jonas. Kritische Gesamtausgabe. Bd. 6. Stuttgart: Deutsche Verlags-Anstalt 1895. S. 13f.

[Goethe, Johann Wolfgang / Schiller, Friedrich]: *Die Piccolomini.* Wallensteins erster Theil. Ein Schauspiel in fünf Aufzügen von Schiller. Aufgeführt zum ersten Mal Weimar am 30. Januar 1799, als am Geburtstage der regierenden Herzogin. In: Allgemeine Zeitung (Tübingen) Nrn. 84–90 vom 25.–31. März 1799. U. a. auch in: Goethes Werke. Sophienausgabe. Abt. I. Bd. 40. Weimar: Böhlau 1901. S. 35–66. – Der die Schauspieler würdigende Abschlußteil vom 31. März von Schiller. In der Sophienausgabe, durch Kleindruck unterschieden, S. 64–66. Auch gesondert u. d. T.: Über die erste Aufführung der *Piccolomini.* In: Schillers Sämtliche Werke. Säkular-Ausgabe. Bd. 16. Stuttgart: Cotta 1905. S. 115–117.

Weimar. [Rez. d. Erstaufführung des *Wallenstein* am 20. April 1799.] In: Journal des Luxus und der Moden 14 (1799) S. 252–254. Wiederabdr. in: Braun II. S. 367–369.

Michel, H.[ermann?]: Die erste Aufführung der *Piccolomini* 30. Januar

1799. In: Dramaturgische Blätter. Organ des deutschen Bühnenvereins 2 (1899) S. 25–29.

Rudloff-Hille, Gertrud: Der Umbau des Weimarer Hoftheaters / Die *Wallenstein*-Trilogie. In: G. R.-H.: Schiller auf der deutschen Bühne seiner Zeit. Berlin: Aufbau-Verlag 1969. S. 107–130, 410–415.

Carlson, Marvin: *Wallenstein*, Fall 1797 – Fall 1799. In: M. C.: Goethe and the Weimar theatre. Ithaca: Cornell University Press 1978. S. 99–132.

Die Jubiläumsaufführung der Wallensteintrilogie in Weimar am 9. Oktober 1898. In: Reclams Universum 15 (1899/1900) S.845–847.

Zoozmann, Richard: [Über die Centenaraufführung der *Wallenstein*-Trilogie in Weimar, 9. Oktober 1898.] In: Bühne und Welt 1 (1898/99) S. 142–144.

Linzer, Martin: *Wallenstein*. Aufführung des Deutschen Nationaltheaters Weimar [zur Schiller-Feier 1955]. In: Theater der Zeit 10 (1955) H. 6. S. 51 f.

BERLIN

Schacht, Sven: Schillers *Wallenstein* auf den Berliner Bühnen. Oldenburg: Schwartz 1929.

[Schiller, Friedrich / Iffland, August Wilhelm]: Schillers *Piccolomini* auf dem Kgl. National-Theater in Berlin. Ifflands Regiebuch zur Erstaufführung am 18. Februar 1799. Hrsg. von Julius Petersen. Berlin: Gesellschaft für Theatergeschichte 1941.

[Woltmann, Karl Ludwig von]: Über das Schauspiel, die *Piccolomini*, und die Vorstellung desselben auf dem Nazionaltheater zu Berlin [am 18. Februar 1799]. In: Jahrbücher der preußischen Monarchie Bd. 1 (1799) S. 278–313. Teilabdr. in: Braun II. S. 349–362.

Katt, Friedrich: Die Erstaufführung von Schillers *Piccolomini* in Berlin (18. Februar 1799). In: Der Bär 25 (1899) S. 104–107.

Wallensteins Tod. Ein Trauerspiel in fünf Aufzügen von Schiller. (Fortsetzung der *Piccolomini*.) Auf dem Berlinischen Nationaltheater zum erstenmale aufgeführt den 17ten May 1799. In: Jahrbücher der preußischen Monarchie Bd. 2 (1799) S. 135–166. Teilabdr. in: Braun II. S. 362–367.

Fontane, Theodor: [16 Rezensionen zu Berliner *Wallenstein*-Aufführungen zwischen dem 11. November 1871 und dem 15. Dezember 1888.] In: Vossische Zeitung (1871–88). U. a. auch in: Th. F.: Sämtliche Werke. Bd. 22. München: Nymphenburger Verlagshandlung. T. 1 (1964). S. 87–92, 92–95, 271 f., 467–469, 685–689, 904–906; T. 2 (1964). S. 10–12, 53–56, 334–339, 361–363, 470–474, 475–480, 481–485, 494–496, 522–524, 591 f.

Brahm, Otto: Friedrich-Wilhelmstädtisches Theater: *Wallenstein*-Trilogie [durch die Meininger]. In: Vossische Zeitung vom 25. April 1882. U. a. auch in: O. B.: Kritiken und Essays. Ausgew., eingel. und erl. von Fritz Martini, Zürich/Stuttgart: Artemis-Verlag 1964. S. 88–91.

Jacobsohn, Siegfried: *Wallenstein.* [Reinhardts Inszenierung der Trilogie am Deutschen Theater, 25. September, 9. Oktober und 13. November 1914.] In: Die Schaubühne 10 (1914) S. 266f., 366–368, 409–411, 444–446.

Jeßners Inszenierung der *Wallenstein*-Trilogie im Staatlichen Schauspielhaus, Berlin, 10./11. Oktober 1924. Teilabdr. zeitgenössischer Rezensionen von Herbert Ihering, Fritz Engel und Norbert Falk in: Günther Rühle: Theater für die Republik, 1917–1933, im Spiegel der Kritik. Frankfurt a. Main: S. Fischer 1967. S. 547–556.

Blumenthal, Lieselotte: Keine Sensation um *Wallenstein* [am Deutschen Theater]. In: Theater der Zeit 14 (1959) H. 6. S. 10f.

Cwojdrak, Günther: Wallensteins Auferstehung [am Deutschen Theater]. In: Die Weltbühne 14 (1959) S. 665–668.

ANDERE ORTE

Loup, Kurt: *Wallenstein.* In: K. L.: Schönheit und Freiheit. Friedrich Schiller und das Düsseldorfer Schauspielhaus Dumont-Lindemann. Düsseldorf: Stern 1959. S. 177–184.

Grabbe, Christian Dietrich: Am 8. März 1835, *Wallensteins Tod*, Tragödie in 5 Akten, von Schiller [am Stadt-Theater Düsseldorf]. In: Hermann. Ein Centralorgan für Rheinland-Westphalen (1835) S. 170–172. Erw. in: Ch. D. G.: Das Theater zu Düsseldorf, mit Rückblicken auf die übrige deutsche Schaubühne. Düsseldorf: Schreiner 1835. S. 66–74. U. a. auch in: Ch. D. G.: Werke und Briefe. Historisch-kritische Gesamtausgabe. Bd. 4. Emsdetten: Lechte 1966. S. 149–153. Wiederabdr. (gekürzt) in: Heuer/Keller. S. 41–44.

Wildenradt, Johann von: Die Schiller-Festspiele in Düsseldorf. In: Bühne und Welt 2 (1899/1900) S. 885–892. [U. a. die *Wallenstein*-Trilogie.]

Kühlken, Edda: Schiller – *Wallensteins Tod* im Düsseldorfer Schauspielhaus 1953 und im Deutschen Schauspielhaus in Hamburg 1955. In: E. K.: Die Klassiker-Inszenierungen von Gustav Gründgens. Meisenheim: A. Hain 1972. S. 169–181.

Berger, Alfred von: Egerer Dramaturgie. In: A. v. B.: Meine Hamburgische Dramaturgie. Bd. 1. Wien: Reissers Söhne 1910. S. 255–288.

Modes, Theo: Von Wallenstein-Festspielen zum Schiller-Bayreuth.

[Über den Trend der Egerer Festspiele.] In: Stifter-Jahrbuch 6 (1959) S. 191–199.

Schiller, [Friedrich] / Heyme, [Hansgünther]: *Wallenstein.* Regiebuch der Kölner Inszenierung [1969]. Mit Beiträgen von [. . .] hrsg. von Volker Canaris, Frankfurt am Main: Suhrkamp 1970.

Rischbieter, Henning: Heyme putscht *Wallenstein* auf. Schillers Trilogie, für einen Abend eingerichtet. In: Theater heute 10 (1969) H. 12 [recte 11 (1970) H. 1]. S. 22–24.

Hensel, Georg: Heymes *Wallenstein*-Plakat ist unwichtig, Kortners *Clavigo*-Informationen sind wichtiger. In: Theater heute 11 (1970). Sonderheft. S. 30–32.

Nössig, Manfred: Wallenstein und das Lager. Schillers Trilogie in Leipzig [inszeniert von Karl Kayser]. In: Theater der Zeit 29 (1974) H. 4. S. 21–24.

Meyer, Herbert: Schillers *Wallenstein* auf der Mannheimer Bühne 1807–1960. In: Jahrbuch der Deutschen Schillergesellschaft 17 (1973) S. 304–317.

Baumgart, Reinhard: Staatstheater-Nihilismus. *Wallenstein* im Münchener Residenztheater [inszeniert von Walter Felsenstein]. In: Theater heute 13 (1972) H. 8. S. 13–15.

Henrichs, Benjamin: Felsenstein inszeniert *Wallenstein* in München. Das Hoftheater lebt. In: Die Zeit 27 (1972) Nr. 27 vom 7. Juli.

Kuenzel, Margarete: *Wallenstein* auf dem Wiener Burgtheater. Diss. Wien 1944. [Masch.]

Hadamowsky, Franz: Die *Wallenstein*-Trilogie. [1. Darstellung. 2. Aufführungen und Besetzungen der wichtigsten Rollen.] In: F. H.: Schiller auf der Wiener Bühne, 1783–1959. Wien: Österreichischer Bundesverlag 1960. S. 95–107, 150–156.

Hebbel, Friedrich: *Wallenstein.* (Dramatisches Gedicht in drei Theilen von Schiller. Zum ersten Male vollständig dargestellt auf dem Hof- und National-Theater.) In: Wiener Zeitung (1848) Nr. 121 vom 5. Oktober. Beilage. U. a. auch in: F. H.: Werke. Hrsg. von Gerhard Fricke [u. a.]. Bd. 3. München: Hanser 1965. S. 590–593. Wiederabdr. (l. gekürzt) in: Heuer/Keller. S. 45 f.

Lindtberg, Leopold: Die *Wallenstein*-Trilogie am Wiener Burgtheater. [Vortrag, 1960, über die Prinzipien seiner Inszenierung am 3. und 31. Oktober 1959.] In: L. L.: Reden und Aufsätze. Zürich: Atlantis-Verlag 1972. S. 73–94.

Torberg, Friedrich: *Wallenstein*-Trilogie (1959). In: F. T.: Das fünfte Rad am Thespiskarren. München: Langen / Müller 1966. S. 61–67. [Rez. von Lindtbergs Inszenierung am Burgtheater, 3. und 31. Oktober 1959.]

Németh, Lásló: Vendegünk: Wallenstein [Unser Gast: Wallenstein]. In: Híd (Budapest) 2 (1941) Nr. 51. S. 8f. Auch in: L. N.: Európai utas. Tanulmányok. Budapest: Magveto 1973. S. 249–253.

Viertel, Berthold: *Wallenstein.* [Die Trilogie am Landestheater Prag, Ostern 1918.] In: Prager Tagblatt 43 (1918) Nr. 76 vom 3. April. Auch in: B. V.: Schriften zum Theater. München: Kösel-Verlag 1970. S. 297–299.

Wirkungsgeschichte

[Barante, Prosper de]: Commentaire de *Wallstein.* [Vermutlich Anfang 1809; Rez.-Manuskript.] Aus dem Nachlaß-Archiv erstmals in: Benjamin Constant: *Wallstein,* [. . .] Edition critique [. . .] par Jean-René Derré. Paris: Les Belles Lettres 1965. S. 249–262. [Kritik unter ständiger Bezugnahme auf Schiller.]

Fournier, August: Schillers *Wallenstein* und die österreichische Zensur. In: Neue Freie Presse (Wien) Nr. 12261 (1898). Auch in: A. F.: Historische Studien und Skizzen. Reihe 3. Prag/Wien/Leipzig: Tempsky 1912. S. 30–38.

Meyer, Erich: Benjamin Constant's *Wallstein.* Ein Beitrag zur Geschichte der Wechselbeziehungen der deutschen und französischen Literatur. Progr. Weimar 1898.

Machule, Paul: Coleridge's *Wallenstein*-Übersetzung. In: Englische Studien 31 (1902) S. 182–239.

Roscher, Hans: Die Wallensteinübersetzung von Samuel T. Coleridge und ihr deutsches Original. Diss. Tübingen 1905.

Eggli, Edmond: Le *Wallstein* de Benjamin Constant. In: E. E.: Schiller et le romantisme français. Bd. 1. Paris: J. Gamber 1927 / Reprogr. Genève: Slatkine 1970. S. 359–415.

– –: [Le *Walstein* de Liadières.] Ebd. S. 605–612.

Matenko, Percy: Schiller's „Kapuzinerpredigt" and [Verdi's] „La forza del destino". In: Symposium 13 (1959) S. 112–116.

Hecht, Wolfgang: Kapuzinerpredigt und Tell-Monolog als politische Zeitsatire auf Berliner Flugblättern von 1848. Ein Beitrag zur Wirkungsgeschichte Schillers. In: Goethe. N. F. des Jahrbuchs der Goethe-Gesellschaft 22 (1960) S. 112–134.

Deuerlein, Ernst: Eine studentische Parodie der Kapuziner-Predigt in Schillers *Wallensteins Lager* (Erlangen um 1819). In: Erlanger Bausteine zur fränkischen Heimatforschung 16 (1966) S. 14–30.

Hohmann, Walter: Grundfragen der marxistischen *Wallenstein*-Interpretation. In: Wissenschaftliche Zeitschrift des Pädagogischen Instituts Erfurt. Gesellschafts- und sprachwiss. Reihe 3 (1966) S.77–97; 4 (1967) S.79–101.

Haas, Rudolf: Zu Coleridges *Wallenstein*-Übersetzung. In: Versdichtung der englischen Romantik. Interpretationen. [. . .] hrsg. von Teut Andreas Riese und Dieter Riesner. Berlin: E. Schmidt 1968. S.225–243.

Furst, Lilian R.: Two versions of Schiller's *Wallenstein* [by Coleridge and Constant]. In: Modern Miscellany. Presented to Eugène Vinaver. Manchester: University Press / New York: Barnes & Noble 1969. S.65–78.

ALLGEMEINE UND ERGÄNZENDE LITERATUR

Gesamtdarstellungen und Einzelaspekte von Schillers Leben und Werk

Carlyle, Thomas: The life of Friedrich Schiller; comprehending an examination of his works. London: Printed for Taylor and Hessey 1825; London: Chapman and Hall [2]1845; Leipzig: Tauchnitz 1869. U. a. auch als: Works of Carlyle. Vol. 25. London: Chapman and Hall 1899 / Reprogr. New York: AMS Press 1969, 1974. – Dt. u. a.: Leben Schillers, aus dem Englischen; eingeleitet von Goethe. Frankfurt a. M.: Wilmans 1830. Ferner u. d. T.: Schiller. Bearb. von Adalbert Luntowski. Berlin: Borngraeber 1912.

Hinrichs, Friedrich Wilhelm: Schillers Dichtungen nach ihren historischen Beziehungen und nach ihrem inneren Zusammenhange. 2 Tle. in 3 Bdn. Leipzig: Hinrichs 1837–39.

Grün, Karl: Schiller als Mensch, Geschichtsschreiber, Denker und Dichter. Ein gedrängter Kommentar zu Schiller's sämtlichen Werken. Leipzig: Brockhaus 1844, [2]1849.

Palleske, Emil: Schiller's Leben und Werke. 2 Bde. Berlin: Duncker 1858/59, [16]1906. – Neuausg., durchges. von Ludwig Geiger. Berlin: Weichert 1913.

Janssen, Johannes: Schiller als Historiker. Freiburg i. Br.: Herder 1863, [2]1879.

Ueberweg, Friedrich: Schiller als Historiker und Philosoph. Hrsg. von Moritz Brasch. Leipzig: Reissner 1884.

Brahm, Otto: Schiller. 2 Bde. Berlin: Hertz 1888–92.

Minor, Jakob: Schiller. Sein Leben und seine Werke. 2 Bde. Berlin: Weidmann 1890.

Bellermann, Ludwig: Schiller. Leipzig: Seemann 1901, [2]1911.

Mehring, Franz: Schiller. Ein Lebensbild für deutsche Arbeiter. Leipzig: Leipziger Buchdruckerei 1905, ³1923. – Neuausg., bearb. und hrsg. von Walter Heist. Berlin: Gebr. Weiß 1949.

Stubenrauch, August K.: Vom tragischen Erleben. Ein Beitrag zum Verständnis des Schillerschen Dramas. Göttingen: Heißmeyer 1928.

Cunningham, Kathleen: Schiller und die französische Klassik. Bonn: Schröder 1930.

Spengler, Wilhelm: Das Drama Schillers. Seine Genesis. Leipzig: Weber 1932.

Kommerell, Max: Schiller als Gestalter des handelnden Menschen. Frankfurt a. M.: Klostermann 1934. Auch in: M. K.: Geist und Buchstabe der Dichtung. Frankfurt a. M.: Klostermann [erst ab] 3., verm. Aufl. 1944, ⁵1962. S. 132–174.

Meinecke, Friedrich: Schiller und der Individualitätsgedanke. Eine Studie zur Entstehungsgeschichte des Historismus. Leipzig: Meiner 1937.

Spranger, Eduard: Schillers Geistesart, gespiegelt in seinen philosophischen Schriften und Gedichten. Berlin: Akademie der Wissenschaften 1941. Auch in: E. Sp.: Erzieher zur Humanität. Heidelberg: Quelle & Meyer 1972. S.184–268.

Fricke, Gerhard: Schiller und die geschichtliche Welt. Straßburg: Hünenburg-Verlag 1943. U. a. auch in: G. F.: Studien und Interpretationen. Frankfurt a. M.: Menck 1956. S. 95–118.

Schnaar, Oswig: Schillers Durchbruch zur Geschichte. Diss. München 1943. [Masch.]

Garland, Henry B.: Schiller. London: Harrap 1949; New York: Mc Bride / Toronto: Clarke, Irwin & Co. 1950. – Reprogr. Westport, Connecticut: Greenwood Press 1976.

Witte, William: Schiller. Oxford: Blackwell / London: Macmillan 1949. – Reprogr. New York: Haskell House 1974.

Trettin, Hans Peter: Der philosophische Glaube des späten Schiller und seine tragische Dichtung. Von *Wallenstein* bis *Demetrius*. Diss. Hamburg 1952. [Masch.]

Mayer, Hans: Schiller und die Nation. Berlin: Aufbau-Verlag 1953, ²1954; Düsseldorf: Progreß Verlag 1955. Auch in: H. M.: Studien zur deutschen Literaturgeschichte. Berlin: Rütten & Loening 1954, ²1955. S. 79–122.

Prader, Florian: Schiller und Sophokles. Zürich: Atlantis-Verlag 1954.

Wiese, Benno von: Der Dramatiker Friedrich Schiller und sein Verhältnis zur Bühne. Münster: Aschendorff 1955. Auch in: Reden 1955. S. 334–354.

Cysarz, Herbert: Die dichterische Phantasie Friedrich Schillers. Tübingen: Niemeyer 1959.
Roch, Anneliese: Die Personalität in Schillers Theorien und Dramen. Diss. Köln 1960.
A Schiller symposium, in observance of the bicentenary of Schiller's birth [. . .]. Ed. with an introduction by A. Leslie Willson. Austin: University of Texas, Department of Germanic Languages 1960.
Greulich, Wolfgang: Recht und Staat in Schillers Werken. Jur. Diss. Köln 1961.
Raabe, August: Idealistischer Realismus. Eine genetische Analyse der Gedankenwelt Friedrich Schillers. Bonn: Semmel 1962.
Manck, Anneliese G.: Träger des Bösen im dramatischen Werk Schillers. Diss. Freiburg i. Br. 1964.
Simon, Walter M.: Friedrich Schiller (1759–1805): The poet as historian. An inaugural lecture. Keele/Staffs: University of Keele 1966.
Kaiser, Gerhard: Vergötterung und Tod. Die thematische Einheit von Schillers Werk. Stuttgart: Metzler 1967. Auch in: G. K.: Von Arkadien nach Elysium. Schiller-Studien. Göttingen: Vandenhoeck & Ruprecht 1978. S. 11–44.
Staiger, Emil: Friedrich Schiller. Zürich: Atlantis-Verlag 1967.
Bloch, Peter André: Schiller und die französische klassische Tragödie. Düsseldorf: Schwann 1968.
Burschell, Friedrich: Schiller. Reinbek: Rowohlt 1968.
Berghahn, Klaus L.: Formen der Dialogführung in Schillers klassischen Dramen. Ein Beitrag zur Poetik des Dramas. Münster: Aschendorff 1970.
Ueding, Gert: Schillers Rhetorik. Idealistische Wirkungsästhetik und rhetorische Tradition. Tübingen: Niemeyer 1971.
Borchmeyer, Dieter: Tragödie und Öffentlichkeit. Schillers Dramaturgie im Zusammenhang seiner ästhetisch-politischen Theorie und die rhetorische Tradition. München: Fink 1973.
Graham, Ilse: Schiller, ein Meister der tragischen Form. Darmstadt: Wissenschaftliche Buchgesellschaft 1974. – Engl. Originalausg., verspätet, u. d. T.: Schiller. A Master of the tragic form. Pittsburgh: Duquesne University Press 1975.
Friedrich Schiller. Zur Geschichtlichkeit seines Werkes. Hrsg. von Klaus L. Berghahn. Kronberg: Scriptor 1975.
Camigliano, Albert J.: Friedrich Schiller and Christian Gottfried Körner; a critical relationship. Stuttgart: Heinz 1976.

Ludwig, Otto: Hauptunterschied zwischen Shakespeare und Schiller. [Ca. 1851/55?] In: O. L.: Shakespeare-Studien. Aus dem Nachlasse des Dichters hrsg. von Moritz Heydrich. Halle a. d. S.: Gesenius 1871 / Leipzig: Cnobloch 1874. S. 67–74; Halle a. d. S.: Gesenius ²1901. S. 51–56. U. a. auch in: Ludwigs Werke. Hrsg. von Arthur Eloesser. T. 4. Leipzig: Bong 1908. S. 175–179.

Schmidt, Julian: Schiller als Historiker 1787–1797. In: J. Sch.: Schiller und seine Zeitgenossen. Eine Gabe für den 10. November 1859. Leipzig: Herbig 1859. S. 205–246.

Tomaschek, Karl: Schiller und die Geschichtsschreibung. In: K. T.: Schiller in seinem Verhältnisse zur Wissenschaft. Wien: Gerold 1862. S. 67–138.

Harnack, Otto: Koerner's kritische Mitarbeit an Schiller's Werken. In: Preußische Jahrbücher Bd. 65 (1890) S. 391–409.

Ribbeck, Walther: Schiller und die Schicksals-Idee. In: Preußische Jahrbücher Bd. 70 (1892) S. 186–197.

Cassirer, Ernst: Schiller. Freiheitsproblem und Formproblem in der klassischen Ästhetik. In: E. C.: Freiheit und Form. Berlin: B. Cassirer 1916, ²1918 / Reprogr. Darmstadt: Wissenschaftliche Buchgesellschaft ³1961, ⁵1977. S. 269–302.

Fricke, Gerhard: Die Problematik des Tragischen im Drama Schillers. In: Jahrbuch des Freien Deutschen Hochstifts 1930. S. 3–69. Auch in: G. F.: Vollendung und Aufbruch. Berlin: Junker und Dünnhaupt 1943. S. 375–443. Teilabdr. in: Heuer/Keller. S. 113–118.

Böckmann, Paul: Die innere Form in Schillers Jugenddramen. In: Dichtung und Volkstum [d. i. Euphorion] 35 (1934) S. 439–480. Auch in: P. B.: Formensprache. Hamburg: Hoffmann und Campe 1966 / Reprogr. Darmstadt: Wissenschaftliche Buchgesellschaft 1973. S. 229–267. Wiederabdr. in: Berghahn/Grimm. S. 1–54.

Kommerell, Max: Schiller als Psychologe. In: Jahrbuch des Freien Deutschen Hochstifts 1934/35. S. 177–219. U. a. auch in: M. K.: Geist und Buchstabe der Dichtung. Frankfurt a. M.: Klostermann 1940. S. 112–179; ab ³1944, ⁵1962. S. 175–242.

Kaufmann, Friedrich Wilhelm: Das Verhältnis von Tragik und Erhabenheit in Schillers Drama. In: The Germanic Review 16 (1941) S. 48–59.

Schilling, Kurt: Bild und Deutung des Krieges bei Schiller. In: Das Bild des Krieges im deutschen Denken. Hrsg. von August Faust. Stuttgart: Kohlhammer 1941. S. 277–369.

Wiese, Benno von: Tragik und Geschichte in Schillers Dramen. In: Zeitschrift für Deutschkunde 57 (1943) S. 49–61.

Blochmann, Elisabeth: Schiller und die Empfindsamkeit. In: Deutsche

Vierteljahrsschrift für Literaturwissenschaft und Geistesgeschichte 24 (1950) S. 483–499.

Müller, Joachim: Die geschichtliche Entscheidung in Schillers Dramen. In: Wissenschaftliche Zeitschrift der Friedrich-Schiller-Universität Jena. Gesellschafts- und sprachwissenschaftliche Reihe 2 (1952/53) S. 93–97. U. a. auch in: J. M.: Wirklichkeit und Klassik. Berlin: Verlag der Nation 1955. S. 149–162.

Grossmann, Walter: Schiller's philosophy of history in his Jena lectures of 1789–90. In: Publications of the Modern Language Association of America 69 (1954) S. 156–172.

Ziegler, Klaus: Schiller und das Drama. In: Wirkendes Wort 5 (1954/55) S. 205–215. Wiederabdr. in: Friedrich Schiller. Zur Geschichtlichkeit seines Werkes. Hrsg. von Klaus L. Berghahn. Kronberg: Scriptor 1975. S. 108–130.

Beck, Adolf: Die Krisis des Menschen im Drama des jungen Schiller. In: Euphorion 49 (1955) S. 163–202. Auch in: A. B.: Forschung und Deutung. Frankfurt a. M.: Athenäum Verlag 1966. S. 119–166.

Bergsträsser, Arnold: Schillers Idee der Freiheit. In: Mannheimer Blätter 4 (1955) H. 3. S. 16–22. Auch in: A. B.: Staat und Dichtung. Freiburg i. Br.: Rombach 1967. S. 239–252.

Binder, Wolfgang: Ästhetik und Dichtung in Schillers Werk. In: Reden 1955. S. 9–36. Auch in: W. B.: Aufschlüsse. München: Artemis-Verlag 1976. S. 219–241. Wiederabdr. in: Berghahn/Grimm. S. 206–232.

Böckmann, Paul: Politik und Dichtung im Werk Friedrich Schillers. In: Ruperto Carola 7 (1955) S. 25–36. Auch in: Reden 1955. Ferner in: P. B.: Formensprache. Hamburg: Hoffmann und Campe 1966 / Reprogr. Darmstadt: Wissenschaftliche Buchgesellschaft 1973. S. 268–282.

Emrich, Wilhelm: Schiller und die Antinomien der menschlichen Gesellschaft. In: Reden 1955. S. 237–250. Auch in: W. E.: Protest und Verheißung. Frankfurt a. M.: Athenäum Verlag 1960, [3]1968. S. 95–103.

Müller, Joachim: Bürgerfreiheit, Nationalbewußtsein und Menschenwürde im Werk Friedrich Schillers. In: Reden 1955. S. 214–237. U. a. auch in: J. M.: Das Edle in der Freiheit. Leipzig: Koehler & Amelang 1959. S. 7–40.

Raabe, Paul: Gerhard Anton von Halem und Friedrich von Schiller. In: Oldenburger Balkenschild Nr. 9 (1955) S. 1–5.

Wertheim, Ursula: Über den Begriff des „Weltbürgers" und die Vorstellung vom „Weltbürgertum" bei Schiller. In: Wissenschaftliche Zeitschrift der Friedrich-Schiller-Universität Jena. Gesellschafts- und sprachwiss. Reihe 5 (1955/56) S. 141–162.

Witte, William: Law and the social order in Schiller's thought. In: Modern Language Review 50 (1955) S.288–297. Auch in: W. W.: Schiller and Burns, and other essays. Oxford: Blackwell 1959. S.67–80.

Sagave, Pierre-Paul: La pensée politique de Schiller. In: Cahiers du Sud 43 (1956) S.261–269.

Brinkmann, Richard: Romantische Dichtungstheorie in Friedrich Schlegels Frühschriften und Schillers Begriffe des Naiven und Sentimentalischen. Vorzeichen einer Emanzipation des Historischen. In: Deutsche Vierteljahrsschrift für Literaturwissenschaft und Geistesgeschichte 32 (1958) S.344–371.

Wertheim, Ursula: Schillers Auseinandersetzung mit den Ergebnissen der Französischen Revolution. In: Wissenschaftliche Zeitschrift der Friedrich-Schiller-Universität Jena. Gesellschafts- und sprachwiss. Reihe 8 (1958/59) S. 429–449. Auch in: Deutschunterricht (Berlin) 12 (1959) S. 601–616, 671–689.

Müller, Joachim: Der Held und sein Gegenspieler in Schillers Dramen. In: Wissenschaftliche Zeitschrift der Friedrich-Schiller-Universität Jena. Gesellschafts- und sprachwiss. Reihe 8 (1958/59) S. 451–469. Erw. auch in: J. M.: Von Schiller bis Heine. Halle a. d. S.: Niemeyer 1972. S. 39–82.

Dietrich, Richard: Friedrich Schiller als Historiker und Geschichtsdenker. In: Die Welt als Geschichte 19 (1959) S.226–243.

Hahn, Karl-Heinz: Die Bewertung der historischen Rolle Wallensteins durch Schiller. In: Schiller-Konferenz. S.205–208.

Thalheim, Hans-Günther: Volk und Held in den Dramen Schillers. In: Schiller-Konferenz. S.9–35. Auch in: H.-G. Th.: Zur Literatur der Goethezeit. Berlin: Rütten & Loening 1969. S.85–117.

Grossmann, Walter: On freedom and necessity. Schiller's and Hintze's reflections on the historical world. In: Monatshefte 51 (1959) S.283–291.

Kaufmann, Friedrich Wilhelm: Schuldverwicklung in Schillers Dramen. In: Schiller 1759 / 1959. Commemorative American studies. Ed. by John R. Frey. Urbana: University of Illinois Press 1959. S.76–103.

Mann, Golo: Schiller als Historiker. In: Merkur 13 (1959) S.1120–37. U. a. auch in: Reden 1959. S.102–123. Auch u. d. T.: Schiller als Geschichtsschreiber. In: G. M.: Geschichte und Geschichten. Frankfurt a. M.: S. Fischer 1961 [u. ö.], Sonderausg. 1972. S.63–84. – Wesentlich überarb. u. d. T.: Schiller als Historiker. In: Jahrbuch der Deutschen Schillergesellschaft 4 (1960) S.98–109.

Wertheim, Ursula: „Zeitstück" und „Historisches Drama" in Schillers

Werken. Ein aktuelles Problem für die Dichter unserer Zeit. In: Neue deutsche Literatur 7 (1959) H. 12. S. 3–22. Auch in: Edith Braemer / U. W.: Studien zur deutschen Klassik. Berlin: Rütten & Loening 1960. S. 163–188.

Appelbaum-Graham, Ilse: The structure of personality in Schiller's tragedies. In: Schiller bicentenary lectures. Ed. by F. Norman. London: Institute of Germanic Studies of the University 1960. S. 104–144. – Dt.: Die Struktur der Persönlichkeit in Schillers dramatischer Dichtung. In: Jahrbuch der Deutschen Schillergesellschaft 4 (1960) S. 270–303.

Binder, Wolfgang: Die Begriffe „naiv" und „sentimentalisch" in Schillers Drama. In: Jahrbuch der Deutschen Schillergesellschaft 4 (1960) S. 140–157. Auch in: W. B.: Aufschlüsse. München: Artemis-Verlag 1976. S. 201–218.

Schieder, Theodor: Schiller als Historiker. In: Historische Zeitschrift 190 (1960) S. 31–54. U. a. auch in: T. Sch.: Begegnungen mit der Geschichte. Göttingen: Vandenhoeck & Ruprecht 1962. S. 56–79.

Sternberger, Dolf: Macht und Herz oder Der politische Held bei Schiller. In: Weltbewohner und Weimeraner. Ernst Beutler zugedacht. Zürich: Artemis-Verlag 1960. S. 281–300. U. a. auch in: D. St.: Kriterien. Frankfurt a. M.: Insel-Verlag 1965. S. 110–129.

Wiese, Benno von: Schiller as philosopher of history and as historian. In: Schiller bicentenary lectures. Ed. by F. Norman. London: Institute of Germanic Studies of the University 1960. S. 83–103. – Dt.: Schiller als Geschichtsphilosoph und Geschichtsschreiber. In: B. v. W.: Von Lessing bis Grabbe. Düsseldorf: Bagel 1968. S. 41–57.

Buchwald, Reinhard: Schiller zwischen *Don Carlos* und *Wallenstein*. In: R. B.: Das Vermächtnis der deutschen Klassiker. Neue, verm. Aufl. Frankfurt a. M.: Insel-Verlag 1962. S. 193–216.

Doppler, Alfred: Das Motiv des Abgrundes in den Werken Friedrich Schillers. In: Jahrbuch des Wiener Goethe-Vereins 66 (1962) S. 17–46. Auch in: A. D.: Der Abgrund. Studien zur Bedeutungsgeschichte eines Motivs. Köln: Böhlau 1968. S. 34–73.

Engelberg, Ernst: Friedrich Schiller als Historiker. In: Die deutsche Geschichtswissenschaft vom Beginn des 19. Jahrhunderts bis zur Reichseinigung von oben. Hrsg. von Joachim Streisand. Berlin: Akademie-Verlag 1963, [2]1969. S. 11–31.

Schunicht, Manfred: Intrigen und Intriganten in Schillers Dramen. In: Zeitschrift für deutsche Philologie 82 (1963) S. 271–292.

Steffensen, Steffen: Schiller und seine klassische Tragödie. In: Orbis litterarum 21 (1966) S. 285–301.

Craig, Gordon: Friedrich Schiller and the problems of power. In: The responsibility of power. Historical essays in honor of Hajo Holborn. Garden City, N. Y.: Doubleday 1967; London: Macmillan 1968. S. 125–144.

Sini, Carlo: Il problema del senso della storia in Schiller [Die Problematik des Geschichtsbewußtseins bei Schiller]. In: Il Pensiero 12 (1967) S. 257–280.

Hahn, Karl-Heinz: Schiller und die Geschichte. In: Weimarer Beiträge 16 (1970) S. 39–69. Wiederabdr. in: Friedrich Schiller. Zur Geschichtlichkeit seines Werkes. Hrsg. von Klaus L. Berghahn. Kronberg: Scriptor 1975. S. 25–54.

Ziolkowski, Theodore: An ontology of anxiety in the dramas of Schiller, Goethe and Kleist. In: Lebendige Form. [. . .] Festschrift für Heinrich E. K. Henel. München: Fink 1970. S. 121–145.

Martini, Fritz: Schillers Abschiedsszenen. In: Über Literatur und Geschichte. Festschr. für Gerhard Storz. Hrsg. von Bernd Hüppauf und Dolf Sternberger. Frankfurt a. M.: Athenäum Verlag 1973. S. 151–184. Auch in: F. M.: Geschichte im Drama – Drama in der Geschichte. Stuttgart: Klett-Cotta 1979. S. 244–276.

Schröder, Hans Eggert: Schiller als dramatischer Dichter. In: H. E. Sch.: Schiller – Nietzsche – Klages. Bonn: Bouvier 1974. S. 106–189.

Kuczynski, Jürgen: Schiller – Dichter und Historiker. In: J. K. / Wolfgang Heise: Bild und Begriff. Studien über die Beziehungen zwischen Kunst und Wissenschaft. Berlin: Aufbau-Verlag 1975. S. 257–273.

Hart-Nibbrig, Christiaan L.: „Die Weltgeschichte ist das Weltgericht.“ Zur Aktualität von Schillers ästhetischer Geschichtsdeutung. In: Jahrbuch der Deutschen Schillergesellschaft 20 (1976) S. 255–277.

Hinderer, Walter: Freiheit und Gesellschaft beim jungen Schiller. In: Sturm und Drang. Ein literaturwissenschaftliches Studienbuch. Hrsg. von Walter Hinck. Kronberg: Athenäum Verlag 1978. S. 230–256. Auch in: W. H.: Über deutsche Literatur und Rede. Historische Interpretationen. München: Fink 1980. S. 95–125.

Jöns, Dietrich: Das Problem der Macht in Schillers Dramen von den *Räubern* bis zum *Wallenstein*. In: Deutsche Literatur zur Zeit der Klassik. Hrsg. von Karl Otto Conrady. Stuttgart: Reclam 1978. S. 76–92.

Thalheim, Hans-Günther: Zum Problem des geschichtlich handelnden Menschen bei Schiller. In: Weimarer Beiträge 25 (1979) H. 1. S. 5–21.

Materialien und Arbeiten zur Wirkungsgeschichte Schillers

Schiller-Denkmal. (Die bedeutendsten literarischen Festgaben, Reden, Prologe [. . .] der Säkular Feier.) Volksausgabe. 2 Bde. Berlin: Riegel 1860.

Schiller im Urtheile seiner Zeitgenossen. Zeitungskritiken, Berichte und Notizen, Schiller und seine Werke betreffend, aus den Jahren 1781–1805. Ges. und hrsg. von Julius W. Braun. Bd. 1: 1781–1793. Bd. 2: 1794–1800. Leipzig: Schlicke 1882. Bd. 3: 1801–1805. Berlin: Luckhardt 1882.

Schillers Persönlichkeit. Urtheile der Zeitgenossen und Documente. Hrsg. von Max Hecker und Julius Petersen. 3 Bde. Weimar: Gesellschaft der Bibliophilen 1904–09. – Reprogr. 3 Bde. in 1. Hildesheim: Olms 1976.

Schiller im Urteil des 20. Jahrhunderts. Stimmen über Schillers Wirkung auf die Gegenwart. Eingef. von Eugen Wolff. Jena: Costenoble 1905.

Schiller und sein Kreis in der Kritik ihrer Zeit. Die wesentlichsten Rezensionen aus der periodischen Literatur bis zu Schillers Tod [. . .] mit einem Vorwort und Anhang: Bibliographie der Schiller-Kritik bis zu Schillers Tod. Von Oscar Fambach. Berlin: Akademie-Verlag 1957.

Schiller – Zeitgenosse aller Epochen. Dokumente zur Wirkungsgeschichte Schillers in Deutschland. Eingel. und komm. von Norbert Oellers. T. 1: 1782–1859. Frankfurt a. M.: Athenäum Verlag 1970. T. 2: 1860–1966. München: Beck 1976.

Petersen, Julius: Schiller und die Bühne. Ein Beitrag zur Litteratur- und Theatergeschichte der klassischen Zeit. Berlin: Mayer & Müller 1904. – Reprogr. New York: Johnson 1967.

Ludwig, Albert: Das Urteil über Schiller im 19. Jahrhundert. Eine Revision seines Prozesses. Bonn: Cohen 1905.

Glossy, Karl: Schiller und die Burgtheaterzensur. In: Österreichische Rundschau 2 (1905/06) S. 645–652. Auch in: K. G.: Kleinere Schriften. Wien: Fromme 1918. S. 329–337.

Ludwig, Albert: Schiller und die deutsche Nachwelt. Berlin: Weidmann 1909.

Soffé, Emil: Der Dramatiker Schiller und die zeitgenössische Tageskritik. In: E. S.: Mosaik-Studien. Brünn: Irrgang 1912. S. 71–106.

Wiese, Benno von: Schiller und die deutsche Tragödie des 19. Jahrhunderts. In: Deutsche Vierteljahrsschrift für Literaturwissenschaft und Geistesgeschichte 25 (1951) S. 199–213.

Gründgens, Gustaf: Schiller und die moderne Bühne. In: Akzente 2 (1955) S. 222–224. Auch u. d. T.: Über Schiller und die moderne Bühne. In: G. G.: Briefe, Aufsätze, Reden. Hamburg: Hoffmann und Campe 1967, ²1968. S. 383–387; München: Deutscher Taschenbuch Verlag 1970. S. 367–371.

Sellner, Gustav R.: Schiller und die heutige Bühne. In: Reden 1955. S. 355–365.

Wais, Kurt: Schillers Wirkungsgeschichte im Ausland. In: Deutsche Vierteljahrsschrift für Literaturwissenschaft und Geistesgeschichte 29 (1955) S. 475–508. Auch in: K. W.: An den Grenzen der Nationalliteraturen. Berlin: de Gruyter 1958. S. 62–100.

Skopnik, Günther: Die Dramen Schillers auf den Bühnen der Deutschen Bundesrepublik seit 1945. In: Maske und Kothurn 5 (1959) S. 193–207.

Raabe, August: Schiller im Atomzeitalter. Ein Rechenschaftsbericht zum Schillerjahr 1959. Bonn: Semmel 1961.

Tschiedert, Willy: Der tragische Held Schillers in der marxistischen Ästhetik. Versuch einer kritischen Analyse. Diss. Marburg a. d. L. 1964.

Oellers, Norbert: Schiller. Geschichte seiner Wirkung bis zu Goethes Tod. 1805–1832. Bonn: Bouvier 1967.

Biener, Maria E.: Die kritische Reaktion auf Schillers Dramen zu Lebzeiten des Autors. Diss. München 1972 [Druck: Köln 1974].

Piedmont, Ferdinand: Tendenzen moderner Schiller-Aufführungen 1965–1975. In: Jahrbuch der Deutschen Schillergesellschaft 21 (1977) S. 247–273.

Thematische Aspekte des Dramas und der Epoche

Schnatz, Reinhard: Geschichte als Stoff im Drama der deutschen Klassik. Diss. Frankfurt a. M. 1929.

Bettex, Albert: Der Kampf um das klassische Weimar 1788–1798. Antiklassische Strömungen in der deutschen Literatur vor dem Beginn der Romantik. Zürich: Nichan 1935.

Giese, Rudolf: Politische Haltung und politische Motive im Drama der Klassiker (Goethe, Schiller, Kleist). Diss. Hamburg 1938.

Wiese, Benno von: Geschichte und Drama. In: Deutsche Vierteljahrsschrift für Literaturwissenschaft und Geistesgeschichte 20 (1942) S. 412–434.

Bruford, Walter H.: Theatre, drama and audience in Goethe's Germany. London: Routledge and Kegan Paul 1950. – Reprogr. Westport, Connecticut: Greenwood Press 1974.

Effenberger, Hubert: Studien zum Einfluß von Gesellschaft und Wirtschaft auf das literarische Leben des 18. Jahrhunderts. Diss. Wien 1950. [Masch.]

Sengle, Friedrich: Das deutsche Geschichtsdrama. Geschichte eines literarischen Mythos. Stuttgart: Metzler 1952; ab ²1969, ³1974 u. d. T.: Das historische Drama in Deutschland.

– –: Klassik im deutschen Drama. In: Der Deutschunterricht 4 (1952) H. 5. S. 5–18. Auch in: F. S.: Arbeiten zur deutschen Literatur 1750–1850. Stuttgart: Metzler 1965. S. 71–87.

Bruford, Walter H.: Deutsche Kultur der Goethezeit. Konstanz: Athenaion 1965.

Die Klassik-Legende. Second Wisconsin Workshop. Hrsg. von Reinhold Grimm und Jost Hermand. Frankfurt a. M.: Athenäum Verlag 1971.

Schultheiss, Werner: Dramatisierung von Vorgeschichte. Beitrag zur Dramaturgie des deutschen klassischen Dramas. Assen: van Gorcum 1971.

Begriffsbestimmung der Klassik und des Klassischen. Hrsg. von Heinz Otto Burger. Darmstadt: Wissenschaftliche Buchgesellschaft 1972.

Deutsches Bürgertum und literarische Intelligenz 1750–1800. Hrsg. von Bernd Lutz. Stuttgart: Metzler 1974.

Müller-Seidel, Walter: Deutsche Klassik und Französische Revolution. Zur Entstehung einer Denkform. In: Deutsche Literatur und Französische Revolution. Göttingen: Vandenhoeck & Ruprecht 1974. S. 39–62.

Projekt Deutschunterricht. 7, 9: Literatur der Klassik. I: Dramenanalysen. II: Lyrik, Epik, Ästhetik. Stuttgart: Metzler 1974/75.

Deutsche Literatur zur Zeit der Klassik. Hrsg. von Karl Otto Conrady. Stuttgart: Reclam 1977.

Nachbemerkung

Diese Studie über Schillers *Wallenstein* wurde als Essay konzipiert, der aus neun verschiedenen Einstellungen das für die Entwicklung des deutschen Dramas wohl folgenreichste Stück des Klassikers aus Marbach beleuchtet. Als historisches Drama nimmt es insofern eine Sonderstellung ein, als hier auf ebenso formal wie thematisch fortgeschrittene Weise eine äußerst vielseitige Realitätsperspektive geboten wird, bei der die Widersprüche nicht ideologisch eingeebnet, sondern prononciert vorgezeigt werden. Neben den formalen Errungenschaften, mit denen die Trilogie auf das 19. und 20. Jahrhundert vorausweist, will dieser Versuch vor allem herausstellen, wie Wallenstein zu einem Exempel von Schillers anthropologischem und historischem Programm wird, in dem sich nicht zuletzt die Problematik der zeitgenössischen Situation spiegelt, was schon der *Prolog* deutlich macht. Obwohl der Autor ursprünglich seinem Stoff „kalt" gegenüberstand, wie er immer wieder in seinen Briefen betont, wird seine Wallensteinfigur nicht nur zu einer direkten, allerdings hellsichtigeren Fortsetzung seiner *Geschichte des Dreißigjährigen Kriegs* mit poetischen Mitteln, sondern auch zu einem Modell für den Problemzusammenhang des *Menschen in der Geschichte*, für den es auch in seinen verschiedenen theoretischen Schriften genügend Fingerzeige gibt.

Gewiß, Wallenstein ist kein Durchschnittsmensch, obwohl ihm Schiller andererseits historische Größe bewußt abspricht (vgl. Brief an Böttiger vom 1. 3. 1799; an Humboldt vom 21. 3. 1796); er ist vielmehr eine weltgeschichtliche Figur mit politischen Möglichkeiten ohnegleichen, die aber eben nicht realisiert werden. Konfrontiert man ihn mit Schillers historischem Lieblingshelden, Heinrich IV., so zeigt sich sofort, was er gleichermaßen als Historiker und Moralphilosoph wie als Dramatiker an Wallenstein vermissen mußte. Es waren ähnliche entscheidende Schwächen, die Schiller auch im Charakter und in der Person der Revolutionsführer, welche in Frankreich die Terroraktionen ausführten, entdeckte und denen er zuschrieb, daß dieser seiner Ansicht nach günstige historische Moment versäumt wurde. Anstatt zu *historischer* bringt es aber der dramatisierte Wallenstein immerhin zu *menschlicher* Größe, was seinen ansonsten untragischen Fall eben doch am Ende noch zu einem eindrucksvollen Exempel macht. Es ist dies genau der Sachverhalt, den Goethe in seinem Glückwunschbrief zum „vollendeten Werke" (18. 3. 1799) folgendermaßen beschrieb: „Freilich hat das letzte Stück [*Wallensteins Tod*] den großen Vorzug, daß alles aufhört politisch zu sein und bloß menschlich wird, ja das

Historische selbst ist nur ein leichter Schleier, wodurch das Reinmenschliche durchblickt."

Der Essay versucht auf gedrängtem Raum die Vielseitigkeit der Perspektiven in Schillers Trilogie darzulegen und das enge Wechselverhältnis von historischer Erkenntnis, anthropologischer Theorie und dramatischer Praxis nachzuweisen. Im Gegensatz zu den Jugenddramen verwendet Schiller in seiner Trilogie vornehmlich Mittel der indirekten Darstellung, wie er sie etwa an den Schauspielen Goethes, aber auch am antiken Drama studieren konnte. Was Goethe am 27. 9. 1827 Karl Jakob Ludwig Iken über die Intention dieser indirekten Methode mitteilte, daß sie nämlich dem Aufmerkenden „durch einander gegenüber gestellte und sich gleichsam ineinander abspiegelnde Gebilde den geheimeren Sinn" offenbare, das ließe sich ohne weiteres auch für Schillers großes dramatisches Gedicht reklamieren. „Vordem legte ich das ganze Gewicht in die Mehrheit des Einzelnen", so schreibt der Autor des *Wallenstein* bezeichnenderweise am 21. 3. 1796 an Wilhelm von Humboldt, „jetzt wird alles auf die Totalität berechnet, und ich werde mich bemühen, denselben Reichthum im einzelnen mit eben sovielem Aufwand von Kunst zu verstecken, als ich sonst angewandt ihn zu zeigen, und das Einzelne recht vordringen zu lassen."

Daß es einem solchen Essay nicht um Vollständigkeit bei der Interpretation der komplexen Trilogie gehen kann, sondern ausschließlich in einigen bezeichnenden Schritten um eine neue Annäherung an den Problemzusammenhang, in dem das Werk steht, signalisiert schon der Versuchscharakter einer solchen Bemühung. Obwohl diese Studie eine andere Perspektive vermitteln will, verweist sie immer wieder auf die weitverzweigte Literatur, deren zum Teil ebenso differenzierte wie einander widersprechende Einsichten für den Essay produktiv verwertet wurden. Die Bibliographie von Helmut G. Hermann stellt einen eigenständigen Beitrag dar; es handelt sich um die bisher vollständigste und zuverlässigste Bestandsaufnahme der Literatur über Schillers *Wallenstein*. Sie legt außerdem ein beredtes Zeugnis für die anhaltende Wirkung dieses wohl aktuellsten aller Schillerstücke ab. Einzelne Teile meines Versuchs erschienen, aus dem Zusammenhang der verschiedenen Einstellungen gelöst, als *Wallenstein*-Beitrag zu dem von mir im Reclam Verlag herausgegebenen Sammelband: *Schillers Dramen. Neue Interpretationen.*

W. H.